복음주의 역사 시리즈 8

복음주의 재조명

21세기를 위한 새로운 의제

스탠리 J. 그렌츠 지음
전 대 경 옮김

기독교문서선교회

기독교문서선교회(Christian Literature Crusade: 약칭 **CLC**)는
1941년 영국 콜체스터에서 켄 아담스에 의해 시작되었으며
국제 본부는 영국의 쉐필드에 있습니다.

국제 CLC는 59개 나라에서 180개의 본부를 두고, 약 650여 명의
선교사들이 이동도서차량 40대를 이용하여 문서 보급에 힘쓰고 있으며
이메일 주문을 통해 130여 국으로 책을 공급하고 있습니다.

한국 CLC는 청교도적 복음주의 신학과 신앙서적을 출판하는
문서선교기관으로서, 한 영혼이라도 구원되길 소망하면서
주님이 오시는 그날까지 최선을 다할 것입니다.

Revisioning Evangelical Theology
A Fresh Agenda for the 21st Century

Written by
Stanley J. Grenz

Translated by
Dae Kyung Jun

Copyright © 1993 by Stanley J. Grenz

Originally published in English under the title as
Revisioning Evangelical Theology
by InterVarsity Press,
Translated and used by the permission of InterVarsity Press,
P. O. Box 1400, Downers Grove, IL 60515, U. S. A.

All rights reserved.

Korean Edition
Copyright © 2013 by Christian Literature Crusade
Seoul, Korea

추천사 1

김영한 박사
전 숭실대학교 기독교학대학원장·기독교학술원장

스탠리 J. 그렌츠의 20년 전 문제작이 비로소 우리말로 번역되었다. 이 저서는 이미 영어 원본으로 복음주의 학자들 사이에 많이 인용되고 논의되어왔던 저서로서 이번에 평택대 신현수, 안명준 교수의 지도 아래 우리말로 번역된 것에 대하여 환영하며 복음주의 신학의 논의에 좋은 자료가 됨을 기뻐하는 바이다.

그렌츠는 복음주의라는 신앙체계에 대한 새로운 접근에 착수, 미국 교회의 주류인 개혁 전통이나 청교도적 혹은 경건주의적 전통의 교회들을 지배해왔던 인식론적 명제주의를 대체할 새로운 신학을 찾고자 한다. 그는 복음주의를 교리적 선언에 초점을 맞추기보다는 영적 경험 혹은 경건에 초점을 맞추어 그것을 재정의함으로써 복음주의 신학함이 무엇인지에 대한 미래의 패러다임을 제시하고자 한다. 성경의 권위에 그 기초를 굳건히 세우면서도 경건주의 전통이 물려준 복음주의 전통을 다룸으로써, 본서는 교회들이 복음주의 신학으로 들어올 수 있는 문을 더 넓게 열어 주었다. 이 저서를 통하여 그렌츠는 교리적 정통적 복음주의의 테두리에서 벗어나 후기근본주의적 복음주의 운동의 한가운데로 옮겨갔다. "재조명"(revisioning)이라고 부르는 이러한 재검토하는 것(rethinking)은 성경적이고 복음주의적인 시각을 분명히 견지할 것을 요한다.

그렌츠가 제시하는 넓은 복음주의, 영적 경험과 경건을 중요시하는 후기 근본주의적 복음주의 시도는 성경적 교리적 인식론적 명제를 중요시하는 정통적 근본주의적 복음주의 시도와는 다른 것은 사실이다. 그러나 이러한 그렌츠의 폭넓은 복음주의 제안은 전통적 복음주의에게 새로운 상황과 영적 경험과 경건을 중요시하라는 새로운 도전을 주는 것임에는 틀림없다. 복음주의를 포스트모더니즘에 접목시키고자 하는 이러한 그렌츠의 포스트모던 복음주의 시도가 과연 성경적 정통적 복음주의를 제대로 살릴 수 있을 것인지는 독자들이 이 저서를 읽고 목회와 신앙실천을 함으로써 판결할 것이다.

역자인 전대경 목사는 미국에서 공부하고 평택대 신학부에서 두 교수에게서 박사학위를 받은 소장 학자이다. 그의 번역은 매끄럽고 정확하며 독자들이 책을 읽기에 용이하여 언어적 장벽을 넘어서게 한다. 복음주의에 관심을 가진 신학도들과 목회자들의 필독을 권하고 싶다.

추천사 2

김성원 박사
나사렛대학교 부총장

　미래 기독교는 포스트모던 문화와 기독교 진리의 연계성을 고려하지 않으면 쇠잔의 일로를 걷게 될 것이다. 스텐리 J. 그렌츠는 이 사실을 20년 전에 직시하고 문화 속에서 전통적인 복음주의 진리의 가능성을 모색하였다. 이에 그는 전통적인 복음과 영성을 유지하면서 포스트모던 시대에 맞는 복음주의 신학의 정체성을 재고할 것을 제안하였다.
　그렌츠는 이 책 후속으로 포스트모던 복음주의 신학방법에 대한 책을 출간하기도 하였다. 그는 포스트모던 문화 속에서 견실한 복음주의 교회와 신학을 기대하면서 복음주의의 변화의 필요성을 제시하였지만, 한국에는 아직 그 영향이 미흡한 것으로 보인다. 그의 제안대로 성서적 권위와 복음주의 전통과 포스트모던 상황을 신학의 재료로 폭넓게 활용하고 복음의 수용성을 넓히면서 미래 기독교의 가능성을 열어가야 할 것이다.
　시대적으로 매우 중요한 책이 번역되어 기쁘다. 이 책은 신학생들과 목회자들 그리고 지각 있는 평신도들에게 복음주의 신앙에 대한 새로운 시각을 열어줄 것이며, 미래 기독교 발전에 기여하게 될 것으로 본다.

추천사 3

안명준 박사
평택대학교 조직신학 교수

    오늘날은 포스트모던 시대를 맞이하고 있다. 이 시대의 조류 속에서 저자는 복음주의가 무엇이며, 미래의 교회와 신학을 위해 복음주의 신학이 어떻게 준비해야 하는지를 묻고 있다. 저자 스탠리 J. 그렌츠는 이런 상황 속에서 성경이 말하는 복음에 더욱 충실해야 할 것을 먼저 촉구한다. 그리고 이어서 현재 우리가 사는 문화에서 진리의 복음이 어떻게 상황화가 이루어져야 하는지를 역설한다. 그리고 이런 작업을 위해 복음주의 신학의 방법을 찾아내려고 노력하고 있다.

    그가 2001년 한국의 숭실대학에서 열강했던 기억이 난다. 개인적으로 나는 그렌츠와 전적으로 동의하지는 않지만, 그때 그가 복음주의의 뜨거운 신학자였으며 참된 복음주의의 변호자였음을 보게 되었다. 복음주의를 아끼는 독자들을 위하여 이 책은 그 기원과 정체성, 그리고 생생한 복음주의의 사명을 증거하는 귀한 작품이기에 강력히 추천한다.

추천사 4

버논 그라운즈 Vernon Groundds 박사
Denver Seminary 전 학장

스탠리 J. 그렌츠는 그의 이 야심작에서 복음주의라는 신앙체계에 대한 새로운 접근에 착수한다. 종교개혁 전통의 핵심적인 신학을 굳건히 붙잡음과 동시에 그동안 미국 교회의 주류인 개혁 전통이나 청교도적 혹은 경건주의적 전통의 교회들을 지배해왔던 인식론적 명제주의를 대체할 기발한 신학을 찾고자 한다.

케네스 켄저 Kenneth Kantzer 박사
Trinity Evangelical Divinity School 전 총장

복음주의 신학을 재조명함에 있어서, 스탠리 J. 그렌츠는 복음주의를 교리적 선언에 초점을 맞추기보다는 영적 경험 혹은 경건에 초점을 맞추어 그것을 재정의하고 있다. 그렇게 함과 동시에 그는 신학자들이 모든 기독교인들의 목소리에도 귀를 기울여야 한다고 말한다.

데이비드 도커리 David Dockery 박사
Southern Baptist Theological Seminary 신약학 교수

복음주의자들에게 있어서 복음주의 신학을 재조명하는 것은 참으로 참신한 시도이다. 본서에서 스탠리 J. 그렌츠는 복음주의 신학함이 무엇인지에 대한 미래의 패러다임을 제시하고 있다. 성경의 권위에 그 기초를 굳건히 세우면서도 경건주의 전통이 물려준 복음주의 전통을 다룸으로써, 본서 『복음주의 재조명』은 교회들이 복음주의 신학으로 들어올 수 있는 문을 더 넓게 열어 주었으며, 그와 동시에 교회로 하여금 학계와 사회에 더 참신한 다양한 방법으로 적극 동참해야 함을 역설하고 있다.

저자 서문

1989년에 나는 켄터키 주 루즈빌에 있는 유서 깊은 남침례신학교(Southern Baptist Theological Seminary)의 목회자 세미나에 "북미 복음주의" 대표로서 참석해 달라고 초청을 받았다. 세미나는 남침례교와 복음주의의 이전 대화 후속으로 진행되었다. 내가 초청을 받았을 때, 나는 매우 매혹적인 대화 개념을 발견하였다. 이때까지 남침례교의 복음주의의 질문은 내 마음에 와 닿지 않았었다. 나는 결코 남침례교가 복음주의이지만 무엇이든 할 수 있다고 생각하지 않았다. 그래서 나는 이 세미나를 먼저 이해하기를 아마 참석한 형제 자매들과 "침례교"를 공유하지만, "복음주의자"라는 자기 인식을 나눌 수 있을 것이라고 생각하지 않았다.

의미심장하게 남침례신학교의 초대가 새롭게 "복음주의가 무엇인가?"를 제기하였다. 나는 내 과제에 반영하여 이 사안에 대해 말하였다. 나는 냉정하고 객관적인 분석으로 질문에 접근할 수 없었다. 오히려 이 세미나 준비는 나를 다시 자기 분석의 고통스러운 일에 들어가게 하였으며, 교파 유산으로서뿐 아니라 내가 제기했던 "복음"의 다른 기치 아래 나 자신을 볼 수 있도록 하였다.

나는 아주 어렸을 때부터 줄곧 스스로를 복음주의라고 생각했다. 심지어 청년 시절에 함께했던 선교단체들과 그곳의 리더들 또한 나의 선교단체들이며 나의 리더들이라고 생각했다. 비록 그 선교단체들이 "패라(파라)처치"(Parachurch)라고 불리는 단체들이며, 그 리더들 모두가 나와 같은 교단 소속은 아니라는 것은 나중에서야 알게 된 사실이지만 말이다. 나는 후에, 대학을 졸업하고서야 비로소 청년기의 유아기적 복음주의 신앙을 나름대로 졸업하게 되었다. 이처럼 필자는 대학에 들어가서 CCC, IVF, 네비게이토에 적어도 한 번 이상씩 가담해 활동했던 경험이 있다. 내가 침례교이기 때문에 침례교학생연합(BSU)에도 물론 가입해서 활동했다. 내가 이 선교단체들 중 하나에 속해 있을 때인 1960년대 후반에, BSU를 제외한 모든 패라처치들이 "기독 세계 해방전선"(World Christian Liberation Front)이라고 적힌 현수막을 들고 콜로라도대학 캠퍼스에 모였던 적도 있다. 마치 오늘날 복음주의라는 깃발 아래에 각 교단들이 모여드는 것처럼 말이다.

복음주의적 선교단체들에서 활동했던 것이 나의 신앙에 지대한 영향을 미친 것이 사실이다. 하지만 동시대의 복음주의자들 가운데서 나의 신학과 신앙에 가장 큰 영향을 미친 사람들은 단연 나의 가족들이다. 왜냐하면 나는 아버지가 침례교 목사님인 가정에서 자랐기 때문이다. 그래서 자연스레 나는, 『위대한 천체 지구의 종말』(The Late Great Planet Earth)을 쓴 미래학자 할 린세이(Hal Linsay)와 『평결을 요구하는 증거』(Evidence That Demands a Verdict)을 쓴 변증가 조쉬 맥도웰(Josh McDowell) 그리고 복음주의자 빌리 그래함(Billy Graham)이 호기심 많은 젊은이의 지성을 위한 최고의 답변을 지니고 있는 사람들이라고 여겼다.

하지만 내가 스스로의 지적 날개로 믿음의 합리성을 탐구하기 시작하면서부터, 내가 가장 좋아하는 지성인들의 순위는 『이성에서의 도피』(Escape from Reason)를 쓴 프랜시스 쉐퍼(Francis Schaeffer)와 『이래서 믿는다』(Know Why You Believe)를 쓴 폴 리틀(Paul Little)과 『순전한 기독교』(Mere Christianity)를 쓴 C. S. 루이스(C. S. Lewis) 그리고 「크리스채너티 투데이」

(*Christianity Today*)에 투고하는 신학자들로 대폭 수정 확대 되었다. 이러한 깨달음의 새벽이 온 후에야, 이러한 동질성들이 나로 하여금 자신의 교단적 울타리로부터 당시 빠르게 우후죽순처럼 번져나갔던 후기근본주의적 복음주의 운동의 한가운데로 옮겨가게 했다는 것을 알아차리게 되었다.

당시에 나는 내 스스로의 전 생애가 침례교인이자 복음주의자였다고 생각했다. 솔직히 말하면, 침례교단이 복음주의적이고 내가 그 교단에 속한 가정의 일원이기 때문에 스스로를 복음주의자라고 여겼던 것이다. 그런데 지금은 필자 자신의 교단을 초월해서 신자들 간에 공유해야 하는 기독교인으로서의 삶과 그것이 무엇을 의미하는지에 대해 알기 때문에, 주저 없이 필자 자신이 "복음주의"라고 하는 더 넓은 연맹의 일원이라고 고백할 수 있게 되었다.

따라서 나는 이 책을 통해서, "복음주의"라는 타이틀을 기꺼이 자신 있게 내거는 한 개인으로서, 그리고 더 넓게는 침례교단 같은 복음주의적 전통에 기쁘게 자신을 연합시키는 한 일원으로서 말하고자 한다. 나는 고전적 복음주의 세계관이 곧 나의 세계관이라고 확신한다. 그리고 복음주의자들의 역사를 대할 때 진정으로 나의 선조들과 나의 가족들에 대한 이야기로 읽는다.

복음주의적 가정에서 자란 기독교인으로서, 나는 빠르게 변화하는 미래 사회에 복음을 어떻게 증거해야 할 것인지에 대해 지대한 관심이 있다. 나는 이 책을 통해, 우리의 신학적 합의(agenda)의 주요한 점들을 어떻게 재검토해야 하는지에 관해, 나와 함께 "복음주의"라는 이름을 함께 공유하고 있는 학식 있는 사람들 가운데에 토론과 관심을 불러일으키기를 원한다. 내가 책의 제목과 목차를 통해 "재조명"(revisioning)이라고 부르는 이러한 재검토하는 것(rethinking)은 성경적이고 복음주의적인 시각을 분명히 견지할 것을 요한다. 이를테면, 우리가 안고 있는 유업들을 성경을 통해 확인하는 작업과 동시에 예수 그리스도 우리 주 안에 있는 주님의 계명인 구원의 기쁜 소식을 우리의 삶 가운데에서 고백하며 함께 나누는 것이다.

이 책이 이렇게 출판될 수 있도록 여러모로 도움을 준 이들이 있기에 감사의 말을 전하지 않을 수 없다. 먼저 필자의 수많은 저서 기획에 노고를 아끼지 않은 커레이신학대학(Carey Theological College)의 직원들께 감사를 드린다. 그리고 필자의 비서로 수고해준 로이스 탐슨(Lois Thompson)과 비벌리 놀그렌(Beverley Norgren)에게 진심으로 감사를 전한다. 또한 필자의 유능한 조교 제인 로우랜드(Jane Rowland)에게 감사한다. 원고를 수정하는 데 있어서 필자에게 날카로운 통찰력으로 아낌없는 제언을 해준 트리니티신학대학원(Trinity Evangelical Divinity School)의 브루스 웨어(Bruce Ware) 교수와 남침례신학교에서 교학과장을 맡고 있는 필자의 "절친한" 친구 데이비드 더커리(David Dockery) 교수에게 진심으로 감사드린다.

하지만 무엇보다도 IVP 편집위원들과 특별히 짐 후버(Jim Hoover)에게 감사를 전하고 싶다. 나와 IVP의 만남은 필자가 한 권의 조직신학 책 출판을 제안했을 때였다. 그때 그들이 필자에게 해주었던 현명한 조언과 제안이 지금의 이 책을 쓰게 된 동기가 되었다. 짐은 필자에게 미래의 복음주의 신학을 위한 새로운 합의(agenda)와 어떠한 패러다임을 제시해줄 책을 쓸 것을 제안했다. 내가 짐의 기대를 만족시켰을지 혹은 새로운 합의를 제대로 제시했는지는 독자들의 판단에 맡긴다.

역자 서문

역자가 박사과정에서 신현수 평택대학교 부총장님의 "복음주의 신학 세미나" 수업을 들을 때, 그 수업의 주 교재가 바로 스탠리 J. 그렌츠 박사의 『복음주의 재조명』(Revisioning Evangelical Theology)이었다. 이 책을 번역 출판해보라고 교수님이 제안하셨지만, 게으른 제자는 박사논문 학기가 되어서야 비로소 이 책을 번역하기 시작했다. 실제로 이 책 본문 전체의 초벌번역은 3주일, 그리고 각주와 전체 수정은 1주일, 도합 1달밖에 걸리지 않았다. 하지만 한국말로 매끄럽게 수정하는 데에 무려 2년이 넘는 시간이 걸렸다. 중도에 수도 없이 포기할까 했지만 끊임없이 격려해준 CLC 직원들에게 진심으로 감사드린다. 그리고 이 책의 실질적인 교신저자로서, 부족한 제자에게 번역 출판을 제안하시고 이 책의 신학적 용어와 표현을 모두 감수해주신 지도교수님 신현수 부총장님께 진심으로 감사드린다.

저자가 서문에서 밝히는 것처럼 본서는 신학방법론에 관한 책이다. 포스트모던 시대를 사는 우리들이 하나님의 말씀을 어떻게 이해해야 하며 또 어떻게 그것을 세상에 전달해야 하는지에 대해 고민해보는 것이 바로 이 책이 집필된 동기이자 목적이라고 할 수 있다. 본서에서 저자는 복음주의 신학만이 이 과제를 온전히 해결할 수 있다고 본다. 하지만 문제는 신학적 근본주의와 자유주의의 도전이다.

근본주의는 지나치게 보수주의적인 나머지 많은 현대의 사상과 학문들과 타협하기를 거부한다. 그래서 적지 않은 신자와 신학자들이 이들로부터 등을 돌리게 했다. 자유주의는 지나치게 진보적인 나머지 현대적인 학문들과 너무 타협하여 기독교의 근본 신앙까지 뿌리째 흔들고 있다. 그래서 적지 않은 신자와 신학자들로 하여금 성경과 기도를 경시하게끔 했다. 그래서 복음주의는 의식적으로 근본주의와 자유주의 사이에 서려고 노력한다. 하지만 저자는 근본주의와 자유주의의 도전보다 더 큰 치명적인 내부적 문제가 있다고 본다. 이는 바로 복음주의의 정체성 문제이다. 복음주의라는 말을 아무나 사용해버려서 마침내는 그것이 아무 의미 없는 말이 되어버렸다는 것이다.

그래서 저자는 복음주의를 책 전체에 걸쳐서 간단하게 세 가지 신학적 자료에 기초한 신학방법이라고 주장한다. 이는 바로 성경, 전통, 그리고 상황이다. 즉 복음주의는 일차적으로 성경적이어야 하며, 그 다음으로 종교개혁 전통에 철저히 서 있어야 하고, 현대의 상황에 하나님의 말씀을 그들의 말로 전할 수 있어야 한다. 만약, 복음주의가 성경적이지 않으면, 그것은 신학이 될 수 없을 것이다. 그리고 복음을 담고 있다고 말할 수도 없다. 또한, 복음주의가 종교개혁 전통을 부정한다면 자신이 개신교임을 부정하는 것이 되어버린다. 하지만 그럼에도 불구하고 우리가 현대에 사는 사람들에게 아무 관련 없는 말을 한다면, 아무도 우리의 말을 들으려고 하지 않을 것이다.

우리는 종교개혁자들의 신학을 계승 발전시키려는 것이지 그대로 답습하려는 것이 아니다. 그들도 그들의 상황에 하나님의 말씀을 변증하면서 그들의 신학을 발전시켰다. 즉 우리가 종교개혁자들로부터 배우고 계승해야 할 것은 그들의 신학뿐 아니라, 그들의 신학방법이다. 다시 말해서, 그들의 신학을 오늘날의 상황에 무조건 강요하는 것이 아니라, 종교개혁자들이 오늘날에 살았다면 그들이 했을법한 신학을 하는 것이다.

본서를 번역하면서 세 가지 작은 아쉬운 점이 있었다.

첫째, 프리드리히 슐라이에르마허(Friedrich. D. N. Schleiermacher)나 칼 바르트(Karl Barth) 등의 현대주의 신학자들에게 너무 관용적이었다는 점이다. 이는 복음주의 신학계의 대부분을 차지하고 있는 개혁주의 신학자들이 쉽게 동의할 수 없는 내용일 수 있다.

둘째, 저자의 스승인 볼프하르트 판넨베르크(Wolfhart. Pannenberg)에 대한 언급이 전혀 없는 점이다. 본서를 번역하라고 제안하신 역자의 스승 신현수 교수님의 박사학위 논문 주제가 "판넨베르크의 기독론"이었다. 판넨베르크라는 신학자를 매개로 두 분이 서로 미국에서 만나게 되었으며, 그때 신 교수님이 한국에 본서를 번역 출판해도 된다는 구두허락을 받으신 것으로 안다. 물론 저자가 본인의 스승에 대해 찬사도 비판도 하기 어려워서 개인적인 이유로 인해 언급을 피했을 수도 있다. 하지만 독자의 입장에서는 그의 스승 판넨베르크의 신학이 복음주의 신학의 재조명에 어떠한 혜안을 던져준다고 저자가 보는지 알고 싶은 것이 사실이다.

셋째, 영성 특히 경험에 대한 그의 이해가 다소 편협한 감이 없지 않다. 그는 개인적 경험을 토대로 교리를 정립해서는 안 된다고 못 박고 있다. 하지만, 이는 반대로 자신이 경험하지 못한 경험을 인정하지 않으려는 시도로밖에는 보이지 않는다. 즉, 저자 자신도 자신이 경험한 테두리 안에서만 납득 가능한 교리들만 인정하려고 한다는 것이다. 다시 말해서, 그는 경험을 교리화해서는 안된다고 했지만, 오히려 본인 스스로가 자신이 살아왔던 경험에만 근거해 그것이 교리화된 것이 정당하다고 하는 것처럼 보인다. 성경에서 우리가 보는 초자연적 경험들을 오늘날에도 우리가 경험한다면, 그것을 구원론과 관련한 핵심적 구원론으로 확립하지는 않는다 해도, 적어도 그러한 경험들을 배제하는 기존의 교리들에 대해서는 수정을 가해야 하는 것이 마땅하다. 이러한 경험적 교리에 대한 부정은 복음주의가 교단의 장벽을 넘어 더 큰 연맹을 구축하는 데에 넘기 힘든 또 다른 장벽을 만들어 놓는 것일 수 있다. 특히, 이러한 경험과 관련한 영성에 대해서는 오순절주의 신학자들이 납득하기 어려울 수 있다.

따라서 본서는 역자가 포용하지 않았다면 좋았겠다고 생각했던 사람들을 포용하고 있으며, 포용했으면 좋았겠다고 생각하는 사람들을 배척하고 있다. 반드시 언급했으면 좋았겠다고 여기는 사람을 언급하지 않았기에, 어느 정도의 아쉬움을 남긴다.

그럼에도 불구하고 본서는 오늘날의 포스트모던 시대에 우리 복음주의 신학이 가야 할 길을 분명히 제시해주었다. 복음주의 신학은 성경적이고, 전통적이며, 현대적이어야 한다. 본서가 갖는 몇 가지 아쉬운 점들은 저자가 우리 후배들을 위해서 숙제로 남겨준 것이라고 믿는다.

주후 2013년 12월 1일 주일 저녁에

전대경 목사

목차

추천사 1(김영한 박사) / 5
추천사 2(김성원 박사) / 7
추천사 3(안명준 박사) / 8
추천사 4(버논 그라운즈 박사 외 2명) / 9
저자 서문 / 11
역자 서문 / 15

서론: 복음주의와 포스트모더니티로의 전환 / 21

제1장 **복음주의 정체성 재조명** / 31

제2장 **복음주의 영성 재조명** / 55

제3장 **신학적 과제 재조명** / 89

제4장 **신학의 자료 재조명** / 127

제5장 **성경의 권위 재조명** / 159

제6장 **신학의 통합적 주제 재조명** / 201

제7장 **교회론 재조명** / 239

Revisioning Evangelical Theology

서론

복음주의와 포스트모더니티로의 전환

얼마 전, 북미의 한 복음주의 계열 교단의 총무는 신앙과 질서 그리고 교단의 정체성 확립을 위한 가을 회의의 준비 차원에서 모든 임원들을 사전에 소집하여 탐구해야 할 주제들의 목록을 미리 정리해보는 자리를 가졌다. 이들이 기록한 모든 제목들은 하나같이 동시대의 세상에서 하나님의 백성이 되는 과제(task)에 초점이 맞추어져 있었다.

이 교단의 총회장은 자신의 메모에 우리는 현재 정체성 위기의 고통 가운데 살고 있다고 지적했다. 근래에 복음주의 계열의 주요 교단들은 자신들의 양적인 성장에 대해 조금은 우쭐해하며, 주류 개신교 단체들 속에 내재되어 있는 로마가톨릭적인 위계적(hierarchical) 구조 같은 내부적인 문제들을 지적하기도 했다. 하지만 우리는 동시대의 세속에서 발생하는 중대한 변화들로부터 언제까지나 면역이 되어 있을 수는 없다. 왜냐하면 지금 이 순간에도 우리는 우리 스스로가 속해있는 보수적인 신학과 경건적인 전통을 가지고 있는 교단들의 연합의 한 가운데에서도 부지불식 간에 세속의 변화가 전염되어 그것이 계속 확산되고 있는 위기에 놓여 있기 때문이다.

실제로 오늘날의 복음주의는 위기의 한 가운데에 놓여 있다. 지난 20년 동안 복음주의자들은 전례 없는 존경을 받아왔다. 우리는 이때를 "복음주의 전성시대"라고 불렀고, 우리의 동료들이 잘나가는 시사 잡지의 표지에 등장하고 심지어 대통령 집무실에까지 가기도 했다. 그럼에도 우리는 여태까지 복음주의가 되기 위한 특정한 기준이나 그 어떠한 합의점도 없었다.

최근 몇 해 동안, 우리는 유례 없는 교회의 양적 성장을 증언해왔다. 주요 교단들이 정치싸움에 눈이 멀어 있는 동안에도 복음주의 신자들은 우후죽순처럼 계속 늘어갔다. 하지만 동시에 전통적 복음주의 신앙생활 방식에 대한 불만의 목소리가 계속 늘어가고 있다는 소식도 들려왔다.

20세기의 3분의 2 지점을 지나면서, 우리는 복음주의 학문연구의 폭발적인 증가를 목도해왔다. 복음주의 서적들이 쏟아졌고, 각 학회에서 논문들이 발표되었다. 뿐만 아니라 복음주의 자체가 학문 연구의 주제가 되기도 했다. 그럼에도 복음주의적 질문은 항상 한계에 부딪혔고, 복음주의의 정체성에 대한 불확실성도 커져갔다. 이 설명 불가능한 모순의 증거가 가장 분명하게 드러나는 곳은 바로 복음주의적 자기인식의 심장부인 조직신학에서였다. 수용된 교리의 본질을 붙잡고자 하는 노력을 말해주듯, 복음주의자들로부터 새로운 신학적 논문들이 지금도 계속해서 가차없이 쏟아져 나오고 있다. 그럼에도 우리는 아직도 무엇이 진정으로 복음주의 신학을 구성하는 것인지에 대해 미결된 수많은 불확실한 점들만을 손에 들고 있다.

이러한 복음주의라는 용어 자체의 애매함으로 인해 결국 도날드 데이톤(Donald Dayton) 같은 몇몇 사람들은 **복음주의**라는 말 자체가 이제는 유명무실해졌다는 결론에 이르렀다.[1] 그렇다면, 우리는 과연 "복음주의 운

---

1) Donald W. Dayton, "Some Doubts About the Usefulness of the Category 'Evangelical,'" in *The Variety of American Evangelicalism*, ed. Donald W. Dayton and Robert K. Johnston

동"이나 "복음주의"라는 말을 더 이상 사용할 수 없는 것인가? 스스로를 복음주의라고 주장했던 교회들과 신학교들도 이제는 그렇게 주장하지 말아야 하는가? 세상에 제공할 그리고 교회들과 신학교들을 한데 연합하여 묶을 더 포괄적인 기독교 신앙의 표현으로서의 복음주의 신학이라는 것이 과연 존재하기는 하는가?

나는 확신하건데, 복음주의자들을 포함한 모든 신학적 부류의 사상가들에게 영향을 미치는 이 복음주의 신학에 대한 불투명성은 현재 서구에서 증산하는 더 큰 문화적 변화의 큰 부분을 차지하고 있다. 실제로 우리는 중세 시대의 쇠퇴와 더불어 싹트고 있는 근대주의(modernism) 사이에서 지성적 사회적 변화를 겪는 전환기의 중간 어딘가에 있을 것이다. 세상은 지금 소위 **포스트모더니티**라는 역사의 새로운 시대에 돌입하고 있다. 그러므로 우리는 포스트모던 시대를 맞을 준비를 반드시 해야만 한다. 하지만 복음주의는 다가오는 것의 정체성을 파악하는 것은 고사하고 자기 자신의 정체성 파악도 안 되어 있는 것이 더 큰 문제이다. 그래서 이러한 포스트모던 시대의 도전과 현재의 복음주의 내에 있는 불안을 상기시키는 것이 우리의 중요한 과제이다.

비록 밀물처럼 쏟아져 들어오는 포스트모던 시대를 특징지을 수 있는 명확한 근거들은 없지만, 몇몇 가시적인 표지들은 있다. 근본적으로 포스트모더니즘은 계몽주의에 대해 비판적이며 계몽주의의 철학적 견해를 뛰어 넘어서기를 추구하는, 지금은 역사의 뒤안길로 저물어가는 근대주의 사고방식에 기초를 둔 지적 경향을 가지고 있다.

계몽주의 실증의 핵심은 이성의 권위이다. 근대주의는 인간 이성의 감시하에 현실의 다양한 측면을 바라보고자 한다. 이것은 감정에 치우치지

(Downers Grove, Ill.: InterVarsity Press, 1911), 251.

않은 지식의 추구를 수반한다. 즉 역사의 흐름 밖의 유리한 지점으로부터 세상을 바라보는 조건에 얽매인 참가자가 아닌, 조건에 상관없는 관찰자로서 현실을 바라보는 어떤 사람의 능력이나 지식을 추구한다.[2] 더군다나 근대주의는 낙관적이다. 물론 그것은 별도의 분야로 나누어지긴 하지만 지식이 본질적으로 유효한 것이라고 가정한다. 근대주의는 진보에 대한 막연한 믿음을 가지고 있다. 근대주의는 교육의 힘과 더불어 과학이 우리를 사회적 속박과 자연으로부터의 한없는 연약함으로부터 자유하게 해줄 것이라고 가정한다.

그 외의 또 무엇을 증명하든지 간에, 포스트모더니티는 위의 논지들에 의문을 갖는 것이다. 포스트모던 사상가들은 이성에 한계가 없다는 가정을 이미 버렸다. 즉 지식은 본질적으로 유효하며 그렇기 때문에 우리는 우리의 모든 문제를 해결할 수 있다는 것을 포기했다는 말이다. 근대주의 세계관의 구획화(compartmentalization) 특성에 대응하여, 포스트모더니티 세계관의 표어는 총체성(holism)인데, 이것은 근대주의에서 갈기갈기 찢어놓은 것을 다시 한데 모아 묶는다는 소망을 뜻한다.[3] 하지만 우리에게 더 중요한 문제가 있다. 그것은 지금 번져가고 있고 앞으로도 지대한 영향을 미칠 변화와 관련한 것이다. 포스트모더니즘은 근대주의가 낳은, 근대 서구 문화의 특징이 되어버린, 급진적 개인주의에 의구심을 가진다.

현대 북미 사회는 실제로 개인주의적이다. 현대적 삶의 풍토는 방해받지 않는 개인이란 관념을 중요하게 받아들이고 자랑하는데, 이 관념의 기원은 자율적 자아의 신화에 있다. 우리는 개인의 어떤 삶의 주제든 간에

---

2) Merold Westphal, "The Ostrich and the Boogeyman: Placing Postmodernism," *Christian Scholars Review* 20 (December 1990): 15.
3) Ted Peters, "Toward Postmodern Theology," *Dialog* 24 (Summer 1985): 221.

스스로 결정하는 경향이 있다. 즉 우리가 모든 것을 스스로 결정하는 것을 우리의 공통의 행동양식으로 부지불식간에 당연하게 인식하고 있다는 것이다. 그러므로 우리는 스스로가 어떤 전통이나 공동체로부터 독립적으로 혹은 그 밖에서 존재한다고 생각하는 급진적 개인주의자들이다.[4]

우리 복음주의자들은 이 근대주의적 사고방식에 다른 이들보다 부지불식 간에 오히려 훨씬 더 많이 물들어 있다. 서구 문화권에 있기 때문에, 우리는 복음을 개인주의에 입각한 근대주의자들의 사고방식으로 이해하려는 경향이 있다. 신약성경이 복음을 각 개인에게 전파하라고 선포하고 있는 것은 사실이지만, 우리는 실제로 성경이 말하고자 하는 개인보다 훨씬 더 개인적인 것에 초점을 맞추는 경향이 있다. 이것으로 인해 우리는 복음과 교회에 무관심한 개인주의화를 초래했으며 그로 말미암아 훨씬 현대적인 신앙생활의 특징을 지니게 되었다.

개인주의가 심화됨에 따라 근대주의에 대한 매력도 시들해지고 있다는 징후들이 있다. 많은 사상가들은 이제 존재의 개인적 측면과 사회적 측면에 대한 보다 더 균형 잡힌 이해를 요구하고 있다.[5] 적어도 어느 정도까지만이라도, 우리는 현재 복음주의 안에 놓여 있는 정체성 위기를 우리 주변에서 만연하게 일어나고 있는 더 광범위한 문화적 변화의 맥락에서 이해해야만 한다. 우리 사회 내에서 일어나는 뒤끓는 듯한 움직임은 동시대의 신자들 사이에 깊이 뿌리 내려 있는 개인적 신앙의 삶과 공동체의 신앙 간의 관계를 새롭게 이해하고자 하는 소망을 나타낸다. 많은 복음주의 교회들 속에 내재 되어 있는 불안 때문에, 교회가 교회다워야 한다는 포스트모

---

4) 한 예로, Robert N. Bellah et al., *Habits of the Heart: Individualism and Commitment in American Life* (Berkeley: University of California Press, 1985), 65을 보라.
5) Daniel A. Helminiak, "Human Solidarity and Collective Union in Christ," *Anglican Theological Review* 70 (January 1988): 37.

던적 외침이 있는 것이다.

지나친 근대주의적 사상과 행동의 급진적인 개인주의적 특성은 동시대 지적 발전에도 발 맞출 수 없을 뿐 아니라, 더 중요하게는 우리 믿음의 조상들이 성경을 통해 물려주었던 유산들과도 맞지 않는다. 따라서 포스트모던 시대로의 전환기에서, 우리는 과연 무엇이 복음주의적 전통을 구성하는지와 그 복음주의적 전통을 동시대의 현대적 표현을 위해 우리는 어떠한 사람이어야 하는지에 관한 것들을 다시금 생각해보아야 한다.

나는 이 두 가지가 모두 가능하다고 믿을 뿐 아니라 바로 이것이 "복음주의"라고 일컫는 특별한 신앙적 유산을 설명하는 데에 가장 큰 도움을 줄 것이라 믿는다. 우리의 복음주의 선배들은 자신의 백성을 위한 하나님의 계획에 대한 성경적 조명을 새롭게 하는 것을 촉진시키는 믿음을 가지고 복음주의에 대한 새로운 접근 방식을 모색해왔다. 이 경건한 사상가들은 그들 스스로의 의도를 정확하게 알았고, 우리에게 꼭 같은 도전을 물려주었다. 그래서 복음주의와 관련된 이야기를 우리 자신의 이야기로 여기는 우리는 그들이 자신들의 시대에 세워놓았던 거룩한 것들을 오늘날의 시대에도 세우려고 시도해야 한다. 우리는 기독교 내에서의 특징적인 운동으로서의 복음주의에 대해서도 계속 논해야 하며, 아울러 그것을 잘 정립하여 분명한 복음주의 신학을 세상에 제시할 수 있어야 한다. 그것은 성경이 말하고 있는 복음, 즉 우리의 구원을 위한 그리스도 안에 있는 하나님의 사역의 복된 소식으로부터 파생된 것이어야 하며, 또한 기독교 역사를 통해 현대의 신앙적 유업으로 잘 남겨진 것들이어야 한다.

우리가 현재 살고 있는 이러한 전환적 시대(transitional era)에는, 새로운 상황 속에서 복음주의 전통이라는 거대한 집단에게 영감을 줄 비전이 무엇이라고 분명히 제시해줄 수 있는, 건전한 사상이 요구된다. 다시 말해, 포스트모더니티로의 전환은 그야말로 복음주의자들에게 새로운 신학적 성찰을 요구하는 것이며, 그것은 하나님의 백성으로서 우리가 누구인지에 대한 스스로의 이해를 갱신할 것을 유도하는 것이다. 따라서 우리는 복음주의 신학에 대해 새롭게 조명할 필요가 있으며, 우리가 "복음주의"라고 부르는 교회의 위대한 유업을 가진 사람들로서 그 새로운 조명을 위한 신학적 기초가 무엇인지를 찾아 규명해야만 한다.

본서의 본문에서는, 현대 상황 속에서 하나님의 사람인 복음주의자로 사는 문제에 대해 우리를 올바른 답으로 안내해줄 신학방법이 무엇인지에 대해 논증할 것이다. 이것을 위하여, 이 책은 7개의 장으로 구성된다.

이 모든 것은 **복음주의**라는 명칭이 무엇을 의미하는지를 규명하려고 하는 것이다. 그러므로 1장에서는 복음주의 정체성의 문제를 제기한다. 그리고 이 장의 결론으로, "복음주의"가 되는 것은 성경에 근거한 신학적 범주와 하나님과의 개인적 만남의 간증을 공유한 한 공동체에 참여함을 의미한다는 것을 논증할 것이다. 따라서 복음주의자로서 우리는 기독교인이 되기 위한 우리들만의 특별한 영성과 비전을 가진 사람들이다. 우리의 비전-우리의 복음주의 영성-은 우리의 신학에 영향을 줌과 동시에 그것에 대한 신학적 성찰을 요구한다. 이러한 복음주의 영성이 2장의 주제이다.

그리스도 안에서 하나님의 백성이 된다는 것이 무엇을 의미하는지에 대한 독특한 비전을 가진 사람으로서, 우리는 신앙의 체계와 신학을 공유한다. 그러한 신학 양식의 기저에 반드시 자리 잡고 있어야 할 것에 대한 상호적인 질문과 답변이 이 책에서의 핵심 과제이다. 그렇기 때문에 이 책에서 나의 주요한 관심은 신학방법과 관련한다. 방법론의 문제에 대한 논의는 4장에서 다룬다. 이러한 것들을 위하여, 나는 먼저 복음주의 신학의 핵심 작업이 무엇이 되어야 할지를 찾는 것에서 출발해야 한다.

3장은 신학이 실천적 훈련이라고 제시한다. 우리 복음주의자들은 특정한 문화 속에서 믿음에 대한 지성적 성찰을 공유하는 신앙공동체이다. 동시에 하나님의 백성으로서 살아가면서 우리의 신앙적 결단을 세상에 전한다는 목적을 가지고 있다.

우리의 신학적 과제를 완수하기 위해서는 자료 혹은 "규범"(norms)의 차용이 필요하다. 그래서 4장에서는 신학을 위한 3가지 규범 혹은 자료에 착수할 것이다. 이것을 위해, 성경적 근거에서부터 교회의 신학적 전통을 거쳐 우리가 살고 있는 문화적 상황의 이슈들과 사고 형식까지 다룰 것이다. 이러한 규범들을 차용함으로써 우리는 성경적이고, 고백적이며, 그리고 현대적인, 즉 진정한 복음주의 신학을 이끌어낼 수 있을 것이다.

5장은 복음주의의 핵심적 관심인 성경의 권위 문제를 제기한다. 그렇게 함으로써, 우리의 신학을 위한 세 자료 중 첫 번째인 성경으로 관심을 집중시킨다. 우리의 복음주의적 헌신의 핵심은 성경의 권위이다. 즉 성경이 성령의 저작일 뿐 아니라 성령이 역사하시는 매개물이기 때문에 성경은 권위가 있다는 논지이다. 그것은 성령의 책이기 때문에, 그 성경의 권위가 신자로서의 우리들의 삶의 모든 영역에까지 확장된다.

신학방법의 마지막 문제에 대한 논의가 6장에 나온다. 거의 모든 조직신학은 자신들 신앙공동체의 신앙을 반영하고 조직화하는 작업으로서, 하나 혹은 그 이상의 근본적 범주나 통합적 모티프를 차용한다. 이 장에서는 복음주의 신학의 모티프를 구성하는 가장 중요한 범주가 무엇인지를 조사한다. 이 장의 결론에서 나는 복음주의 신학자로서 우리가 21세기에 매우 두드러지게 나타나는 하나님 나라 신학(Kingdom Theology)을 뛰어넘어야 한다고 주장한다. 그러나 그 모티프의 근본 요지는 유지한다. "하나님 나라"라는 개념과 더불어, "이미 그러나 아직 아닌"(the already and the not yet)의 주제를 향한 공동체의 신학을 정립하면서, 우리는 공동체라는 개념을 조사해야 한다.

이러한 방법론적 질문들에 답하면서, 교회에 대한 논의가 7장에서 다루어지게 된다. 우리의 관심은 자연스럽게 교회론으로 옮겨간다. 이것은 교회가 신학적 훈련을 하는 바른 상황(context)이라는 점에서이다. 조직신학자로서 우리의 작업은 하나님의 백성 가운데에 있는 우리의 실존으로부터 야기되며, 그것은 대부분 다시 곧바로 그리스도의 회중을 향하여 되돌아가게 된다. 우리의 신학적 성찰에서 교회론의 그 근본적 역할 때문에, 이 책과 같이 신학방법에 그 초점을 맞춘 작업은 이러한 지독하게 무시되는 교리에도 주의를 기울이지 않을 수 없다. 그래서 본문에서는 신학방법을 다시금 적용하게 되는 한 예로서 교회론을 다룰 것이다.

물론 여기에 선택된 일곱 개의 주제들 외에 다른 주제가 첨가될 수 있다. 현대 상황에서 복음주의 신학의 발전을 위해서는 다른 문제들도 다루는 것이 중요하다. 예를 들면, 과학과 성경의 문제는 결정적으로 중요한 문제로 남아 있다. 그리고 끊임없이 논쟁되고 있는 신앙과 이성의 관계 문제 또한 중요하다. 종교 다원주의의 현대 정황 속에서, 몇몇 복음주의자들은 구원을 위한 그리스도의 중심성에 대한 재평가를 시도하기도 한다. 그리고 복음주의 신학의 재조명은 복음주의 윤리의 재조명을 요한다.

하지만 이들과 함께 다른 주제들은 그것들의 중요성에도 불구하고, 이 책의 중심 주제와의 상이함 때문에 책에서 주제로 선택하지 않았다. 뒤따르게 될 논쟁 중에 가장 부담되는 분야는 역시 **조직신학**이다. 하지만 이것이 바로 복음주의 전통에 서 있는 신학자를 특징짓는 것이기에 피할 수도 없고 피해서도 안 된다. 어찌 보면 꽤나 좁을 수도 있는 이러한 조직신학적 주제들에 대해 필자가 관심을 가지고 써내려간 것이 이 책의 장들을 이루게 되었다. 내가 믿기에는 진정한 복음주의 조직신학을 위한 기초를 세움에 있어서 가장 그리고 극명히 중요한 것은 이 신학이 따라야 할 "방법들과 관련한 문제들"과 우리의 신학에 동기를 부여하는 근본적인 복음주의의 "정체성에 대한 질문들"이다. 다른 중요한 주제들에 대해 탐구하는 작업과 그것을 통한 기쁨은 다른 학자들에게 남겨둔다.

Revisioning Evangelical Theology

제1장

복음주의 정체성 재조명

복음주의(evangelical)라는 용어는, 영어의 "복음"(Gospel)에 해당하는 헬라어 에반겔리온(*evangelion*)에서 유래했다. 따라서 리차드 퀘베도우(Richard Quebedeaux)의 말을 빌려 말하면, 복음주의자(an evangelical)는 기본적으로, "하나님은 우리에게 구원자를 보내셨으며, 우리는 그 구원자 예수 그리스도 안에서, 하나님의 구원 받은 은혜의 상속자가 될 수 있다는, 그 복된 소식에 헌신된 한 사람"이라고 표현할 수 있다.[1]

복음주의 운동과 에반겔리온(*evangelion*)의 관계를 기술하기 위해서, 그동안 수많은 기독교 변증가들이 성경적 근거를 들어가며 복음주의가 무엇인지를 설명하려고 부단히 노력해왔다.[2] 복음주의를 복음과 연결시키

---

1) Richard Quebedeaux, *The Worldly Evangelicals* (San Francisco: Harper & Row, 1978), 6.
2) 그 예로, Morris A. Inch, *The Evangelical Challenge* (Philadelphia: Westminster Press, 1978), 10; Donald G. Bleosch, *The Future of Evangelical Christianity* (Garden City, N.Y.: Doubleday, 1983), 15; Robert E. Webber, *Common Roots: A Call to Evangelical Maturity* (Grand Rapids, Mich.:Zondervan, 1978), 25-27; Ronald H. Nash, Evangelicals in America (Nashville: Abingdon, 1987), 22을 보라. 이러한 점은, 국제복음주의연합(National Association of

려는 시도는 매우 바람직하다. 복음주의자들이 교회의 전(全) 역사 속에서 그 어떤 것보다도 중요시 했고 또 앞장 서왔던 것은 아마도 복음을 전하는 활동이었을 것이다. 이러한 이유로 인해, 빌리 그래함은 "복음주의자들이 교리나 실제에 있어서 비록 세부적인 부분에는 서로 동의하지 않을지도 모르지만, 그들은 복음주의라는 하나의 공통된 결의(commitment) 아래서 하나가 된다"고 당당히 말할 수 있었던 것이다.[3]

복음주의자들은 유독 이 복음에 대해서 항상 큰 관심을 보여 왔다. 하지만 이 포괄적인 개념이 항상 다른 모든 신학적 개념들을 빠짐없이 설명해 주지는 못한다. 그래서 복음에 대한 헌신의 관점에서 이해한다면, 복음주의는 신학적 입장, 배경 및 경험과 상관없이 모든 교파와 기독교인을 특징지을 것이고 지워야 한다.

만약 복음에 대한 소유와 헌신이 복음주의 운동의 표식(hallmark)이 아니라면, 과연 "복음주의자"로서 우리는 정확히 누구인가?

1. 복음주의에 대한 역사적 이해

여러 나라와 다양한 문화 속에서 복음주의에 대한 존경심이 점차 증가되어 왔기 때문에, 복음주의 학자들은 이 "복음주의"라는 말의 의미가 무

Evangelicals)과 트리니티복음주의신학교(Trinity Evangelical Divinity School)가 공동 협찬한 1989년 복음주의연합(Evangelical Affirmations) 회의 논문집에서 복음주의 정체성에 대한 섹션에서 다룬 내용의 핵심이기도 하다. Kenneth S. Kantzer and Carl F. H. Henry, eds., *Evangelical Affirmations* (Grand Rapids, Mich.: Zondervan, 1990), 37을 보라.

[3] Billy Graham, John D. Allan의 *The Evangelicals: An Illustrated History* (Grand Rapids, Mich.: Bakers Book House, 1989) 서문에서 인용되었다.

엇인지에 대한 작업에도 점점 더 많은 관심을 쏟게 되었다.[4] 이 운동에 대한 연구자들 중 대다수는 이것을 역사 신학적 측면에서 기술한다.[5] 이러한 이해에 따르면, 복음주의는 3가지 역사적 파장 혹은 3가지 동심원의 연속으로부터 발생했다.[6]

1) 종교 개혁

그 첫 번째 역사적 동심원은 바로 종교개혁이다. 이것은 16세기의 신앙적 유산에 집중한 가장 넓은 범주이다. 종교개혁으로부터 파생된 독일 교회들은, 루터(Martin Luther)가 복음에 대해서 유독 강조했던 것을 부각시킴과 동시에 로마가톨릭 교회와 그들을 구분하기 위해, 복음주의라는 독일어 에반겔리쉬(*evangelisch*)라는 말을 사용했다. 그래서 종교개혁과 역사적으로 연결된 모든 개혁 교회들은 복음주의라고 주장할 수 있다.

그럼에도 불구하고 이 16세기의 유산과 특별히 밀접한 관계를 지향하는 것은 복음주의 운동의 정체성에 대한 자기인식에서 대단히 중요한 부분을 차지한다. 옹호론자들은 성경으로 돌아갈 것과 각 개인이 구원 받아

---

4) 최근 작품의 요약을 위해서는 다음을 보라. Leonard I. Sweet, "The Evangelical Tradition in America," in *The Evangelical tradition in America*, ed. Leonard I. Sweet(Macon, Ga.: Mercer University Press, 1984), 1-86을 보라.
5) 모든 종류의 복음주의자들을 위한 진정한 국제적인 대표 회의 기구가 되기를 추구하는 한 단체, 세계복음주의연맹(World Evangical Fellowship)은 1989년 이 운동의 도래에 대한 대중적인 설명을 맡았다. 책으로는, *The Evangelicals: An Illustrated History*가 현대의 경향성을 예증한다.
6) 이러한 이해가 논란 없이 받아들여진 것은 복음주의 문학에서의 그것이 반복적으로 사용됨에 의해 증명된다. 한 예로, Abraham은 실제로 기록하기를, "그래서 "복음주의"라는 용어는 적어도 3가지 사상의 성좌(constellations)를 수반한다. 그것은 루터와 칼빈에 의한 종교개혁과, 18세기의 복음주의 부흥인 감리교주의, 그리고 근대의 보수적 복음주의이다." William J. Abraham, *The Coming Great Revival* (San Francisco: Harper & Row, 1984), 73.

야 함에 대한 강조를 외쳤던 종교개혁에서부터 복음주의 운동이 시작되었다고 본다. 복음주의자들은 종종 자신들만이 종교개혁의 후예들이라고 주장한다. 이는 오로지 자신들만이, 루터, 칼빈(John Calvin) 그리고 다른 종교개혁자들로 인해 성경에서 재발견된 그리스도 안에 있는 하나님의 은혜라는 복음을 충실하게 따르기 때문이라는 것이다.[7] 이러한 종교개혁에 대한 그들 스스로의 자각적 친밀성 때문에, 현대 복음주의자들은 일반적으로 칼 바르트(Karl Barth)의 다음과 같은 정의에 동의한다. 비록 모든 이들이 이 스위스 신학자가 이 전통에 포함되는 사람이라고 인정하지는 않지만 말이다.

> 복음주의는 성경으로 돌아가자는 16세기 종교개혁에 의해 다시금 듣게 되었던, 예수 그리스도의 복음을 아는 것이다.[8]

종교개혁은 복음주의자들에게 그 유명한 오직(sola) 시리즈, 오직 성경(sola scriptura), 오직 그리스도(solus Christus), 오직 은혜(sola gratia), 오직 믿음(sola fide)을 귀중한 유산으로 남겨주었다. 따라서 16세기 이후부터, 누구든지 성경의 권위에 대한 강조와 오직 믿음을 통하여 은혜로 말미암아 유일한 구원자 되시는 예수 그리스도에 의해 구원에 이를 수 있다는 것을 믿는 사람이라면, 우리는 그들을 복음주의자들이라고 부를 수 있을 것이다.

---

7) 종교개혁과 함께하는 복음주의연합은 이 운동에 참여하는 사람들에게 소개되는 안내지에 포함되어 있다. "무엇보다도 복음주의자들은 종교개혁자들이 기술하고 정의한 예수 그리스도의 복음을 믿고 그대로 사는 사람들이다." William W. Wells, *Welcome to the Family: An Introduction to Evnagelical Christianity* (Downers Grove, Ill.: InterVarsity, 1979), 129.

8) Karl Barth, *The Humanity of God* (Atlanta: John Know Press, 1960), 11. 이 정의는 Inch, *The Evangelical Challenge*, 10에서 인용되었다.

2) 청교도주의와 경건주의

두 번째 역사적 동심원은 청교도주의와 경건주의이다. 종교개혁의 범주보다 조금 더 좁은 것이 바로 도날드 데이톤이 "전통적 복음주의"라고 부르는 이 두 번째 운동이다.[9] 그는 두 번째라는 측면에서 이 용어가 특별히 영국 청교도주의와 대륙 루터교 경건주의에서부터 발전된 좀 더 구체적인 개신교를 표현하는 말이라고 기술한다. 이 복음주의의 또 다른 파장인 청교도주의와 경건주의는 18세기와 19세기 미국의 부흥사들의 설교에 대단히 많이 등장했음을 우리는 어렵지 않게 발견할 수 있다.

종교개혁 못지않게, 이 두 번째 운동들 또한 복음주의를 형성하는데 매우 중요했다. 청교도주의는 개인 선택의 확실성과 진정한 기독교 국가 건설을 탐구하는 것(quest)을 유산으로 물려주었다. 그리고 경건주의(그리고 후기 영국 감리교 운동)는 국교회의 죽은 정통성 가운데서 사회적 자각과 함께 힘찬 개인 신앙을 불러일으켰다. 그래서 선택의 확실성에 대한 청교도의 관심에서 일어났던 것처럼 계속 일어나고 있는 신앙 부흥운동은 여전히 유동적으로 발전하고 있는 복음주의 운동에서 개인적으로 경험한 회심을 강조했다.

그러므로 복음주의 신학은 "종교개혁의 교리적 유산"을 견지해야 할 당위성을 강조하며, 복음주의자들 모두가 공유하는 "회심 경험의 본질"을 기술하고 반영하는 실천적 작업을 지향한다. 따라서 이것은 회심, 구원의 표식, 회심과 성화와의 관계, 그리고 신자의 구원받은 상태에 대한 확신에

---

9) Donald W. Dayton, "The Limits of Evangelicalism," in *The variety of American Evangelicalism*, ed. donald W. Dayton and Robert K. Johnston (Downers Grove, Ill.: InterVarsity Press, 1911), 48.

있어서 신과 인간의 상호적 역할과 관련한 문제들 또한 이들에 뒤따르는 매우 중요한 작업이라는 것을 뜻한다.

이러한 그 뿌리들 때문에, 전통적 근본주의는 회심에 지대한 관심을 가지며, 특별히 하나님의 은혜에 대한 각 개인의 자각적 경험을 대단히 강조한다.[10] 데이턴은 이것을 소위 "회심적 경건"이라고 부른다.[11]

회심적 경건은 미국이라는 가장 부요한 토양을 만나게 되었다. 미국의 복음주의는 "국가적 회심"(national conversion)이라고 불릴 정도로 대단히 중요한 부흥운동이었던 영국 식민지 시대의 대각성운동(the Great awakening)에서부터 시작되었다. 이 운동은 오늘날의 복음주의에게 "실험적 신앙"을 강조하는 형태로 유산으로 물려주게 되었다. 즉 기독교인이 된다는 것은 신앙적 연대(affiliation)를 삶에서 경험해야 한다는 것이다.

하지만 이 운동의 절정기는 복음주의자들이 기독교 기관을 설립했을 뿐 아니라 미국 전역에 복음주의적인 국가적 기풍을 형성했던, 그 다음 세기에 오게 된다. 역사학자 윌리엄 맥로린(William McLaughlin)은 "미국 부흥운동의 역사는 1800년부터 1900년까지 미국 그 자체의 역사다"라고 말한다.[12] 복음주의자들은 자신의 국가에 지대한 종교적 영향력을 미쳤다. 그리고 그들은 하나님이 그렇게 되게 하실 것을 예정하셨다고 믿었던, 청교도의 제국에 대한 꿈과 함께 미국을 "언덕 위의 도시"로 만드는 것을 완수하기 위한 작업에 착수하게 되었다.

19세기 미국 부흥운동가의 복음주의는 교회의 특별한 모델로 그 특징이 나타난다. 이 모델은 나라 전체가 애쓴 독특한 신앙 현실에서 비롯된

---

10) Wells, *Welcome to the Family*, 119.
11) Dayton, "The Limits of Evangelicalism," 48.
12) William G. McLoughlin의 서언, *The American Evangelicals, 1800-1900*, ed. William G. McLoughlin (New York: Harper Torchbooks, 1968), 1.

것이었다. 시초부터 어떤 하나의 교회 그룹이 전 나라의 신앙적 삶을 지배할 수 없었다. 이러한 새로운 상황은 교회론에 대한 새로운 정의를 요구했다. 분파주의는 그리스도의 한 몸이 다양한 교회 단체와 전통으로 "분파되었다"는 원리이다. 따라서 몇몇 개혁 교회들은 서로를, 여러 가지 형태의 가시적 단체들로 분리된, 하나의 교회 안에 있는 협력자라고 보았다. 이 원리의 필연적인 결과로서, 교회가 운영하는 다양한 종류의 자선 봉사 단체들이 쏟아져 나왔다. 이 단체들로 인해, 각자 서로 다른 교회 전통에 속해 있던 기독교인들이 특정한 목적들을 위해 한데 모여, 하나님 나라를 대표해서 봉사할 수 있게 되었다.

3) 후기근본주의적 복음주의

세 번째 역사적 동심원은 후기근본주의적 복음주의(postfundamentalist "card-carrying" evangelism)이다. 19세기가 미국의 부흥시대를 형성했다면, 20세기는 그것의 붕괴를 초래했다. 이것에는 몇 가지 요인들에 기인했다. 부흥사들이 그 세대의 심리를 사로잡는 데에 실패한 것과,[13] 비개신교인들의 이민 그리고 다윈의 진화론에 의해 방아쇠가 당겨진 지성적 요소들로 이어지는 사회학적 분열이다.

이러한 변화들은 교회들로 하여금 그 유명한 근대주의자-근본주의자 논쟁(modernist-fundamentalist controversy)에 빠지게 했다. 12권의 시리즈로 된 『근본주의: 진리의 증언』(*The Fundamentals: A Testimony of the Truth*)에서,

---

13) Nash, *Evangelicals in America*, 59-60. 또한 George M. Marsden, *The Evangelical Mind and the New School Presbyterian Experience* (New Haven, Conn.: Yale University Press, 1970), 244을 보라.

보수주의 지도자들은 근대주의와의 논쟁점들에 대해 하나도 빠짐없이 반박했다. 이들의 반박 논증을 기초로 해서, 1990년 미국 장로교총회에 의해 "필수" 교리 선언문이 채택되었는데, 그것은 성경의 무오성, 그리스도의 동정녀 탄생, 대속과 부활, 그리고 성경 속 기적들의 진정성(authenticity)이었다. 이 선언은 "5대 근본주의"라고 불리며 다양한 신학적 양식을 위한 토대를 형성했고,[14] 근본주의 연맹을 결집시키는 푯대 역할을 했다.[15]

하지만 이 논쟁이 종식될 무렵, 19세기 복음주의의 후손들 가운데에 주류 개신 교단들의 통제에서 스스로 벗어나, "근대주의"로 "변절"해 버린 이들도 있었다. 뿐만 아니라 지난 근본주의 연맹에 남아 있는 사람들 중 많은 이들 또한 더 넓은 문화적 영향으로 인하여 그들의 신학적 언약으로부터 한 발 뒤로 물러나게 되었다.

세계 2차 대전 이후에는, 헤롤드 오켄가(Herold Ockenga) 덕분에 알려지게 된, 새로운 연맹인 "신복음주의"가 출현하게 되었다.[16] 근본주의로부터 파생된 이 운동은, 지난 운동의 내분(internal division), 반지성주의, 삶의 부문화(deparmentalization of life) 및 사회적 무관성(social irrelevance)에 대한 몇몇 젊은 사상가들의 저항으로부터 시작되었다.[17] 이에 더불어, 새로운 초

---

14) 5대 근본주의에 대한 초기 역사적 논쟁을 위해서는 다음을 보라. Stewart Grant Cole, *The History of Fundamentalism* (New Yor: R. R. Smith, 1931), 34.
15) George M. Marsden, *Fundamentalism and American Culture* (New York: Oxford University Press, 1980), 117.
16) George M. Marsden, *Reforming Fundamentalism: Fuller Seminary and the New Evangelicalism* (Grand Rapids, Mich.: Eerdmans, 1987), 3.
17) Daniel b. Stevick, *Beyond Fundamentalism* (Richmond, Va.: John Knox Press, 1964), 28. 이러한 초기의 분명한 반대중의 하나가 Harold John Ockenga의 "Can Christians win America" in *Christian Life and Times*, June 1947, 13-15. 이 질문에 대한 저자의 대답은 그 제목에서 알 수 있듯이 "아니오"이다. 근본주의는 그 분리정신 즉 사회적 문제에 대한 무관심과 비윤리적 실천들로 인해 방해받았다고, 그는 주장했다. Ockenga가 짧은 글에서 신랄하게 비판했던 목소리가 그대로 확장되어 책 한 권 분량의 비평으로 출판된 것이 Carl F. H. Henry의 *The Uneasy Conscience of Modern Fundamentalism* (Grand Rapids, Mich.: Eerdmans,

교파적(transdenominational) 기관인 국제복음주의연합(National Association of Evagelicals)이 미국의 보수 기독교의 재활성화를 돕기 위해서 뿐 아니라, 전국교회협의회(National Council of Churches)에 경쟁 및 대응하기 위해 조직되었다. 당시 혜성처럼 등장했던 이 신복음주의는 다양한 배경과 관심을 대표하는 사람들과 단체들을 하나로 묶었는데, 이들은 이전 근본주의 운동에 동참했던 보수주의자들로서, 주류 교단들 특히 장로교와 북침례교와 세대주의자들, 그리고 신흥 성결운동과 오순절운동에 참가했던 사람들이 대부분이었다.[18]

따라서 복음주의의 범위를 가장 좁게 말하면, 20세기의 특수한 현상(phenomenon)을 포함하는 보수주의 기독교인들의 운동으로서, 이전의 근본주의로부터 나온 것이라고 할 수 있다. 이와 같이 정의된 복음주의는 의식적으로 자유주의와 근본주의 사이에 서려고 노력하는 신앙인들의 단체이다. 그들의 선조인 근본주의자들처럼, 신학적 자유주의의 도전에 맞서 기독교 정통 교리의 근본에 동의하는 한편, 복음을 위하여 근대의 계몽주의적 지성을 수용하는 경향성을 가지고 있다. 하지만 복음주의자들은 근본주의자들이 자신들끼리만 동맹했던 것보다는 더 넓은 범위에서, 자신들과 다른 견해를 지닌 사람들과 대화를 나눌 수 있을 만큼 세상의 참여에 대해 열려 있다.[19]

1947)이다. Ockenga와 마찬가지로 Henry는 그의 동료 근본주의자들을 그들의 사회적 조명의 부족과 사회에 대한 무관심에 대해 책망했다.

[18] 이 운동의 봉기와 뿌리에 대해서는 다음을 보라. Donald W. Dayton, *Theological Roots of Pentecostalism* (Grand Rapids, Mich.: Zondervan, 1987).

[19] C. Norman Kraus는 복음주의를 "보수적 교단 신학자들의 초기 세대의 중심적 입장으로 더 돌아가고자 희망했던 보수적 개신교의 탈근본주의 연맹"이라고 올바르게 묘사한다. C. Norman Kraus, "Evangelicalism: A Mennonite Critique," in *The Variety of American Evangelicalism*, ed. Donald W. Dayton and Robert K. Johnston (Downers Grove, Ill.: InterVarsity Press, 1991), 184.

복음주의가 근본주의에 뿌리를 두었다는 이 사실은 또한 복음주의적 신학에 지대한 영향을 미쳤다. 근본주의자의 영감 교리는 복음주의가 종교개혁으로부터 물려받은 성경 권위의 강조를 공식화하게 하였고, 많은 복음주의 사상가들이 특징적으로 주장하는 성경의 무오성을 강조하게 하였다. 하지만 근본주의는 이것을 통해, 로마가톨릭에 대응하기 위해 종교개혁의 오직(Sola) 시리즈들의 저변에 깔려 있었던 개인적 구원에 대한 질문으로부터, 초점을 전혀 다른 데로 옮겨버리고 말았다. 근본주의는 개인적 구원에 대한 질문 대신에, 자유주의와의 투쟁 시작부터 놓여 있었던 자연주의와 초자연주의라는 좀 더 지성지향적 논쟁으로 그 자리를 대체했으며, 이것은 근본주의자들로 하여금 기독론적 교리를 갖게 했다. 그래서 하나님과 우리의 개인적 관계에 관심을 가졌던 19세기 신학의 특징과는 대조적으로, 복음주의 신학은 근본주의를 거의 그대로 받아들였기 때문에, 어쩔 수 없이 교리적 성향, 즉 명제적 진리에 대한 질문의 경향을 갖게 되었다.

일부 현대 "복음주의 연구가들"은 복음주의를 이해하는 데에 있어서 근본주의라는 이 표준적 "동심원"(concentric-circle)을 부정하지는 않으면서도, 그 신학의 역사에 주로 관심을 기울이는 이 고전적 이론을 뛰어넘고자 한다. 그래서 그들은 복음주의 운동이 사회학적 측면을 묘사하기 위한 신학적 운동이라는 데에까지 논증을 확장한다. 한 예로, 역사가 죠지 마스덴(George Marsden)은 정식 복음주의들이 후기근본주의자(postfundametalist) 연맹을 대체하는 신앙 연맹으로 구성되었으며, 이것은 교단과 유사하지만 한결 더 비공식적인 인프라 구조 혹은 기관들로 결합된 초교파 공동체라고 주장한다. 그렇기 때문에 복음주의 운동에 가담하고 있는 한 신자에게는, 자신의 정체성을 설명해주는 주요한 근거를 어디에서 끌어낼 수 있느냐는 질문이 대단히 중요한 것이다. 그래서 복음주의는 스스로를 전체의 일원이라고 보는 하나 된 기독교인들의 단체를 말하며, 거기에 소속된 사

람은 그것을 통해 어떠한 신앙적 정체성을 얻게 된다.[20]

옹호론자들은 이러한 정체성 때문에, 자신이 속한 특정한 교단보다 이 운동을 더 의미 있게 바라본다. 그들은 먼저 복음주의자들이고 그런 후에야 어떤 특정 교단의 전통을 옹호하는 자들이라고 믿는 것이다.[21] 따라서 복음주의는, 러셀 스태플즈(Russell L. Staples)가 말한 것처럼, "하나의 정체성을 부여하는(identity-conferring) 공동체"이다. 이 운동에 참여하는 사람은 자신이 복음주의자임을 안다. "비록 그들이 각자의 교단적 소속감에 소홀해지면서 까지도 말이다."[22]

2. 신복음주의의 본질

오늘날 복음주의 운동의 정신을 무엇이라고 특징짓든지 간에, "정식" 복음주의자들의 원래 의도는 지난 보수주의 연맹에서 간과했던 결점들을 수정하는 것이었다. 그들은 가장 중요한 몇몇 분야에 먼저 초점을 맞추게 되었다.[23] 이 첫 번째 과제는 새로운 사회적 윤리의 발전, 지성적으로 신뢰할 만한 통일된 기독교 변증의 확립, 교육과 학문 증진을 위한 기관의 설립, 그리고 영적 연합의 강조에 기초한 초교파적 연합이 포함되어 있었다.

20세기의 3/4분기가 지나갈 즈음에, 복음주의자들은 그들의 이전 과제

---

20) George M. Marsden, "Defining Evangelicalism," in *Southern baptists and American Evangelicals*, ed. David Dockery (Nashville: Broadman, 1993)을 보라.
21) George M. Marsden, ed., *Evangelicalism and Modern America* (Grand Rapids, Mich.: Eerdmans, 1984), xv.
22) Russell L. Staples, "Adventism," in *The Variety of American Evangelicalism*, ed. Donald W. Dayton and Robert K. Johnston (Downers Grove, Ill.: InterVarsity Press, 1991), 67.
23) 이에 대한 논쟁은 다음을 보라. Millard Erickson, *The New Evangelical Theology* (Westwood, N.J.: Revell, 1968), 31-44.

(earlier agenda)를 다 해결한 듯 보였다. 복음주의 변증가들은 전공을 초월하여 미국 국내의 여러 대학을 다니며 학생들에게 강의를 했다. 복음주의 운동의 십자군 행렬이 분명하게 목도되는 광경들이 줄을 이었으며, 복음주의라는 무언의 규약이 개신교 내에서 일반적으로 통용되었다. 뿐만 아니라 그 유명한 로잔대회(Lausanne Conference)와 같은 큰 집회들에서 함께 모임으로써 서로 간의 하나 됨을 더욱더 분명하게 드러냈다. 복음주의 교육기관이 번창했으며, 복음주의 사상가들이 복음주의신학협회 같은 다양한 학회를 통해 모임을 가졌다. 그리고 많은 사람들은 자신들이 교단을 초월한 이 통합된 기독교 신앙을 믿고 있다는 사회적 인식을 은연중에라도 표현하고자 했다. 이러한 수많은 노력들과 더불어, 복음주의자들은 교단의 입장을 넘어 협력했으며, 하나의 그리스도의 몸으로서 서로를 협력자로 본다는 증거들을 교류했다.

그들이 대부분 성취한 이러한 초기의 과제들과 더불어, 복음주의의 정체성과 공유된 입장 표명들-그와 같이 다양한 전통을 한데로 묶는-과 관련한 질문들이 항상 표면 밑에서 끓어 왔으나 복음주의 사상가들의 관심을 끄는 것으로 부각되었다. 그 가운데 극명하게 중요한 문제 하나가 곧바로 중앙 무대로 들어서게 되었는데, 그것은 5대 근본주의 중 첫 번째인 바로 "성경의 무오성"이었다.

논쟁의 열기가 계속되는 가운데, 어떤 "정식" 복음주의 지도자들은 이 연맹의 회원들을 위한 교리적 규범을 세우기 위해서, 이 운동을 정의하는, 일반적으로 인정되는 신앙고백 형태의 하나의 긴 선언문을 작성하게 되었다. 여기에서 그들은 진정한 복음주의가 되기 위해서는 모든 신자가 성경이 말하는 모든 주제에 관하여 전체적으로 성경이 무류하다는 것을 인정해야만 한다고 주장했다. 복음주의 운동의 기함(flagship) 역할을 했던 복음주의 출판물 「크리스채너티 투데이」(Christianity Today)의 전 편집장이었던, 해럴드 린셀(Harold Lindsell)

은 1976년 그의 책을 통해, 이 문제에 있어서 자신과 입장을 달리하는 사람들에 대하여, 심지어 그들의 권한을 박탈해야 한다고까지 강력하게 말했다.

> **무오성**을 더 이상 지지하지 않는 사람들도 아직은 비교적으로 복음주의라고 나는 확신한다. 하지만 솔직히 말해서, 무오성을 던져버린 사람이 스스로를 정식 복음주의 배지(badge)를 달고 있는 사람이라고 주장하는 것에 대해서는, 단 1분도 참아줄 수가 없다.[24]

린셀의 이러한 완강한 입장은, 그로부터 8년 뒤 프란시스 쉐퍼가 이 운동에 대해 마지막으로 권고하면서 강하게 역설했던 것을 통해서 재차 강조되었다.

> 여기에 복음주의 세계에서 반드시 짚고 넘어가야 할 중대한 문제가 있다. 여기에 대해서 우리는 가장 사랑스럽게 하지만 분명하게 말해야 한다. 복음주의는 성경을 하나로 그 전체를 보느냐 그렇지 않느냐 사이에 하나의 선을 긋지 않는 한, 복음주의는 더 이상 복음주의적이지 않을 것이다.[25]

"성경을 전체로 본다"는 것의 의미에 대해 오해가 생기지 않게 하기 위해서, 쉐퍼는 또 다시 이렇게 말한다.

---

24) Harold Lindsell, *The Battle for the bible* (Grand Rapids, Mich.: Zondervan, 1976), 210.
25) Francis A. Schaeffer, *The Great Evangelical Disaster* (Westchester, Ill.: Crossway Books, 1984), 64.

성경은 가치와 의미 체계와 신앙적인 것들을 말할 때 뿐 아니라, 역사와 우주를 말할 때에도 오류가 없다.[26]

비록 모든 복음주의자들이, 이 연맹의 회원이 되기 위한 유일한 잣대로서 이 무오성을 고수하고자 원해 왔던 것은 아니었다. 하지만 대부분의 사람들이 이 신학적 용어가 이 운동의 본질을 가장 잘 기술했다고 동의한다. 이러한 경향은 최근 복음주의 사상가와 자유주의 사상가들 간에 있었던 최근의 몇몇 "논쟁"에서 분명히 볼 수 있다. 한 예로, 저명한 영국의 복음주의자 존 스토트(John Stott)와 잉글랜드국교회의 자유주의자 데이빗 에드워즈(David L. Edwards) 사이에 있었던, 다섯 가지 근본주의 명제 중 세 가지, 즉 성경의 권위, 속죄 그리고 기적들에 대한 논쟁은 대단히 신학적인 것이었다.[27] 더 최근에 있었던 클라크 피녹(Clark Pinnock)과 델윈 브라운(Delwin Brown)의 논쟁은 복음주의와 자유주의의 차이를 오직 신학적 차원에서만 기술했다. 그들은 방법론뿐만 아니라 신론, 인간론, 기독론, 구원론, 그리고 종말론에 대해서도 기술했다.[28]

너무 지나치게 신학적인 주제에 초점을 맞춘 글들보다는 조금 더 넓은 패러다임에 초점을 맞춘 글들을 위해서는, 개혁주의 유산을 가진 복음주의 신학자 도날드 블레쉬(Donald Bloesch)의 작품들을 참고하는 것보다 더 좋은 것은 없을 것이다. 블레쉬는 복음주의를 이해할 때에 항상 신학적 지향성을 고수한 사람으로 기억된다. 한 예로, 1973년 에드먼스(Eerdmans)

---

26) Francis A. Schaeffer, *The Great Evangelical Disaster*, 57.
27) David L. Edwards and John Stott, *Evangelical Essentials: A Liberal-Evangelical Dialogue* (Downers Grove, Ill.: InterVarsity Press, 1988).
28) Clark H. Pinnock and Delwin Brown, *Theological Crossfire: An Evangelical-Liberal Dialogue* (Grand Rapids, Mich.: Zondervan, 1991).

출판사의 『복음주의 르네상스』(The Evangelical Renaissance)에서 그는 "복음주의의 표식"을 다음과 같이 보았다.

> 하나님의 통치권, 성경의 신적 권위, 전적 부패, 그리스도의 대속, 은혜에 의한 구원, 오직 믿음을 통한 구원, 선포의 **우선성**, 성경의 거룩성, 교회의 영적 임무와 그리스도의 재림.[29]

이 교리들은 블레쉬가 두 권의 책으로 된 자신의 『복음주의 신학의 본질』(Essentials of Evangelical Theology, 1978-79)에서 제안했던 논지의 핵심을 확장한 것들이다.[30]

하지만 이 확장판에서 블레쉬는 순수한 교리적 진술을 뛰어 넘어서 복음주의의 본질을 통찰하고 있다. 여기서 그는 이 운동의 진수가 교리뿐 아니라 경험에 있다며 다음과 같이 주장한다.

> 내가 보기에, 복음주의가 된다는 것은 정확한 교리를 고수하는 것과 더불어 특정한 종류의 경험에 참여하는 것을 의미한다.[31]

결국 그는 현대 복음주의에서 개혁 신학과 경건주의 사이의 긴장을 발견한다.[32] 이러한 목적 때문에, 블레쉬는 교리를 강조하는 측면에서는 경건주의자들보다 종교개혁자들을 선택한다. 복음주의 사상가로서 그는 복음

---

[29] Donald G. Bloesch, *The Evangelical Renaissance* (Grand Rapids, Mich.: Eerdmans, 1973), 48-79.
[30] Donald G. Bloesch, *Essentials of Evangelical Theology*, 2vols. (San Francisco: Harper & Row, 1978-79).
[31] Donald G. Bloesch, *Essentials of Evangelical Theology*, 2vols., 1:ix.
[32] Donald G. Bloesch, *Essentials of Evangelical Theology*, 2vols., 1:5.

주의의 뿌리는 종교개혁에 두면서, 다른 그 무엇보다도 은혜에 의한 구원 교리를 중요시한다. 왜냐하면 그에게 있어서 그것은 "복음주의의 심장이자 영혼"이기 때문이다.[33]

　복음주의의 본질에 대한 신학적 기술의 유용함에도 불구하고, 이 운동은 역사 속에서 분열이라는 뼈아픈 교훈을 가져다주었다. 따라서 복음주의 신학의 재조명은 전형적 "정식" 복음주의자들이 이해한 이 운동의 본질을 특정한 신학적 규약에 초점을 맞추어서 다시 한 번 통전적으로 생각해 보면서 시작해야만 한다. 이것으로 인해, 오직 하나의 정통성만을 가진 더 포괄적인 복음주의 궤적이 필요하게 되었다. 그래서 20세기 후반에 설립된, 하나의 기독교 교회의 유산에 있는, 동시대의 표현을 수반하는 또 다른 더 포괄적인 차원의 신복음주의가 형성되게 되었다.

　의심의 여지없이 복음주의협회의 지도자들과 출판사들 그리고 학교기관들은 동시대의 보수 기독교의 기풍에 큰 영향을 미쳐왔다. 그럼에도 불구하고 이 연맹은 결코 "회심적 경건"을 권면하지는 않았다. 이 운동의 역사적 뿌리가 지적하는 것처럼, 많은 보수 기독교 교단들은 "전통적 복음주의"라는 더 큰 범위 안에 놓여있다. 비록 지난 현대 신복음주의 연맹과의 연대 관계는 부족했지만 말이다. 그래서 오늘날 많은 기독교인들은 비록 신복음주의자들 대부분이 "정식" 복음주의자들과 많은 것을 공유함에도 불구하고, 20세기에 발전된 이 신복음주의 연맹과는 거리를 두고 있는 것이다. 이들은 계속해서 일어나고 있는 교회와 세계의 다양성 속에 자신들이 제공해야 한다고 믿는 그들의 고백적 유산 혹은 교단적 유산을 통해 끊임없이 그들의 신앙적 정체성을 찾고자 한다. 그러므로 후기근본주의 연맹의 결성 자체 못지 않게 중요한 문제는, 단순히 초교파적 기관의 무리들

---

33) Donald G. Bloesch, *Essentials of Evangelical Theology*, 2vols., 2:276.

에 가입하는 것을 이 복음주의 운동의 범위라고 규정할 수는 없다는 것이다. 왜냐하면 세계 2차 대전 이후로 생긴 신복음주의의 경계로 복음주의가 점점 넘쳐 흘러가고 있기 때문이다.

복음주의가 더 넓은 의미의 실재라고 인정하는 목소리들이 늘어감에 따라, 모든 복음주의의 궤적을 그 본질에서부터 조심스럽게 총체적인 수정을 다시 한 번 시도해야 한다는 의견이 대두되었다. 그런데 여기서 갖게 되는 질문은, 특별히 복음주의의 정수에 대해서, 신학적 차원으로만 기술할 것이냐, 아니면 특정한 하나의 신학적 표현에 대해 조금 더 설득력 있게 쓸 것이냐는 것이다. 그들의 역사 전체를 통해 볼 때, 복음주의자들이 어떠한 특정한 공통된 신앙을 간직해왔음에는 의심의 여지가 없다. 하지만 사회학자 제임스 데이비슨 헌터(James Davision Hunter)가 개신교의 일반적인 특성, 특별히 복음주의 연맹의 특성에 대해서 지적하는 것처럼, 우리는 어떤 특정한 신학적 체계를 정경적 위치에 올려놓기보다는, 더 포괄적으로 규정함으로써 단순한 "신학적 수정"의 차원을 뛰어 넘어야만 한다.[34]

블레쉬가 이 운동의 본질을 교리와 더불어 경험이라고 특징지은 것은 올바른 방향으로 첫걸음 내디딘 것이라 하겠다. 하지만 필자는 오히려 둘의 순서를 바꾸어, 선행한 경험에 교리가 그 뒤를 따른다고 주장하고 싶다.

---

[34] James Davison Hunter, *Evangelicalism: The Coming Generation* (Chicago: University of Chicago Press, 1987), 19.

3. 기독교 신앙의 비전으로서의 복음주의

복음주의에 대한 우선적 진술은 교리적 표명에 초점을 둘 수 없다. 오히려 "복음주의적"이라고 하는 것은 무엇보다도 먼저 그리스도인이 된다는 것이 무엇을 뜻하는지에 대한 특별한 비전을 말한다. 이 비전은 물론 일련의 공유된 신념과 연결되어 있다. 그러나 이 비전은 그 신념들만으로 이루어지는 것은 아니다.

복음주의가 우선적으로 하나의 믿음의 체계로 이루어지는 것이 아니기 때문에, 복음주의적 기풍은 신학적으로 기술되는 것보다 훨씬 더 쉽게 지각된다. 이 "지각된" 복음주의적 기풍의 본질은 우리가 상아탑의 영역을 넘어서 복음주의적 사람들 전체의 세계로 나아갈 때 특히 분명해진다. 더 넓은 복음주의 운동에 참여하는 사람들로서 우리는 모두 어떤 신학적 믿음을 가져야 복음주의적이 되는지 정확히 정의내리지 못할 수 있지만, 우리 자신이 복음주의적 분위기에 있게 될 때 그것을 알게 된다. 복음주의 운동 전체에 참여하는 사람에게는 복음주의자가 되는 것은 소속감, 곧 이들이 나의 사람들이라는 의식을 공유하는 것을 뜻한다. 이 소속감은 복음주의자로서 우리 모두가 그리스도인이 된다는 것이 무엇을 뜻하는지에 대한 비슷하고 특별한 비전을 이루어가는 삶을 힘쓰기 때문에 일어난다.

그럼에도 이 복음주의적 비전은 차별성과 다양성을 초월한다. 이것은 인종이나 민족적 차이를 초월하며, 서로 다른 사회적 배경의 차이를 극복한다. 뿐만 아니라 이것은 정치와 언어의 장벽 또한 뛰어 넘는다. 이 공통된 비전은 서로 다른 예배 형식을 통해서도 표현될 수 있다. 그리고 이것은 가정 교회로부터 성전 건물의 교회까지, 교회 건물의 모양과 양식이 서로 다른 곳에서도 발견할 수 있을 것이다.

하지만 이 공유된 복음주의적 비전은 무엇일까? 근본적으로 기독교인이 되는 것이 무엇을 의미하는지에 대한 복음주의적 이해는 어떤 특정한 영성에 초점을 맞추고 있다고 나는 믿는다. 복음주의적 영성은 본서 2장의 제목이다. 그러므로 이 시점에서 우리에게 필요한 것은, 특정한 영성을 강조하는 복음주의의 기풍으로 우리를 인도해줄 간략한 서론적 언급이다.

기독교인이 되는 것이 무엇인지에 대한 복음주의의 비전에서 가장 근원적인 것은 성경이 개인과 공동체의 삶 가운데에서 실현된다는 소망을 함께 공유하는 것이다. 성경론에 관한 교리적 논쟁은 차치하고라도, 우리는 분명 성경중심적인 사람들이라고 말할 수 있다. 우리는 그 무엇보다도 본능적으로 성경을 우리에게 가장 가치 있는 것으로 여기는 것이다. 즉 성경 속의 이야기들을 기록된 그대로 진실이라고 받아들이는 것이다.[35] 하지만 더 중요한 것은, 성경이 현재 우리의 삶을 위해서 우리에게 주어진 것이라고 믿는 것이다. 궁극적으로 우리의 비전은 "신화"와 "장르" 그리고 뜨거운 논쟁거리인 "무오성"에 관한 학적 논쟁을 뛰어넘는다. 이러한 질문들을 뛰어 넘어서, 복음주의자들은 매일의 삶 속의 문제들에 대해 성경이 답해주기를 추구한다.

마찬가지로 복음주의의 비전은 각 개인의 신앙이 그들의 삶의 중심이 되어 그들의 삶에 활력을 불어넣어 주어야 한다는 공유된 이해를 수반한다. 실제로 우리 복음주의자들은 그리스도께 우리 존재의 모든 의미를 가져다 놓기를 원한다. 그래서 우리는 모든 삶이 예수의 주되심 아래에 놓여야 한다고 선언한다. 복음주의에서, 주님이 우리의 삶의 여행에서 동반자라고 말하는 태도에 대해, 특별히 강조하는 것이 바로 그 증거이다. 세상에서나 기독교인들 가운데서나, 혹은 예전에 행하던 주일 저녁 예배 때 "간증 시간"이나 최근의 소그룹 돌봄에 대한 강조에서나, 그 본질은 모두 같다. 이들은 모두 하나같이 우리의 삶에 적극적인 동행자이신 주님과의

---

35) Thomas Howard, *Evangelical Is Not Enough* (Nashville: Thomas Nelson, 1984), 5.

관계에 대해서 말하기 때문이다.

성경에 대한 복음주의적 고백은 기도에서도 나타난다. 주류 교회들이 "나는 기도한다"고 표현하는데 복음주의자인 우리는 "기도에 동참한다"고 표현한다. 그렇게 함으로써 데이비드 파커가 "영적 의식을 부당하게 객관화하는 것에 대한 강한 편견"이라고 부르는 것의 전형이 되고 있다.[36] 우리는 하나님이 신실한 신자들의 간구를 실제로 들으시고 응답하신다고 믿는다. 무엇보다도 하나님은 구원의 은혜를 위한 겸손한 죄인의 기도에는 더 빨리 응답하신다는 것도 말이다.

성경읽기는 기도와 더불어 복음주의적 삶에서 핵심적 위치를 차지한다. 이는 개인적 경건에 대한 우리의 강조 때문이다. 이 매일의 "경건 시간" 동안, 신자는 실제로 하나님께 말하고 하나님의 말씀을 들으면서, 주님과 직접적으로 교제한다.

복음주의 비전의 특징은 교회에 대한 공유된 이해에서도 발견할 수 있다. 토마스 하워드(Thomas Howard)는 이러한 차원의 본질을 정확하게 지적한다.

> 만약 성경읽기와 기도가 복음주의 영성의 핵심이라면, 친교가 바로 그것을 특징짓는 활동이다.[37]

비록 교회론적 전통에 소속된 몇몇 복음주의자들은, 교회가 은혜를 나누어주는 곳이라고 이해할지도 모른다. 하지만 일반적으로 우리는 교회는 바로 회중인 신자의 교제 자체라고 본다. 우리는 다양한 배경들로부터 한

---

36) David Parker, "Evangelical Spirituality Reviewed," *Colloquium* 23, no. 2 (1991): 87.
37) Howard, *Evangelical Is Not Enough*, 17.

데 모인다. 하지만 한 가지 기대는 항상 있다. 우리는 교제의 경험을 기대한다. 이는 우리가 서로 영적으로 연결되었다는 즐거움이 있기 때문이다.

이와 관련된 또 다른 복음주의의 표식은, 하나님에 대한 찬양과 경험을 표현하는 데에 사용되는 우리의 공유된 방식인데, 이는 특별히 음악을 통해서 나타난다. 하워드가 부언하며 다음과 같이 기록하듯이 말이다.

> 같은 장소에 있는 비복음주의자들이 복음주의자들 가운데서 찬송가를 같이 부르면서 감사하는 것은 참 어려운 일이다.[38]

결국 복음주의는 현재 다양한 나라들의 작은 기독교인들의 모임에도 있다. 불가리아의 작은 마을과 그 가운데서 함께 일제히 세 가지 언어로 합창하며, 아주 오래된 복음 찬송 "주 하나님 지으신 모든 세계"를 부르는, 그 작은 기독교인들의 모임에까지도 말이다.

그렇기 때문에 "복음주의"는 기독교인이 되는 특별한 방법, 기독교인이 되는 것이 무엇을 의미하는지에 대한 특별한 비전을 말한다. 이 비전은 성경이 개인과 공동체의 삶에서 생명력을 주게 하고자 하는 열망, 신앙이 삶에 활력을 주고 삶의 핵심이어야 한다는 생각, 기도의 방식, 교회가 신자들의 교제라는 이해, 그리고 우리의 기쁨과 찬양을 예배와 간증이라는 수단을 통해서 표현하고자 하는 소망을 포함한다. 하지만 이 요소들로도 우리는 아직 복음주의 기풍의 본질을 꿰뚫지는 못했다.

기독교인이 된다는 것에 대한 특별한 복음주의적 접근 아래에는 삶의 내러티브적인 우리 스스로의 공통된 이해가 깔려 있다. 따라서 복음주의 비전은 공유된 이야기들에 초점을 맞춘다.

---

[38] Howard, *Evangelical Is Not Enough*, 18.

복음주의자들로서 우리는 어떤 특정한 방식으로 우리의 삶을 말한다. 각 신자는 그의 혹은 그녀의 영적 여정의 통일된 내러티브를 반복한다. 물론 각 개인의 이야기에서 그 세부사항은 각각 다르다. 하지만 공유된 기초 양식이 그들 모두에게 양식으로 제공되며, 공유된 기초 모티프들이 다양한 방식을 통해서 서로 엮이게 된다.

우리가 반복한 내러티브들은 우리 개인 삶의 다양한 가닥들을 이해 가능한 전체로 가져다 놓기 위해서 몇몇 용어들을 필요로 한다. 우리들 이야기의 핵심에는 각자의 삶을 변화시켰던 각 개인의 현실에 대한 간증이 있다. 따라서 우리는 "죄"와 "은혜", "소외"와 "화해", "무능력"과 "신적 능력", "실족했던" 하지만 지금은 "구원받은" 것에 대해서 말한다. 그래서 각 이야기는 옛 삶과 새 삶 사이를 구분하는 선을 그린다. 즉 그 사람은 하나님의 말씀을 통해서 그 속에 계시된 나사렛 예수를 만났던 신앙적 경험이라는 그 내러티브적 선을 그린다.

우리가 말하는 이러한 이야기들은, 복음주의자들로서 우리가 공통된 신앙적 경험을 공유한다는 것을 나타낸다. 그래서 우리는 그리스도 안에서 하나님을 만났다고 고백한다. 어떤 이에게는, 이 만남은 한 순간에, 급진적인 회심의 표시로 짧은 시간에 일어나기도 했을 것이다. 또 어떤 사람들에게는, 더 긴 과정이 걸렸을 수도 있다. 그럼에도 모든 이들에게 하나님과의 만남은 제 시간에 일어났다. 그것은 살아계신 하나님에 대한 경험이었던 것이다.

이러한 신앙적인 삶의 변화를 경험한 후에야 비로소 성경과 신학적 규약의 중요성을 찾게 된다. 어떤 경험도 진공상태에서 발생하지 않으며, 우리가 가져온 개념들로부터 가능하게 된 이해로부터 동떨어진 거듭남도 없다. 그와는 반대로, 경험과 해석상의 개념들은 상호 관련되어 있다. 우리의 경험들은 우리가 그것을 말하기 위해서 차용하는 해석상의 개념들을 결정한다. 그리고 동시에 우리의 개념들은 삶에서 우리가 갖는 경험들을 가능하게 한다. 그래서 신앙경험에서도 우리는 우리의 삶의 이야기들을 말한다. 그리스도 안에서의 하나님과의 만남은, 신학적 본질의 영역과 그것이 도출된 성경의 범주 그 자체를 표현하기도 하며 그것에 의해서 용이하게 되기도 한다.

이 모든 것들을 한데로 묶으면, 복음주의의 핵심은 우리가 성경으로부터 얻은 신학적 믿음들로 구성된, 공통된 해석상의 틀과 함께 말하는, 공통된 신앙경험으로부터 나온, 공통된 신앙의 비전이라고 나는 제안한다. 복음주의자들인 우리는, 예수 그리스도의 복된 소식을 통해서, 살아계신 하나님과의 만남을 경험했던 사람들이다. 우리는 이 만남을 성경으로부터 끌어낸 신학적 용어들로 묘사한다. 그래서 이 용어들은 이제 다시 그물 같은 격자선상의 받침대를 만들어 우리가 오늘날 살아가는 모든 삶을 해석하는 데에 틀을 제공한다.

그러므로 그리스도 안에서 하나님과의 만남을 공유한 결과로, 복음주의자들은 하나님, 그들 자신과 세상에 관하여 오랫동안 간직했던 일련의 신학적 믿음들을 공유한다. 그리고 복음주의자들은 성경을 이 모든 믿음의 원천으로 받아들인다. 그러므로 복음주의는 구별되는 신학으로 특징화된다. 그러나 복음주의적 기풍은 단순한 신학을 넘어선다. 그 핵심에는 공유된 신학에서 육성되고 공유된 경험이 있고, 이것이 우리가 신자로서 계속 살아가는 상황이 된다.

따라서 도날드 블레쉬의 다음과 같은 주장은 옳다.

> 우리의 고백은 단순한 지성적 결의가 아닌 거듭남 경험의 고뇌와 기쁨으로부터 나온 것이므로, 존재론적 증언이 되는 것이다. 우리가 이 복음의 진리를 이 복음적 경험을 떠나서 내적으로만 아는 것은 불가

능하다. 하지만 이 경험은 항상 그 자체를 넘어서 성경에서 증언된, 역사 속의 예수 그리스도 안에서 나타난 하나님의 화해와 구원의 사역을 가리킨다.[39]

이러한 공유된 삶의 지향성 때문에 이 단체에 소속된 경험이 매우 중요하다. 그래서 신학적 외형 그 자체보다, 복음주의자들인 우리 모두가 공유하는 기독교인의 삶을 경험하는 방법이 바로 복음주의 기풍의 핵심에 놓여있는 것이라고 필자는 믿는다. 따라서 우리가 품은 신학적 결의는, 그것들이 이 공유된 삶의 지향성을 도와주고 용이하게 하는 데에 한해서만 중요하다. 왜냐하면 엄밀히 말해서 그것들의 원래 목적이 바로 그것이기 때문이다.

공통된 신앙의 비전은 성경 속에 나오는 구원의 드라마처럼 스스로가 살아계신 하나님을 만나게 된 이 경험이다. 이러한 공통된 신앙의 비전은 교회의 역사 속에서 복음주의 정당이 항상 지니고자 추구했던 것들의 중심에 위치해 있다. 궁극적으로 16세기의 종교개혁이나, 영적 대각성 시대 혹은 현대의 후기근본주의 연맹을 통해 각 세대에 걸쳐 각기 조금씩 다르게 표현되었을지라도 복음주의적 기풍은 곧 신학이라는 받침대 위에 세워진 경험적 경건이다.

이러한 복음주의를 이해함이 요구하는 것이 무엇인지 그 신학적 과제를 해석하려고 시도하기 전에 먼저, 우리는 이 복음주의 운동에 두드러지게 나타나는 복음주의적 영성이 무엇인지를 더 구체적으로 기술해야만 한다.

---

39) Bloesch, *The Future of Evangelical Christianity*, 108.

제2장

복음주의 영성 재조명

래인 데니스(Lane Dennis)가 복음주의에 대해 다음과 같이 올바로 지적했다.

> 복음주의는 개인적 구원의 경험, 즉 예수 그리스도를 자신의 구원자로 여기는 개인적 결의를 끊임없이 강조해왔으며, 이것은 바로 복음주의의 표징이다.[1]

다시 말해서, 동일한 신학적 용어를 고백하며 동일한 신앙적 경험을 함께 공유하는 것이 이 운동의 특징이다.

이것은 이와 같은 복음주의의 본질에 대한 이해가 오늘날의 후기근본주의 연맹 내에서 점차 증가되는 경향을 보이고 있다는 증거이다. 실제로

---

1) Lane Dennis, "A Call to Holistic Salvation," in *The Orthodox Evangelicals*, ed. Robert E. Webber and Donald G. Bloesch (Nashville: Thomas Nelson, 1978), 95.

복음주의 운동 내부에서는 이미 자의식의 근본적인 변화가 일어나고 있다. 그것은 신조에 기초한 자기인식의 정체성으로부터 영성에 기초한 정체성 인식으로의 변화를 말한다. 이러한 변화는 아마도, 지난 신복음주의의 설립과 동시에 그 이전에 후기근본주의적 복음주의가 지배하던 시대가 지나가는 것이 임박했음을 의미할 것이다. 리차드 퀘베도우는 여기서 말하는 이 신복음주의를, "합리적 칼빈주의 학자들로 구성된, 성경의 전적 무오성과 거기에 포함된 명제적 계시에 대해 결의 한 사람들"이라고 묘사한다.[2]

하지만 만약 이미 널리 확산된 신조 중심적 이해가 영성에 대한 새로운 관심으로 대체된다면, 복음주의적 자기정체성은 어떠한 모습을 하게 될까? 그리고 복음주의 영성에 대해 다시금 강조하는 것이 복음주의 신학을 재조명하는 데에 과연 그리도 중요한 문제일까? 이러한 질문들에 착수하기 전에, 우리는 복음주의 운동 내에서 일어나고 있는 변화들을 살펴보지 않을 수 없다.

1. 복음주의적 자기 정체성의 변화

1940년대에서 1950년대 사이에 후기근본주의적 신복음주의를 형성했던 세대들은 이 운동을 신조에 바탕을 둔 연맹이라고 보는 것이 일반적이었다. 본래 이 연맹은 사상의 중요성으로 인해 창설되었는데, 이들은 신학적 변증에 헌신적이었으며 자유주의와 신정통주의의 도전에 대항하여 전

---

2) Richard Quebedeaux, *The Worldly Evangelicals* (San Francisco: Harper & Row, 1978), 22-23.

통 기독교의 정통성을 규명하고 또한 수호하고자 헌신했던 사람들이다.[3] 결국 우리의 원로 지도자들은 이 연맹의 고유한 특성과 이 연맹에 참여하는 표식을 대개 신학적 용어로써 정의하고자 끊임없이 노력했다. 그래서 이들은 복음주의가 특정한 교리적 입장에 기초하는 것이라고 주장한다.

물론 올바른 교리는 자연적으로 외부적 결과로 나타나며, 특히 바른 내면적 경건과 바른 외부적 행위를 수반한다는 것을 지난 세대의 복음주의 지도자들도 기꺼이 인정한다. 한 예로, 1979년에 한 복음주의 대학의 총장으로 섬기고 있었던 데이빗 맥케나(David L. McKenna)는 다음과 같이 주장했다.

> 우리는 합리적인 신앙, 실제적인 은혜 그리고 책임감 있는 경건을 위해 노력한다.[4]

하지만 과거에는, 이러한 노력에 대해 강조했던 것이 지성적 차원 혹은 교리적 차원에만 머물렀던 것은 분명한 사실이다.

그러나 최근에는, 교리를 강조하던 지난 세대의 신복음주의적 자기인식이 차츰 소멸되기 시작했다. 그리고 그 자리를 대신해서 영성을 더욱 강조하게 되었다. 뿐만 아니라 심지어 그것을 복음주의의 심장부에까지 놓게 되었다.[5] 영성은 이 운동의 어느 시대에나 항상 중요한 위치를 차지해 왔지만 종종 교리에 몰두함으로써 그늘에 가려졌던 것이다. 영성이 이 운

---

3) 이러한 점은 Douglas Jacobsen에 의해 만들어진 것이다. Douglas Jacobsen, "Re-visioning Evangelical Theology," *The Reformed Journal* 35 (October 1985): 18-19.
4) David L. McKenna, "Things of the Spirit, Matters of the Mind," *Christianity Today* 23 (February 16, 1979): 27[523].
5) 최근의 논쟁으로는 다음을 보라. David Parker, "Evangelical Spirituality Reviewed," *Evangelical Quaterly* 63, no. 2 (1991): 123-46.

동의 핵심이라고 다시금 강조하게 된 것은 복음주의의 본질을 더 넓게 이해하고자 하는 노력에서 나오게 되었다. 따라서 최근의 교리문답서에서는 초신자가 신앙의 가족인 공동체에 먼저 참여할 것을 기술하고 있다. 윌리암 웰스(William W. Wells)는 이 운동에 속해있는 사람의 세 가지 독특한 특징을 다음과 같이 기록한다.

> 복음주의 기독교인은 성경의 권위를 인정하고, 하나님의 용서를 받아들이며, 그리스도를 통해 하나님과 갖는 개인적 관계를 누리고, 영적 훈련을 통해 거룩한 삶을 추구하기로 헌신한다.[6]

현대 복음주의자들은 이 세 가지 특징들 중 첫 번째인 성경의 권위에 대한 결단을 지속하면서도, 후자 둘에 새로운 관심을 보이며 "영성"을 재차 강조하고 있다.[7]

영성이 복음주의의 진정한 징표라는 이러한 관심과 초점의 변화는 후기근본주의 연맹보다 더 오랜, 오히려 그것을 단지 더 넓은 운동의 일부일 뿐이라고 볼 수도 있게 하는, 더 넓은 역사적 운동을 살펴봄으로써 더 자세히 알 수 있다.

이러한 복음주의 자기인식에 대한 오늘날의 변화는 20세기 이전의 복음주의 유업을 형성했던 더 넓은 범위로 우리의 관심을 옮겨야함을 제안

---

6) William W. Wells, Welcome to the Family: An Introduction to Evangelical Christianity (Downers Grove, Ill.: InterVarsity Press, 1979), 10. Wells는 이 책에서 약간 다른 특징으로 바꿔서 결론을 내리는데, 이는 복음주의에 대한 관심을 두 번째 지표로 대체한 것이다(182).

7) 이미 1978년에 Quebedeaux는 그가 "복음주의 좌파"라고 부르는 사람들 가운데 엄청난 태도의 변화를 관찰했는데, 이것은 성경의 무오성과 함께 성경에 대한 명제주의적 접근의 옛 강조로부터 더 영성지향적 이해로 전환하는 것을 포함했다. 다음을 보라. Quebedeaux, *The Worldly Evangelicals*, 98-99.

한다. 여기에 거론할 만한 가장 가치가 있는 더 넓은 역사적 범주는 바로 청교도주의와 경건주의이다.

복음주의 영성은 그 기원의 일부를 청교도주의에서 찾을 수 있다. 이 청교도주의 운동은 새로운 종류의 경건을 발전시켰다. 이 운동은, 청교도주의 안에서 구원의 확신을 실존주의적 핵심의 문제로 만들었던, 칼빈주의의 선택 교리에 대한 열망들에 응하여 발생된 새로운 종류의 경건을 발전시켰다.[8] 중세 시대의 패러다임에 반대하여, 칼빈주의는 개인 구원에 관한 질문을 하나님의 신비로운 선택의 측면에서 설명했다. 이 신학은 신적 통치권은 잘 수호했지만, 신자가 확실히 구원받은 상태에 있는지의 여부에 대한 분명한 기준은 제공해주지 못했다. 그러한 이유 때문에 결국 이러한 신앙 고백의 진정성 부재와, 성례에 대한 엄숙한 참여의 부재, 성별된 삶에 대한 외적 증거 축적의 부재는,[9] 선택받았다는 표식을 결코 충분히 설명할 수 없었다.

하지만 그들이 가졌던 칼빈주의를 둘러싼 몇몇 불확실성 앞에서도, 청교도들은 하나의 결정적인 선택받았다는 표식을 고안해냈다. 그것은 바로 하나님의 구원의 은혜에 대한 내면적 체험이었다. 이 운동이 낳은 회심에 대한 강조는, 실제로 내면적 거듭남의 자각된 체험인 주관적 구원의 표식에 대한 강조를 이끌었다. 최소한 경건문서 내에서는 분명히 그렇다. 따라서 신자가 개인의 회심 경험에 대한 간증을 고백할 수 있느냐 없느냐에 따

---

[8] 이 주장은 Sydney E. Ahlstrom이 상술한 것이다. Sydney E. Ahlstrom, "From Puritanism to Evangelicalism: A Critical Perspective," in *The Evangelicals*, ed. David F. Wells and John D. woodbridge, rev. ed. (Grand Rapids, Mich.: Baker Book House, 1977), 292.

[9] Max Weber에 근거하여, Douglas Frank는 실천적 결과로 칼빈주의의 선택교리는 그것을 선행교리(doctrine of works)로 빠지게 만들었다. 이것이 사실 보편적인 수준이었을 것이지만, 그것이 칼빈주의 신학으로 제시된 적은 결코 없었다고 Frank는 주장한다. 다음을 보라. Douglas W. Frank, *Less Than Conquerors* (Grand Rapids, Mich.: Eerdmans, 1986), 130.

라, 구원의 상태에 대한 확신이 결정되었던 것이었다.

그러므로 청교도 영성은,[10] 하나님의 말씀을 받아들이기 위한 마음의 자세 그 자체에 초점을 맞추었다. 이 말씀이 하나님의 신실한 종의 설교로부터 오는 것이든, 개인 성경 연구를 통해서 온 것이든 간에, 청교도인들은 하나님께 대하여 그 책임을 다하는 한 개인의 신실한 삶을 통해서, 그리고 기독교인의 순례 가운데에 유혹을 극복하는 근면함을 통해서 그러한 마음의 자세를 준비했다. 그래서 이들의 신앙생활은 천국에 대한 소망과 구원자에 대한 사랑으로 더욱 풍성하게 되었다.

영성에 대한 새로운 강조는, 복음주의의 뿌리를 청교도뿐 아니라, 경건주의에서도 찾게 한다. 이러한 측면에서 특별히 중요한 것은 초기 경건주의자들의 의도는 교리가 아닌 삶을 개혁하고자 했다는 것이다. 결국 존 웨보르그(John Weborg)가 지적한 것처럼, 고전적 경건주의와 현대의 복음주의 운동과의 접촉점은, 새로운 삶이라는 경건주의적 요청에 놓여있다.

> 이 경건에 대한 요청은 영적 열매의 풍성함, 텃세를 부리는 교회에서의 무기력한 삶, 그리고 그 교인들의 세속성으로부터의 성별을 포함한다.[11]

따라서 복음주의자들은 경건주의자들이므로, 그들의 영적 조상들의 발자국을 따르면서, 삶 속에서 그리스도의 임재의 역동성에 초점을 맞춘다.

---

10) 청교도의 영성에 대한 짧은 요약으로는 다음을 보라. James M. Houston, "Spirituality," in *The Evangelical Dictionary of Theology*, ed. Walter A. Elwell (Grand Rapids, Mich.: Baker Book House, 1984), 1049-50.

11) C. John Weborg, "Pietism: Theology in Service of Living Toward God," in *The Variety of American Evangelicalism*, ed. Donald W. Dayton and Robert K. Johnston (Downers Grove, Ill.: InterVarsity Press, 1991), 174.

하지만 우리는 복음주의의 자기인식 내에서 일어나는 이러한 최근의 변화를 고립된 현상으로만 생각하지 말아야 한다. 오히려 그것은 전체 교회 속에서 발생하는 더 거대한 조류의 일부로 보아야 한다. 이 더 넓은 조류는 20세기 이전의 3세기에 걸쳐 발전해왔던 것이며, 이 엄청난 변화 가운데에서 이것은 단지 세상으로부터의 즉각적인 자극을 받아 일어나게 되었던 운동일 뿐이다. 1960년대 신학적 차원을 중시했던 급진적인 행동주의 시대의 소멸보다 1980년대에 도래한 그 조용한 정적주의 시대로의 변화에 더 큰 영향을 미친 것은 아마도 없었을 것이다. 세상에 전투적으로 참여하는 것에 능히 대처하기 위해 신학과 교리체계를 강조해오던 것으로부터, 주류 교회들의 관심은 격동의 1960년대를 지배했던 중요한 새 주제로 이동하게 되었다. 바로 영성을 위한 탐구로 말이다. 복음주의도 행동주의 혹은 "행동"으로부터 정적주의 혹은 "상태"로의 이러한 변화로부터 홀로 고립되어 있을 수만은 없었다.

정적주의를 향한 이 대대적인 관심의 이동은 각 교단의 주류 신학교들과 복음주의 대학교들에서 그 최고의 가치를 두는 것의 변화와 동시다발적으로 일어났다. 시대의 분위기를 타고, 오늘날 많은 학교들은 신학생의 영성 혹은 영성 형성을 그들의 최고 덕목이라고 지지하고 있다.

복음주의 교육기관의 행동주의로부터 영성으로의 이동은 1980년대 중반에 평균 크기의 한 중서부 교단 신학교에서 발생한 한 상징적인 사건을 예로 들어 설명하면 이해가 빠를 것이다. 이 학교는 당시에 직원들의 투표에 의해서, "역사신학 교수"는 "교회사와 기독교 영성 교수"가 되었다. 이러한 명칭의 변화는 학계 내에서도 중요한 지각변동을 수반하게 되었다. 고명한 사회개혁가 월터 라우쉔부쉬(Walter Rauschenbusch)는 그의 학문적 탐구를 포기하고 고독한 가운데서 하나님을 찾기 위해 기도원에 들어가게 되었으니 말이다.

하지만 영성에 대한 오늘날의 관심은 그리 새로운 현상만은 아니다. 이것은 모든 주요한 종교 전통에서 발견할 수 있다. 그리고 종교개혁 이전의 기독교에서도 이미 흠잡을 데 없는 수많은 영성에 대한 족보를 감상할 수 있기 때문에, 엄밀하게 말하면 "영성에 대한 강조"는 복음주의 운동에 더 앞선다. 이는 어거스틴(Augustine) 같은 사상가들의 언급에서도, 그리고 고대 수도원과 중세 신비주의 운동에서도 그 증거는 충분히 찾을 수 있기 때문이다.

비록 영성에 대한 강조가 복음주의 운동의 봉기보다 시대적으로 앞선다 할지라도, 근대 복음주의 운동도 더 넓은 의미의 복음주의 전통이 영성을 발전시키고자 하는 다양한 시도들 중 하나라는 사실 자체만으로도 자랑스러울 것이다. 이 영성에 대한 탐구는 실제로 은혜의 하나님을 탐구했던 "루터로부터" 하나님을 향한 사랑의 완전 혹은 성화에 대한 탐구를 시작했던 "웨슬리까지" 우리의 영적 조상들의 주된 관심이었다. 비록 영성에 대한 구체적인 시각은 수많은 양식과 표현을 수반했을 지라도 말이다.

더 넓은 복음주의 우산 아래에서 피난처를 찾고자 하는 다양한 전통을 지닌 복음주의자들이 있다. 하지만 그럼에도 공통된 위협이 언제나 그 전체를 위협하고 있다. 신앙에 대한 전형적인 복음주의적 시각이 있는 것과 마찬가지로 기독교인이 되는 것이 무엇을 의미하는 지에 대한 복음주의적 이해, 즉 영성에 대한 복음주의의 전형적인 시각이 있다. 이것은 특별히 기독교인이 된다는 것의 문제와 그 방법에 관한 복음주의적 이해이다. 비록 교회사에서 그리 새로운 문제는 아닐지라도, 최근 영성에 대한 발견은 그 정의에 대한 질문을 새롭게 한다. 영성은 무엇인가? 우리는 여기에 관해서 최근의 관심과 더불어 다음과 같은 질문에 답해야 할 것이다. 그렇다면 특별히 "복음주의 영성을 특징짓는 것은 무엇인가?"에 대해서 말이다.

2. 복음주의 영성 이해를 향하여

"영성"이 지칭하는 것을 정의하고자 하는 최근의 시도들에서 볼 수 있는 것처럼, 영성은 실제로 광범위하고 애매한 용어이다. 데이비드 파커(David Parker)에 따르면, 그것은 "신자의 태도, 신앙, 그리고 실제뿐 아니라, 상태와 상황을" 포함한다.[12] 고든 워커필드(Gordon S. Wakerfield)는 『웨스트민스터 기독교 신학 사전』(Westminster Dictionary of Christian Theology)에서, 이 용어가 "사람의 삶에 생기를 불어 넣고 그들로 하여금 초감각적 실재를 향해 도달할 수 있도록 도와주는 태도, 신앙, 실제를 묘사"하는 데 사용된다고 주장한다.[13] 이와 마찬가지로 『복음주의 신학 사전』(Evangelical Dictionary of Theology)에서 제임스 휴스턴(James M. Houston)은 이 단어를 "하나님과 깊은 관계의 상태"라고 정의한다.[14]

아마도 로버트 웨버(Robert Webber)의 정의가 이 영성이라는 용어에 대한 더 적절하고 일반적인 정의일 것이다. 그는 영성을 다음과 같이 기록한다.

> 넓게 말해서, 영성은 그리스도와 일치하는 것을 인도하는 삶으로 정의될 것이다. 그것은 분명 우리를 천국의 시민으로 만드는 그리스도의 사역이다. 그래서 우리는 이곳 지구에서 그 목적지를 향하여 여행하고, 우리의 이 여행은 그리스도의 몸 안에 있는 일원의 상황 속에서 일어난다. 그래서 우리의 영적인 행위에 의해서 끊임없이 영성이 형

---

12) David Parker, "Evangelical Spirituality Reviewed," *Colloquium* 23, no. 2 (1991): 85-91.
13) Gordon S. Wakefield, "Spirituality," in *The Westminster Dictionary of Christian Theology*, ed. Alan richardson and John Bowden (Philadelphia: Westminster Press, 1983), 549.
14) Houston, "Spirituality," 1046.

성되는 것이다. 그리고 이 세상에서 우리의 사명은 우리의 말과 행동으로 기독교인의 비전을 선포하는 것이다.[15]

따라서 영성은 신자의 협력과 함께 성령의 지도 아래에서, 거룩을 탐구하는 것이다. 그것은 그리스도와의 연합과 성령에 대한 순종을 통해 하나님의 영광을 추구하는 삶이다.

신약성경은 영적 순례의 상황 속에서 두개의 큰 소명을 제시한다.[16] 신약은 신자가 세상으로부터의 구분을 요청함과 동시에 세상에 헌신적으로 포함될 것에 대한 훈계를 기술하고 있다. 반면 기독교인들은 하나님 나라로 가는 좁을 길로 갈 것을 도전하고 있다. 결국 영성은 내면적이며 정적인 것이다. 그리고 그것은 하늘 나라의 비전으로 인해 풍성하게 된 자기 부정, 그리스도와의 신비적 연합, 금욕적 삶으로 구성된다. 반면, 이것은 신자들이 세상 가운데에서 살 것과 또한 다른 사람들을 섬길 것을 요구한다. 따라서 영성은 내면적일 뿐만 아니라 외면적이며 활동적이다. 그것은 변화될 이 세상에 대한 비전을 가지고 동정심, 자비 그리고 정의를 향한 열망을 요구한다.

복음주의 영성은 어떻게 하면 성경이 강조하는 이 두 가지 방향성의 요구에 충족될 수 있을까? 이 질문에 대한 답변은, 에른스트 트뢸치(Ernst Troeltsch)가 소개한 교회유형과 분파유형의 기독교 단체들 사이의 차이를 구분함으로써 추론해낼 수 있을 것이다. 트뢸치가 그의 기념비적인 연구인 『기독교 교회의 사회적 교훈』(*The Social Teachings of the Christian Churches*)

---

15) Robert E. Webber, *The Majestic Tapestry* (Nashville: Thomas Nelson, 1986), 114.
16) 이들 두 주제와 어느 정도 비슷한 기술을 위해서는 다음을 보라. Robert E. Webber, *The Majestic Tapestry*, 115-17.

에서 기록하는 것처럼, 교회와 분파 그리고 신비주의라는 세 가지 기독교 사상의 유형은 서로 나란히 나타나며, 이들은 수세기를 통해서 서로 다양하게 긴밀히 얽혀 있다. 그는 이 셋 중에서 교회와 분파가 가장 중요하다고 기록한다. 왜냐하면 이들은 영구적인 기관의 형태를 지녔기 때문이다. 트뢸치의 견해는 다음의 두 가지 기독교적 표현을 통해 하나의 고전적인 기술이 되었다.

> 교회는 구속 사역의 결과로서 은혜와 구원을 부여해오던 기관이며, 그것은 대중을 수용할 수 있으며, 자신을 세상에 적합하게 할 수 있다. 왜냐하면, 어느 정도까지는 그것이 은혜와 구속의 객관적 보물을 위해서 주관적 거룩성에 대한 필요를 무시할 능력도 있기 때문이다. 분파(종파)는 자발적인 협회인데, 이는 모두 "거듭남"을 경험한 사실에 의해 서로 간에 연을 맺은 엄격하고 확실한 기독교 신자들로 구성된다. 세상과 동떨어져서 살아가는 이러한 "신자들"은 작은 단체에 제한되어 있다. 물론 사랑에 기초한 기독교 질서의 체계 범주의 정도가 그들 각자 간에 다르기는 하지만 이들은 은혜보다는 율법을 강조한다. 이 모든 것들이 다가올 하나님 나라에 대한 기대와 준비를 위해서 하는 것이다.[17]

위에서 잘 표현한 것처럼, 트뢸치의 대조는 영성을 위한 탐구의 표현에 있어서 교회유형과 분파유형이 서로 대응되는 구조를 이루는 것을 말한다. 특정한 범위 내에서, 이러한 분류는 유효하고 도움이 될 수도 있다. 마

---

17) Ernst Troeltsch, *The Social Teaching of the Christian Churches*, trans. Olive Wyon (New York: Harper Torchbooks, 1960), 2:993.

치 교회유형과 분파유형 운동이 기독교의 큰 두 비전을 각각 따라가는 것처럼, 이들은 영성에 대해서도 서로 다른 접근 방법을 보여준다. 따라서 교회유형적 이상을 가장 잘 보여주는 형태의 예인, 전통적 로마가톨릭에 의해 산정된 성인다움의 개념은, 분파주의의 전형이라고 할 수 있는 후터파 가운데서 찾을 수 있는 그것과는 분명히 다르다. 전통 로마가톨릭의 영성은 세상에서 살아가고 봉사하면서 주로 성례전에 참여하는 것에 초점을 맞추는 반면, 후터파는 세상 식민지의 속박으로부터 벗어나는 피난처에서 찾는다.

복음주의자들은, 고린도전서 2:14-3:13을 통한 바울의 기술을 견지하여, "육욕의" 사람들로부터 구분되어 영적인 생각의 사람이 되는 데에 높은 가치를 둔다. 십자가와 오순절을 결합함으로써,[18] 즉 그리스도의 승리와 성령의 내재적 능력을 의지함으로써, 그들은 워치만 니(Watchman Nee)가 말한 "표준적 기독교인의 삶," 즉 하나님의 뜻에 순종함으로써 특징지어지는 그리스도를 닮아가는 삶을 따를 것을 추구한다.[19] 이처럼 복음주의자들은 언제나 악마, 비천한 본성 및 세상과 맞서 싸우면서, 그리고 이러한 인간 영혼의 대적들을 물리치는 성령의 능력에 의존하면서 언제나 "승리하는 삶"에 관심을 기울여왔다.[20]

따라서 복음주의의 비전은 트뢸치의 2가지 범주 사이의 어딘가에 놓여 있어야 한다. 비록 분파유형에 조금 더 가까운 형태라 할지라도 말이다. 복음주의자들은 일반적으로 성 베드로 성당에서 행해지는 화려한 의식보

---

18) 다음을 보라. Timothy L. Smith, "The Cross Demans, the Spirit Enables," *Christianity Today* 23 (February 16, 1979): 22-23[518-519].
19) David Parker, "Evangelical Spirituality Reviewed," *Colloquium* 23, no.2 (1991): 86-87.
20) 복음주의 역사 속에 "승리의 삶 운동"(victorious life movement)에 대한 논쟁으로는 다음을 보라. Frank, *Less Than Conquerors*, 103-66.

다는 후터파의 단순한 기독교에 더 친밀감을 느낀다. 화려한 형식과 예식적인 기독교에 대한 불신, 개인의 선택과 개인의 신앙체험에 대한 강조, 그리고 중생의 필요성과 거룩한 개인의 삶의 양식을 포함하는, 이들 복음주의자들의 영성은 다소 분파주의적 양상을 보인다.

하지만 분파유형의 영성이 복음주의적 조명의 기풍을 매우 만족스러울 정도로 포괄적인 설명을 하지는 못한다는 것은 분명하다. 앞에서 기록한 것처럼, 우리는 이 운동의 유업의 일부를, 거룩한 교회와 거룩한 연방을 그 이상으로 삼았던, 영국 청교도주의 안에서 찾을 수 있다. 따라서 복음주의자들은 주류 교단들과 함께 특정한 공통적 양상을 가진다. 그러므로 복음주의 영성은, 예전적인 교회를 향한 유혹을 완전히 끊지는 않는 한편, 기본적으로 분파주의적 비전에서 그 참된 열망을 발견한다. 이 두 방향성 사이의 어딘가에 복음주의 영성의 핵심이 그 긴장을 유지하며 위치한다.

그러므로 최선을 다해 우리는, 내면 대 외면, 그리고 개인 대 협력 차원의 거룩성 사이에서 미묘한 균형을 유지하려고 함으로써 복음주의 영성의 핵심을 특징지을 수 있을 것이다. 때론 이 시도가 성공적이고 때로는 실패할 수도 있지만 말이다.

3. 내면과 외면의 균형

복음주의자들의 영성은 기독교인의 삶에서 그 내면적 측면과 외면적 측면의 창조적 긴장을 붙잡으려는 시도를 수반한다. 영성이 있는 신자는 내면적 경건과 외면적 활동 간의 균형을 잘 유지한다.

하지만 이러한 긴장 가운데에서도 분명한 것은 우리가 신앙에 있어서는 항상 외면적 측면보다 내면적 측면을 우선시한다는 것이다.[21] 하나의 타협할 수 없는 복음주의 원리는 바로 신앙은 마음의 문제라는 것이다. 물론 각기 다른 전통을 가진 복음주의 교단 및 교파의 지도자들은 세부적인 부분에서는 서로 다르게 기술할 것이다. 하지만 이들 모두에게 있어서 최고의 관심사는 언제나 마음의 상태이다. 설교나 사적인 대화에서나, 우리가 계속해서 다양한 방식으로 묻는 질문은 바로 "이것이 당신의 마음에 와 닿느냐?"이다.

어거스틴으로부터 조나단 에드워즈(Jonathan Edwards)에 이르는 우리의 선조들의 작품들로부터 정립된 것은, 우리는 신앙을 인간의 지적 구성요소를 넘는 문제로 본다는 것이다. 신앙은 어떤 사람의 존재의 내면에 핵심적인 위치를 차지하는 "애정"을 포함하는 것이라고 우리는 주장한다. 기독교는 단순히 한 묶음의 교리적 진실들에 지성적으로 동의하는 것만이 아니다. 기독교인이 된다는 것은 교회에서 사도신경을 암송하는 것 그 이상이다. 왜냐하면 신앙은 신자의 애정에 궁극적으로 초점이 맞추어진 개인적 결의를 수반해야 하기 때문이다. 신념은 단순히 머리에만 박혀있는 것이 아니라 전인적인 삶에 영향을 미쳐야만 한다. 그럼으로써 신념은 한 사람의 마음에 사랑스럽고도 친밀한 것이 된다. 복음주의자들이 입버릇처럼 하는 말과 같이, 우리의 신념은 단순히 머리에만 머무는 신앙이 아니라, 그것을 뛰어넘는 진정한 마음의 신앙이 되어야 한다.

신자는 그 마음속에서부터 항상 기독교인으로서의 거룩한 삶을 살고자 하며 또한 하나님의 사람들과 개인적 친목을 즐기고자 소망한다. 하지만 무엇보다도 마음의 신앙은 예수 그리스도에 대한 결의를 수반한다. 이러

---

21) 한 예로, Donald G. Bloesch, *Essentials of Evangelical Theology* (San Francisco: Harper & Row, 1978-79), 2:257.

한 결의는 나사렛 예수가 어떠한 일을 했는지에 대한 역사적 사실에 대한 지식이나 그리스도에 관한 교리를 단순히 받아들이는 것 그 이상이다. 오히려 그것은 신자가 경험하는 그리스도와의 "개인적 관계"와 함께, 부활하셨고 또한 지금도 살아계신 분에 대한 개인적 애착을 포함한다.

신자가 그리스도께 위탁하는 것에 대한 우리의 이해는 강한 감정적 요소를 포함한다. 하나님의 속성을 감정과 상관없이 논하는 것에 반하여, 마음의 경건은 주님께 대해 느끼는 사랑의 감정이라고 특징지을 수 있다. 따라서 복음주의자로서 우리는 일반적으로, 그리스도에 대한 위대한 신학적 진술을 만들거나 암기하는 능력보다는 예수에 대한 신자의 개인적 고백에 더 큰 관심이 있다. 이것은 복음주의 교단의 목사안수 면접에서도 찾아볼 수 있는데, 여기에서 그들은 후보자의 신학적인 수준보다는 부르심에 대한 소명과 개인의 신앙 간증에 종종 더 많은 시간을 할애한다. 왜냐하면 좋은 복음주의자들은 마음 속 깊은 데서부터 "오, 내가 얼마나 예수님을 사랑하는지"(oh, how I love Jesus)를 부를 수 있는 사람이기 때문이다.

영성은 개인의 내면으로부터 나오는 것이기 때문에, 그 내면적 동기가 매우 중요하다. 우리는 영성이 단순히 외면적 형태로만 구성되었다고는 생각지 않는다. 내면적 생명력이 없는 외면적 행동은 단지 죽은 의식일 뿐이기 때문이다. 역사적으로 볼 때도, 주류 교회들 속에서조차 매주 반복되는 이러한 예전적인 행위들은 맹렬한 비난을 받아왔다. 이는 우리의 복음주의 선조들이 생각했던 진정한 기독교인의 삶이 아니기 때문이다.

로마가톨릭에서는 실제로 상부에 보고할 출석 인원수를 채우기 위해서 성찬 참여자가 반드시 예배에 참석해야 한다는 데 정확한 기준을 제시해야 한다는 논란이 있었다. 하지만 복음주의자들의 관심은 이와는 극명히 대조된다. 로마가톨릭처럼, 인원수에 혈안이 되어 있는 주류 개신교 교회들을 보고, 신학자들은 드디어 주님 오실 말세가 다가왔다고 결론 내렸다. 왜냐하면 이와 같은 비성경적인 관심은 복음주의적 영성 이해와는 너무 다르기 때문이다.

우리에게 거룩함이란 적절한 내면적 동기를 포함하는 것이기 때문에, 외면적 교회 의식을 준수하는 것이 개인의 영성에 "필수전제조건"(sine qua non conditio)은 아니다. 따라서 참된 신자는 강압에 의해서나 혹은 외부적으로 부과된 요건을 충족시키기 위해서 교회에 나오는 것이 아니다. 오히려 우리는 모이기를 갈망한다. 왜냐하면 우리는 주님께 속해 있는 사람들이고, 그 교제는 신자들의 모임이기 때문이다. 우리가 교회 예배에 오는 것은 외적인 강압에 의해서가 아니라, 내적인 동기에 의한 것이다. 그래서 확신을 갖는 복음주의자는 "하나님의 가족의 일원이 되어 나는 너무 기뻐요"라는 가사를 깊이 묵상하며 찬양한다.

복음주의 영성과 관련하여, 마음의 신앙과 더불어 강조되는 것은 바로 경건주의에서 강조한 체험적 신앙이다. 신앙은 체험의 문제여야만 한다. 그래야 신자의 삶이 변화되기 때문이다.

이와 같은 체험적 신앙에 대한 관심은 사복음서에 나오는 거듭남 신학을 강조했던 지난 경건주의에서 출발했다. 이 경건주의에서는 기독교인의 생활에 있어서 개인적 **체험**이 그 무엇보다도 가장 중요하다고 본다. 회심은 그 무엇으로도 대체할 수 없으며 그 무엇과도 협상할 수 없는, 하나님과 신자와의 동행에 있어서 바로 출발점이다. 그리고 이것은 영성의 좁은 길이기도 하다. 이러한 체험적 영성에 대한 지대한 관심으로 인해, 우리는 끊임없이 서로에게 다음과 같이 묻는다. "당신은 거듭났습니까? 당신은 그리스도의 능력으로 삶이 변화된 경험이 있습니까?"

그러나 새롭게 거듭남은 경험적 신앙의 시작에 불과하다. 회심 뒤에는 거룩성에서 자라나는 것을 특징으로 하는 개인의 영적 "여정"이 따라와야 한다. 제임스 휴스턴은 수많은 복음주의자들을 대변하여 영성을 다음과 같이 정의한다.

그것은 하나님의 은혜가 인간 영혼에서 일하시는 것인데, 회심으로 시작되어 죽음 혹은 그리스도의 재림으로 끝나는 것이다. 그것은 그리스도를 닮아가는 삶으로 성장하고 성숙하는 것으로 나타난다.[22]

결국 우리는 지속적으로 우리 스스로와 서로에게 다음의 질문에 확신을 심어 주어야 한다. "당신은 주님 안에서 성장하고 있습니까? 당신은 하나님과 동행하고 있습니까? 당신은 주님과의 우정을 발전시키고 있습니까? 그래서 당신의 삶은 변하고 있습니까?" 이러한 질문들은 한 사람이 교회에 가입함과 동시에 신자들 상호 간에 반드시 가져야 할 관심이다. 이러한 복음주의적 기풍의 표현으로서, 우리는 "죄 짐 맡은 우리 구주"(What a friend we have in Jesus)와 "이제 모든 것이 달라졌어요"(Things are different now)를 마음속 깊이 새기며 함께 부른다.

이처럼 마음이 따뜻한 경험적 신앙을 강조하는 것은, 우리로 하여금 영적 온도의 수혜자가 되게 한다. 만약 진정한 영성이 하나님에 대한 따뜻한 마음으로 구성된다면, 우리 마음의 상대적 따뜻함을 평가하는 것은 중요한 영적 훈련이 된다. 그리고 만약 어떤 이의 마음이 미온적 성장을 할 수 있다면, 주님의 재앙을 자극할 수 있었던 상황인 라오디게아 교회에서 발생했던 것처럼, 계속해서 어떤 이의 영적 온도를 확인해주는 것은 대단히 중요한 노력일 것이다. 그래서 우리는 계속해서 "당신의 뜨거운 신앙이 차갑게 식게 하지 말라"고 서로를 권면한다. 왜냐하면 영성은 개인의 내면적 상태의 문제이기 때문이다.

복음주의 영성에서 이처럼 대단히 핵심적인 이 내면적 마음의 따뜻함은 기독교인의 삶의 외면적 차원 못지않게 대단히 강조되는 것이다. 이 둘의 중요성은 실제로 수평선상에 서로 놓여 있는 것처럼 신자의 영성에서

---

[22] Houston, "Spirituality," 1047.

그 어느 한쪽으로 치우치지 않는 창조적 긴장을 형성한다. 영성은 마음의 문제일 것이다. 하지만 기독교인의 삶은 훈련을 의미하기도 하며, 훈련은 외면적인 것이다. 실제로 진정한 영성이 등장하기 위해서, 내면적 결의는 외면적 활동으로 반드시 연결되어야 한다. 내적 신념은 가시적이어야 하며, 기독교인들이 사는 방식을 통해서 그들 스스로의 신념을 보여줄 수 있어야만 한다. 전형적인 복음주의자들이 우리의 신앙에 대해 입버릇처럼 하는 말과 같이, "우리는 말과 행동을 일치시켜야 한다."

우리는 외면적 행동의 본질에 대한 특정한 복음주의적 이해를 갖고 있다. 그것은 바로 우리가 하나님의 뜻을 이루기 위해서 부름 받았다는 것이다. 우리는 외면적 행동이 하나님의 호의를 얻기 위한 것이라고 감히 생각지 않는다. 오히려 예수님의 발자국을 따라가고자 하는 우리의 소망으로부터 그 중요성이 나온 것이다. 영적 삶은 무엇보다도 그리스도를 모방하는 것이다. 제자도라는 것은 예수 그리스도 자신으로부터 소개된 특정한 모델을 따르고자 하는 것을 의미한다. 왜냐하면 참된 기독교인들은 예수 그리스도의 인격을 그들의 삶 속에서 나타낼 것이기 때문이다.

이러한 이해는 교회의 의식을 향한 우리의 태도에도 영향을 미친다. 일반적으로 우리는 종교적 의식을 삼간다. 의식에 맹종하는 집착 보다는, 예수님이 하셨을 법한 것을 하는 것이 우리의 진정한 제자도의 개념이다. 결국 대부분의 복음주의자들은 많은 주류 교회들의 성찬중시주의를 받아들이지도 않지만, 퀘이커 교도들(the Quakers)처럼 성례전을 완전히 없애는 것도 아니다. 우리는 조심성 있는 방식으로 이들 의식의 중요성을 이해하며 세례와 성만찬을 시행한다.

역사적으로 볼 때, 복음주의자들은 결코 성찬중시자의자도 아니었으며, 중세 교회처럼 노골적으로 완화된 성찬주의도 아니었다. 복음주의자들은 세례와 성만찬을, 실제로 은혜를 내려주는 마법적인 의미라기보다는, 그리스도에 대한 개인적 순종의 일부분 혹은 하나님의 은혜의 상징이라고 점차 보게 되었다. 이러한 이유 때문에, 몇몇 현대의 복음주의자들은 교회의 의식을 통해서 중재되는 그 어떤 은혜도 거부하기 때문에 성찬중시주의의 모든 흔적을 제거하려고 하는 것이다.

하지만 어떤 경우에는, 우리 복음주의자들 사이에서 일반적으로 세례와 성만찬이 계속되어야 한다는 데에 동의한다. 이는 세례와 성만찬 자체의 귀중한 형식적 가치 때문이라기보다는 성례전의 참여자에게 내려오는 하나님으로부터의 은혜의 흐름을 용이하게 전달하기 위함이다. 왜냐하면 그것들은 성례전 참여자들과 공동체들로 하여금 내면적으로 받은 하나님의 은혜를 기억나게 하거나, 혹은 신적 명령을 순종하는 신앙공동체에 신자가 소속되게 하기 때문이다. 간단하게 말하면, 성례전은 이미 내면적으로 진실하게 고백된 것이 외면적으로도 공적으로 표현된다는 의미에서 중요하다. 성례전은 실제로 보이지 않는 내면의 은혜가 외면적으로 보이는 표지이기 때문이다.

우리가 그리스도를 모방하는 제자도에 대해 강조하는 것은, 우리의 신앙생활에 대한 이해에도 큰 영향을 준다. 모범적 교인이 되기 위해서 단지 주일 예배만 참여하는 것 대신, 우리는 매일의 삶을 강조한다. 제임스 휴스턴은 이 견해를 이렇게 기록한다.

> 기독교인의 예배는 특별한 예배 형식의 문제가 아니라 삶의 방식의 문제이다.[23]

예배에 참석하는 핵심 동기가 바로 여기에 있다. 왜냐하면 매 주일의 예

---

23) Houston, "Spirituality," 1047.

배에서 각 신자는 신실한 삶을 향하여 살 것을 서로 권고하며, 매일의 개인적 거룩한 삶에 대해 강조하기 때문이다. 전형적인 복음주의 설교는 이러한 관심을 구현하기 위한 도전으로 가득 차 있다. 비록 세부적인 주제는 다소 다를 수가 있겠지만, 복음주의 설교가 매 주일 전하는 설교의 주제의 대의는 다음과 같이 매한가지이다.

> 당신이 신자라면, 거룩한 행위가 당신의 삶 속에서 주일 아침에만 아니라 월요일부터 토요일까지 계속되어야 합니다. 주일 예배 때 들은 것을 주중에 행동으로 옮겨야 합니다. 만약 그렇지 않으면, 당신의 신앙은 헛된 "기독교"에 지나지 않습니다.

이처럼 복음주의가 매일의 삶에서 교인다움을 강조하는 것은 참으로 바람직하다. 그리고 이러한 올바른 이해는 교회의 본질에 대한 우리의 이해를 결정한다. 뿐만 아니라 교회의 본질에 대한 올바른 이해는 필연적으로 신자의 매일의 거룩한 삶을 강조하게 마련이다. 중세 가톨릭의 교회론에 반대하며, 우리의 선조들은 교회가 하나님의 은혜를 담는 그릇이라고 보았다. 사람들은 교회에 구원을 받기 위해서 오는 것이 아니다. 오히려 구원의 은혜를 이미 가진 사람인 신자는 교회에 위임된 하나님의 백성들과 함께 참여하기 위해서 기독교 공동체에 모인다. 결국 교회는 그리스도에게 충성과 세상을 향한 사명을 가진 구원받은 사람들이 자발적으로 모이는 곳이다.

따라서 복음주의 영성은, 기독교인의 삶의 내면적 차원과 외면적 차원 사이에서 균형을 유지하려고 하는 것이다. 우리는 따뜻한 마음과 그리스도를 모방하는 삶 사이에서 창조적 긴장을 유지하는 것을 추구한다. 우리는 외면의 원천으로서 내면적 차원에 우선권을 둔다. 하지만 제자도의 삶에 있어서 적절한 외면적 표현이 없다면 내면도 죽은 것이라고 간주한다. 따라서 우리는 이 두 차원을 결합하는 오랜 복음송을 신령과 진정으로 부른다. "예수 따라가며, 의지하고 순종하는 길은 / 예수 안에 즐겁고, 복된 길이로다."

4. 개인적인 것과 공동체적인 것

복음주의 영성의 특징은 내면과 외면 간의 팽팽한 긴장이다. 다시 말해서, 개인과 협동 간의 창조적 긴장을 유지하는 균형이 바로 우리 영성의 특징이라는 말이다.

복음주의자들에게 있어서 경건은, 지나치게 개인적인 성향을 띠었다. "성경 읽기"는 개인 성경 읽기를 의미하며, "기도"는 개인 기도를 의미하고, "구원"은 개인적으로 구원받는 것을 의미하며, "그리스도 안에 거하는 것"은 예수와의 개인적 관계를 의미하고, "성령의 능력을 입는 것"은 개인이 영적 능력을 행할 수 있는 것을 의미한다. 그래서 다니엘 스티빅(Daniel Stevick)은 다음과 같이 기록한다.

> 기독교인의 순례는 너무 외로운 것이 되어버렸다. 하나님의 구원은 개개인에게 부과된다. 그의 도우심은 **개인적인 동행에 있다**. 이 길은 개인의 성화를 위한, 개인이 도달해야 할 외로운 길이다. 그래서 오직 한 사람을 위해 지어진 집만을 목표로 하게 되었다.[24]

---
24) Daniel B. Stevick, *Beyond Fundamentalism* (Richmond, Va.: John Knox Press, 1964), 127.

이러한 묘사는 어떠한 의미에서는 대단히 일리 있는 말이다. 하지만 엄밀히 말하면, 신앙생활에 대한 복음주의적 이해는 신자 개개인을 강조하지만 그것은 고립이 아닌 교인들과의 교제와 협력을 통해, 영적 삶의 두 차원 간의 균형을 맞추는 것을 의미한다.

기독교인의 삶이 개인적인 문제라는 데에는 이론의 여지가 없다. 회심과 그 뒤를 잇는 신앙의 성장은 가장 중요한 개인적인 문제들이다. 모든 신자는 그들의 영성에 대한 책임을 무엇보다 먼저 자신 스스로의 어깨에 짊어져야 한다. 왜냐하면 각 개인은 그리스도를 닮아가며 거룩하게 되어야 하는 책임이 있기 때문이다.

영성 문제에 있어서 이러한 개인 지향적 성향은 전통적인 개혁교회에서 성직자들에게 있어서 일종의 불문율과도 같았다. 이러한 성향에서 파생되어 일반적으로 "영혼의 자유"라고 불리는 "개인적 역량"도 역시 매우 중요한 원칙처럼 강조되어 왔다. 이러한 원칙과도 같은 개인 역량이 내포하는 것은 두 가지이다. 하나는 하나님을 위해서 부여받은 영적인 책임을 우리가 깨닫는 능력이며, 다른 하나는 하나님께 대한 우리의 응답으로서 그러한 성령의 충동에 반응할 수 있어야 하는 능력이다. 그러므로 개인의 "영혼"은 신앙 문제에 있어서 "자유"를 부여받는다. 즉 외부의 강압으로부터 자유하게 된다.

개인적 역량의 원칙은 영성을 위한 결정적인 의미를 제공한다. 그것은 그 어떤 누구도 자기 자신 외에는 다른 어떤 사람이나 교회에 의해서도 스스로를 하나님과의 올바른 관계로 인도할 수 없다는 것을 의미한다. 그 어느 누구도 부모의 신앙으로나, 예배를 드리는 것, 혹은 어느 특정한 나라에서 태어나거나 어떠한 신앙적 연맹에 가입함으로도 자신이 기독교인이라고 주장할 수는 없는 것이다. 그래서 복음주의자들은 "하나님은 자녀는 있어도, 손자 손녀는 없다"는 문구를 가장 좋아한다.

우리 복음주의자들은 진정한 기독교인이 됨은 지극히 개인적인 결단의 문제라고 단호하게 주장한다. 하지만 주류 교회들에서 의례 가르칠 것이라는 우리의 예상과는 반대로, 신자들은 의외로 이 사실을 종종 잊고 있는 듯하다. 그리스도를 영접하기로 결단하거나 그것을 거부하는 것은 각 개인이 스스로 결정하는 문제이다. 결국 복음주의자들이 청중들에게 말할 때에는 각 개인들로 여기며 말하는 것이지, 한 단체라고 여기며 말하는 경우는 거의 드물다. "그리스도를 향한 결단은 여러분 각자의 몫입니다. 누구도 당신을 대신해서 결단해줄 수 없습니다"라고 복음주의 설교자들과 부흥사들은 강조한다. 그래서 "큰 죄에 빠진 날 위해…주께로 거저 갑니다"라는 마음속으로부터 나오는 개인의 고백적인 찬송이 없이는 그 어떤 복음주의적 십자군 원정도 불가능할 것이다.

진정한 회심은 진정한 영적 성장으로 연결되기 마련이다. 그리스도를 닮아간다는 것은 개인적 문제이기 때문이다.

복음주의에서 이렇게 개인에 대해 강조하는 것은 우리의 교회에 대한 이해에서 좀 더 분명하게 나타난 곳은 없다. 복음주의 교회론에 따르면, 교회가 은혜와 영생을 그 교인들에게 중재해줄 수 없는 것처럼 영성도 중재해줄 수 없다. 이러한 견해는 구원론과 교회론의 근본적인 관계와도 연결된다. 왜냐하면 교회의 우선권을 신자 개인들의 우선권으로 대체하기 때문이다. 교회가 그 교인들을 늘리려고 하지만 복음주의자들은 오히려 그 반대이다. 회심한 개인들은 그리스도와의 개인적 연합을 통해 하나님으로부터 영생을 받았으며, 이들은 교회의 벽돌 하나하나를 구성하는 사람들이다. 결국 교회는 어떤 의미에서는 구원받은 사람들이 모인 결과물이며, 이 구원받은 사람들은 그들 가운데에서 영성을 성장시키기 위한 목적으로 서로 모이는 것이다. 그러므로 다른 목적은 무엇이었든지 간에, 교회는 개인 신자들의 자발적인 연합모임이다.

영성이 개인적 문제이기 때문에, 그것은 개인의 근면과 그것의 적용을 요구한다. 우리는 계속해서 서로를 권면하여 각자의 삶을 스스로 책임질 뿐 아니라 나아가 그것을 삶에 적용해서 영적으로 계속해서 성장할 수 있도록 독려한다. 그리하여 우리는 소위 영적 훈련이라는 것을 대단히 강조한다. 영성의 성장을 위해, 우리들 각자는 아침 "경건의 시간"이라고 하는 매일 성경읽기와 기도에 참여해야 한다. 이는 이것을 통해 하루 전체를 위한 우리의 영적 능력을 조율할 수 있기 때문이다. "자신의 신앙을 나누는 것," 즉 다른 사람들에게 증거 하는 것 또한 중요하다. 영적 성장 훈련의 일환으로 무시할 수 없는 요건이 바로 교회 출석인데, 이는 교회가 영적 성장의 훈련 자체를 이끌 수도 있기 때문이다.

이렇게 오랫동안 견지한 복음주의 신자의 입장을 우리가 사도신경이나 주기도문처럼 암송하지는 않는다. 하지만 감사하게도 한 찬송가가 이러한 영적 훈련의 핵심을 시적 형태로 표현한다.

> 너 성결키 위해 늘 기도하며
> 너 주안에 있어 늘 성경보고
> 온 형제들 함께 늘 사귀면서
> 일하기 전마다 너 기도하라

이 찬송가에서 말하는 "교제"라는 말이 시인 휴스턴의 마음을 사로잡았다. 그래서 그는 이것을 산문으로 이렇게 표현한다.

> 개인의 신실함과 영적인 교제는 서로를 강화시킨다. 수평적으로는 인간의 마음에 하나님의 사랑이라는 영감을 주기 위함이며, 수직적으

로는 거기에 하나님의 사랑을 구현하기 위함이다.[25]

개인성장을 위한 수단으로서 영적 훈련을 강조하는 것은, 우리 스스로를 하나님의 기업에 참여시키고자 서로를 책망하는 전형적인 복음주의적 방법임이 분명하다. "자신의 직무를 착수하고, 영적 성장에 도움이 되도록 삶을 설계하며, 영적으로 성장하지 않는가를 주의하라"고 우리는 권면한다. 실제로 한 신자가 그(혹은 그녀)의 영적 침체기에 접어드는 시점에 오면, 복음주의적 상담사는 의례 그의 영적 훈련 과제를 더욱 열심히 하라고 한다. "당신 스스로를 점검하십시오"라고 복음주의 영성 상담사는 책망한다. 그리고 "성경 착실히 읽고 있습니까? 아니면 개인 경건의 삶을 무시해 온 것은 아닙니까?"라고 묻는다.

복음주의 설교는 항상 개인적인 것을 강조하고 호소해왔다. 우리는 청중이 설교를 듣고 한 개개인으로 거기에 응답하여 행동에 옮기는 것을 목적으로 설교한다. 보통 설교를 듣고 그에 대한 결단의 표시로 회중들 가운데서 손을 드는 사람들을 앞으로 나오라고 하는 것과 대조적으로, 우리는 "강단에서 결단"하는 것을 아직도 계속하는 것으로 유명하다. 복음주의 설교자는 예배를 마치면서 회중에게 "모든 것을 멈추고, 말씀을 생각하시면서 강단으로 올라오시거나 기도실로 가시기 바랍니다"라고 권면한다. "이제 그리스도를 위해 결단하십시오. 복음의 초대에 응하십시오."

영적 성장을 위해서 더욱더 노력하라는 권면은 그 대상이 누구든 상관없이 모든 이에게 동일하게 필요한 것이다. 듣는 사람이 불신자이거나 실족한 자이거나, 우리의 강단은 동일하게 호소한다.

---

[25] Houston, "Spirituality," 1047.

예수가 우리를 부르는 소리
그 음성 부드러워
…죄 있는 자들아 이리로 오라
주 예수 앞에 오라.

결국 예배를 마치는 때에 강단의 끝에는 "주님을 영접하는" 사람들로 가득 찰 것이며, 다른 사람들은 세례를 받거나 교인으로 등록하겠다고 요청하며, 다른 이들은 "그들의 삶을 다시 헌신"하기로 작정한다.

이처럼 복음주의에서 개인적인 것을 우리에게 유독 강조하는 것은 선교 전략에 있어서도 두드러지게 나타난다. 교부시대 말엽, 기독교가 로마 제국을 넘어 미전도 종족들이 사는 이방 지역으로 이동할 때, 선교사들은 종종 사회적 지위가 특별히 높은 사람들, 가령 족장이나 영주 혹은 왕에게 메시지의 초점을 맞추었다. 그래서 한 지도자들의 세례는 곧 그가 지배하는 전 지역의 세례를 의미하는 것이었다. 복음주의자들인 우리는 이러한 전략이 너무 급진적이어서, 강압적이고 통합적일뿐 아니라, 피상적인 기독교를 대중들에게 주기 때문에 이들이 얕은 영성을 갖게 할 것이라며 꺼려하는 경향이 있다. 비록 족장들의 중요한 역할을 부정하는 것은 아니지만, 한 개인으로서의 모든 이들에게 각각 복음을 전하는 것을 우리가 선호한다는 말이다. 우리는 영성이 개인적 문제라고 이해하기 때문이다.

복음주의 영성은 개인적인 것의 우선성과 함께 이제 반대의 방향으로 관심을 돌려, 개인적 경건의 중요성을 단호하게 견지함과 동시에 기독교인의 삶의 협력적 차원 또한 균형 있게 강조해야 한다. 영성이 비록 우선적으로는 개인적인 과제임에도 불구하고, 협동적인 삶을 필요로 한다. 그 어느 누구도 기독교인의 삶이나 그리스도를 닮아가는 성장의 과정을 고립된 상태에서 하고자 하지 않는다. 오히려 각 개인은 영적 성숙을 얻기 위해 단체로부터의 도움을 필요로 한다.

우리는 때로 잘 알려진 모닥불과 통나무의 유비를 차용함으로써 협력 차원의 중요성을 표현한다. 통나무들을 한데 뭉쳐 놓으면 잘 탈것이다. 하지만 통나무 하나만을 따로 떼어 놓으면 금세 불길이 잦아들고 이내 차갑게 식어버린다. 기독교인의 삶도 마찬가지다. 신앙공동체로부터 스스로를 분리하려고 하는 기독교인들은 그들의 영적 열정이 차갑게 되는 위험을 초래하는 것이다. 하지만 그들이 신앙공동체에 참여함으로써 신자들은 서로를 지탱해준다. 이러한 방식으로 모두가 그들의 열정을 유지한다. 그들은 함께함으로써 주님을 향한 영적인 생명과 온기를 유지한다.

그러므로 복음주의의 외형은 단체에 의존하게 된다. 비록 개인적인 것은 그 사람 자신의 성장을 위한 개인적 책임에 있지만 말이다. 모든 신자들은 서로로부터 책망이나 권면이 필요하다. 휴스턴이 설명하는 것처럼, "기독교 영성은 교제를 낳으며, 신자의 교제는 더 깊이 있는 영성을 갖게 한다."[26]

복음주의 영성의 다른 여러 특성들과 더불어, 복음주의 영성의 단체 의존성에 대한 이러한 인식은 우리의 교회 이해에도 영향을 미친다. 지역 회중은 서로를 격려하고, 지탱하며, 책망하는 공동체여야 한다. 더 나아가, 교제의 각 일원들은 다른 사람들과 하나가 되어, 협력과제에 참여하는 각 개인들이 되어야 한다. 우리는 다함께 예배드리기 위해서 부르심을 받은 것뿐 아니라, 각자 삶에 서로 관심을 갖고 관여하여 이른바 공동체적 삶에 참여하기 위해서도 부르심을 받았다. 이것이 지역 공동체의 삶의 기풍에 가장 핵심적인 덕목이다.

"각 개인 신자들이 단체의 영적인 도움을 필요로 한다"는 이 원칙은 결

---

26) Houston, "Spirituality," 1047.

과적으로 복음주의에서 전형적으로 강조하는 교회 출석으로 직결된다. 우리는 교회 행사들에 적극 협력하여 참여해야 한다. 하지만 이러한 강조의 저변에 있는 진정한 목적은 의식주의적 교회들의 목적과는 다르다. 우리는 교회에 출석하는 것이 은혜의 수단으로 기능한다고 보지 않는 경향이 있다. 함께 모인 공동체인 교회는 은혜의 자동 통로가 아니라, 교훈과 격려의 매개체이다.

이러한 이해는 우리가 협력하여 모이는 핵심적 요소라고 여기는 것들에 영향을 준다. 로마가톨릭이 성찬식을 강조하는 반면, 복음주의 교회에서 예배의 핵심은 설교이다. 무엇보다도 우리는 설교를 듣기 위해서 오며, 우리는 이것을 개인이 하나님과 교통하는 주요한 수단이라고 본다. 우리는 "하나님의 말씀"을 듣고자 하는 기대를 갖고 설교를 듣는다. 그래서 이 선포되는 말씀을 통해서, 하나님이 우리들 개인에게 말씀하시는 것이다. 결국 우리는 책망, 격려, 심지어는 삶의 방향까지도 예배를 드림으로써 안내받게 된다. 우리는 말씀을 들으려고 모인다. 그래서 우리는 또한 세상 속에서의 하나님의 백성이 되기 위해 다시 흩어질 수 있다.

하지만 최근 복음주의자들은 설교의 요소이자 설교의 초점인 협력적 예배의 중요성에 대해 더 깊은 의미를 재발견하기 시작했다. 이러한 르네상스의 한 리더인, 로버트 웨버는 이렇게 설명한다.

> 예배는 하나님과 우리와의 관계의 리허설이다. 말씀이 선포되는 것을 통해서 그리고 성례전의 집행을 통해서, 하나님이 스스로를 그리스도의 몸 안에 독특하게 나타내시는 것이다. 예배는 오락이 아니기 때문에, 예배의 성육신적 이해가 회복되어야 한다. 즉 하나님이 인간을 만나주시는 것이다. 하나님은 그의 말씀을 통해 우리에게 말씀하신다. 그는 성례전 가운데 우리에게 오신다. 우리는 믿음으로 응하며

세상에 나가 그것을 행해야 한다!(27)

하지만 웨버가 위에서 지적한 것처럼, 회중예배에서 성례전에 대한 이러한 새로운 관심이 일어나는 것은 사실이지만, 그렇다고 설교의 중요성을 등한시하면서까지 그것을 강조하지는 않는다. 오히려 이 풍조는 교회가 끊임없이 발전해야 한다는 사명을 위해 더 유용한 균형점을 찾고자 하는 한 시도라고 보면 좋을 것이다.

우리가 신앙생활의 개인적 차원과 협동적 차원의 상호관계를 중요시하는 것은 복음주의에서 전형적으로 "교회에서 봉사할 곳을 한군데 찾아야 한다"는 것을 강조하는 것에도 잘 나타난다. 우리는 각 신자가 하나님의 사람들에게 맡겨진 과제에 함께함으로써 "주님의 사역"에 개인적으로 참여한다는 사실에 동의한다. 이러한 견지에서 지역 교제의 상황 속에서 "봉사할 곳을 찾을" 것을 각 교인들에게 독려한다. 오직 그렇게 함으로써만 "왕께 봉사하니 나는 행복해요"라는 복음주의적 찬양이 유의미할 것이다.

특정한 어떤 사역에 관심을 갖고 봉사하는 것은 더 크게 보면 개인 영성 훈련의 협력적 측면과 연관된다. 그리스도의 큰 기업 안에 있는 어떤 사역에 우리가 봉사로 참여할 때, 우리는 다른 사람들과 함께 우리들 안에 있는 영성을 향상시키는 문제에 참여한다. 다른 이들의 삶에 참여하는 것은 그들을 격려하고 책망하거나 그들의 필요를 채워줄 수 있는 기회를 제공한다. 하지만 이것의 목표는 더 크다. 그 목표는 다른 사람들의 봉사에 의해 섬김을 받는 사람들은 영적으로 성숙할 것이고, 결국 그들도 다른 구성원들을 섬기게 된다는 것이다.

이것은 교회론을 위한 의미도 지닌다. 우리에게 교회는 신자의 교제이

---

27) Webber, *The Majestic Tapestry*, 129.

며, 제자들의 교제이자, 사람들의 공동체이다. 이 공동체는 영적인 사람이 되기 위해 자신들 스스로의 책임감을 신중하게 다룸과 동시에 협력적인 사람으로서 영성을 증진시키는 과제에도 의식적으로 참여하는 것이다. 이에 응하는 복음주의자들은 함께 이렇게 찬송 부른다. "우리는 함께 걸으리, 우리는 손에 손잡고 걸으리." 왜냐하면 이 걸음은 영성의 길이며, 우리는 다 함께 가지만 각 개인이 스스로 발을 디뎌야 하기 때문이다.

5. 복음주의 신학을 위한 함의들

이러한 반대되는 듯 보이는 두 원칙들 사이에서 창조적 긴장을 유지하려는 시도는, 복음주의 영성의 핵심이다. 우리는 영성을 균형 있는 삶이라고 이해한다. 온전한 기독교인의 삶(the full Christian life)은 내면과 외면의 균형, 그리고 개인과 협력의 균형적 산물이다. 즉 우리는 이러한 두 차원을, 대조적이며 상호배제적인 경향성이 아닌, 상호 보충적인 이중구조로 녹여 넣는 것이다.

복음주의자로서 우리는 영성을 성령의 중생하는 능력에 의해 따뜻하게 된 우리 마음의 내면적 확신이라고 이해한다. 하지만 이러한 내면적 확신은 살아계시고 함께하시는 주님을 모방하는 제자도의 삶에 의해 표현되어야 한다. 기독교 영성은, 우리의 모든 것들을 헌신해야만 하는 삶의 과정이며 개인적인 과제이다. 하지만 그것은 그리스도의 몸인 협력적 교제에 대한 개인적 참여 또한 요구한다.

물론 영성에 대한 우리의 복음주의적 이해에 결점이 하나도 없는 것은 아니다. 그리고 다양한 요소들 사이에서 진정한 창조적 긴장을 통해 적절한 균형을 유지하는 것에 항상 성공적인 것도 아니다. 때로는 너무나도 쉽게 그 균형이 무너질 때도 있다. 우리는 예전처럼 회심의 경험에 대한 간증에 만족함으로써 오늘날 강조하는 제자도의 중요성을 잃어버리거나, 혹은 죽은 율법주의에 대한 단순한 외면적 집착으로 인해 내면의 불을 꺼버릴 수도 있다. 복음주의에서 개인 신앙에 대해 지나치게 강조하다 보면 분리주의적 개인주의로 쉽게 빠질 수도 있으며, 또한 협력적 단일의 의미를 추구하다가 자칫 강제된 단일성을 초래할 수도 있다.

최근 우리는 복음주의 영성 이해에 대한 새로운 관심이 기존의 명제주의적 진리에 초점을 맞춘 교리적 차원을 벗어나 그 초점이 다른 곳으로 이동하기 시작했음을 목도하고 있다. 이러한 경향에 상응하여, 지난 신조중심적 개념으로부터 벗어나, 더 넓은 복음주의 전승 속에 깊이 자리 잡고 있는 경건에 기초한 이해를 향한 복음주의적 자기 인식을 재형성하려는 시도가 증가하고 있다.

이것의 신학적 함의는 지대하다. 이러한 복음주의의 핵심에 자리하고 있는 것에 대한 재고는 우리 복음주의 신학자들로 하여금 추상적인 교리에만 집착하지 말아야 할 것을 주지시킨다. 오히려 우리는 더 넓은 복음주의 운동의 역사를 바라봄으로써 더 경건주의적인 시대에 나타났던 실천적 강조의 특징을 다시 붙잡아야 한다. 이러한 신학의 실천적 의미는 오랜 경건주의 시에 그대로 담겨 있다.

> 비록 그리스도께서 베들레헴에서 천 번을 태어나셨을 지라도, 그가 당신 안에서 태어나지 않으셨다면, 당신의 영혼은 길을 잃었다네.[28]

---

28) 이 형태의 경건주의 속담은 Lesslie Newbigin에 의해 인용되었다. Lesslie Newbigin, *The Gospel in a Pluralist Society* (Grand Rapids, Mich.: Eerdmans, 1989), 67.

따라서 진정한 복음주의가 되기 위해서는 올바른 교리 하나만으로는 충분치 않다. 물론 이러한 교리가 대단히 중요하긴 하지만 참된 기독교 신앙의 진리란 개인적으로 직접 체험한 진리를 말한다.

이처럼 신학의 실천적 이해에 대해 새롭게 강조하는 것은, 어떤 의미에서는 근대주의를 지난 경건주의로의 이동뿐 아니라, 초대교부 시대로까지 돌려놓는 것을 의미한다.[29] 그리고 그것을 다시 근대주의를 뛰어넘어 포스트모던 시대로의 도입으로까지 가져오는 것인지도 모른다. 비록 제목은 그렇지 않을지라도, 교부들의 신학적 작품들 중 대부분은 그 직접적 목적이 독자들의 영성을 증진시키기 위함이었다. 따라서 초대 사상가들은, 그들 이후 시대의 사상가들이 일반적으로 그랬던 것처럼, 사변적 신학과 영적 신학을 구분하지는 않았다. 오직 대학들과 스콜라주의의 출현에 의해 신학자들이 신학과 영성을 구분하기 시작했다. 중세 신학자들의 사상에서, 사변적 신학은 순전히 논리적 연역에 따라 제일 원리들로부터 추론된 신학적 결과물을 만들어낸 지성적 산물이었다. 이러한 경향은 도덕신학과 윤리를 다른 학제로 구분했던 17세기까지 계속되었다.

물론 신학은 그리스도 안에서 자신을 중시하셨던 하나님을 이해하기 위한 탐구를 통해 드러나게 되는, 그 본연의 핵심적 목표인 "진리"에 대한 지성적 추구를 결코 포기해서는 안 된다. 하지만 이것이 영성 신학으로부터 지성을 반드시 분리해야 한다는 것을 의미하지는 않는다. 오히려 그와는 반대로, 소위 사변신학이라는 것이 실제로 최고의 기능을 할 때는 바로 신학자들이 자신들에게 주어진 과제의 궁극적 목적에 분명히 초점을 맞추어 그 속에서 거룩성을 찾으려고 할 때이다. 모든 신학적 작품은 신앙공동체의 영성과 신학적 작업에 종사하고 있는

---

29) 이 발전에 대해서는 다음을 보라. Kereszty, "Theology and Spirituality: The Task of a Synthesis," *Communio* 10 (Winter 1983): 316-20.

신학자들의 영성을 증진시키는 데에 그 목적이 있어야 한다.

신학과 영성의 통합이나, 신학적 작업의 실천적 의도를 증진시키는 것은, 신학이 신앙공동체의 삶으로부터 나와야 한다는 것을 의미한다. 즉 신학은 제자도로부터 흘러나와야 한다. 신학은 단지 전문적 사상가들의 지성적 탐구일 뿐 아니라, 행하는 자들, 즉 그들이 누구를 따르며, 왜 그를 따르는지를 알아야 할 필요가 있는 주님의 제자들을 위한 필수 지식이다.[30] 제자도로부터 나온 신학은 인지적 질문이나 지성적 앎을 묵살하지 않는다. 그것은 적당한 신앙구조의 필요를 간과하지 않는다. 하지만 제자도는 행위, 활동 그리고 행함과 관련이 있기 때문에, 이 제자도를 향한 제자도-지향적-신학은 기독교인의 삶의 궁극적 목적을 위한 기독교인의 신앙구조를 형성한다. 그리고 제자도는 하나님을 안다는 것이란 통합적으로 하나님의 뜻 안에서 존재하는 것과 행하는 것이 일치하는 것이라고 말한다.

그러므로 영성에 뿌리를 둔 신학은 영적 공동체의 "삶"에 관심이 있다. 윌리암 아브라함(William Abraham)이 다음과 같이 주장한다.

> 진정한 기독교 신학은 계시와 전통에만 그 깊숙한 뿌리를 내릴 뿐 아니라, 기독교 공동체에서 예배나 기도에도, 그리고 세상 속에서 다른 사람들을 위한 동정과 봉사에도, 또한 복음에 대한 경이로움 앞에서 두려움과 떨림에도, 그리고 보혜사 성령의 은혜에 겸손히 의존하는 것에도 그 깊숙한 뿌리를 내리게 된다.[31]

---

30) Vernard Eller, "Which Eschatology for Which Christ?" *TSF Bulletin* 5 (November-December 1981):10을 보라.
31) William J. Abraham, "Oh God, Poor God-The State of Contemporary Tehology," *The Reformed Journal* 40 (February 1990):23.

그러나 무엇보다도 영성에 뿌리를 둔 신학은, 삼위일체 교리의 중심성을 분명히 인식한다. 궁극적으로 특별히 기독교 영성은 삼위일체 하나님에 대한 우리의 참여에 그 기초를 둔다. 그것은 휴스턴이 말하는, "삼위일체 안에서의 삶"이다.[32] 이것이 의미하는 것은, 신자가 하나님의 가족 안에서 그들의 일원임을 받아들이며 산다는 것이며, 이러한 지위는 자신들이 무엇을 이루어서가 아니라 오직 하나님의 은혜로 부여받음으로 인한 것이다. 이는 오직 하나님의 아들이 하나님과의 신적 관계를 성령을 통해 그들과 공유한다는 그 사실로 인해 그들의 것이 된다.

그러므로 복음주의의 핵심은 기독교인의 삶에 대한 복음주의적 이해 안에 놓여있다. 그것은 신학적 범주 안에 설명된 신앙적 체험이다. 기독교 영성에 대한 복음주의적 이해는 조화롭지 못한 듯 보이는 강조들 사이의 균형을 유지하려고 시도한다. 결국 우리가 시도하는 창조적 긴장은 유지하기 쉬운 문제가 아니다. 하지만 바로 이 창조적 균형-다른 어떤 것이 아닌 바로 이 영적 삶에 대한 조명-은 하나님의 백성을 위한 우리 복음주의 신학자들의 주된 공헌으로 가능한 것이다.

기독교 신앙의 비전을 촉진하면서 또한 그것에 의해 요구되는 신학을 정립하는 것이 복음주의가 복음주의 신학자인 우리에게 맡긴 과제이며 도전이다.

---

32) Houston, "Spirituality," 1047.

제3장

신학적 과제 재조명

　모든 기독교인은 신학자이다. 이것을 인정하든 그렇지 않던 간에, 신앙을 가진 각 개인은 자신만의 고유한 신앙체계를 가지고 있는 것이 사실이다. 그리고 각 신자는, 의식적으로든 부지불식간에든, 신앙생활을 하기 위해 매우 중요한 이러한 스스로의 신앙체계들을 삶 가운데에 드러내기 마련이다.

　기독교인이 된다는 것과 신학적으로 성찰한다는 것의 밀접한 관련은 신약성경에서 너무도 분명히 제기되는 문제이다. 성경은 신앙공동체로 하여금 왜 이것들이 개인적 결의와 협동적 결의의 일부인지를 이해시키기 위해서, 그들의 신앙을 통하여 깊이 생각해볼 것을 요구한다(예, 마 22:37; 고후 10:5; 벧전 3:15). 신학은 신앙에 대한 이러한 자각적 성찰을 용이하게 한다. 그러므로 이 작업을 결코 경멸하거나 두려워하며 피해서는 안 되고, 오히려 환영해야 한다. 왜냐하면 제자도의 삶에 있어서 그것은 매우 중요한 기능을 하기 때문이다.

　복음주의적 기풍은 신학에 기초하여 세워진 경건, 즉 특정한 양식과 체험을 공유하는 것이라고 우리는 이미 주장한 바 있다. 하지만 과연 어떤 신학이 복음주의자들인 우리가 서로 공유하는 신앙을 성찰하려는 시도에 도움을 줄 수 있을까? 이 운동이 전체적으로 영성지향적 특성을 가짐에도 불구하고, 현대의 복음주의 사상가들은 일반적으로, 우리가 공유한 경건에 초점을 맞추기보다는, 인식론 혹은 신앙의 인지적 차원에 초점을 맞추어서 신학적 작업에 착수한다. 복음주의 신학은 신앙적 확신으로부터 확장되는 경향이 있는데, 이는 인지적 계시의 축적이 하나의 온전한 형태인 성경으로 우리에게 주어졌기 때문이다.

실제로 복음주의 신학자들은 때때로 이 운동의 독특한 특징이 물질적 원리와 형식적 원리의 결합이라고 본다.[1] 물질적 원리 혹은 복음주의의 내용은 성경의 기초 교리들을 포함하는 반면, 형식적 원리는 완전히 참되고 믿을 만하며 모든 교리의 최종 권위이자 원천인 성경에 대한 충성을 말한다. 결국 많은 복음주의자들은, 그들이 성경 속에 함축적으로 분명하게 이미 존재한다고 추정하는 교리의 본체(the body)를 상술하고 조직화하는 것을 신학의 주된 작업이라고 본다.

클라우스 보크므엘(Klaus Bockmuehl)은, 복음주의 신학자들에게 있어서 일반적으로 조직신학의 작업에 대해 다음과 같이 말한다

　　성경의 가르침을 주제에 따라 종합하거나 질서 있게 요약하는, 기독

---

1) 예를 들면, 국제복음주의연합(National Association of Evangelicals)과 트리티니복음주의 신학교(Trinity Evangelical Divinity School)가 공동으로 주관한 복음주의선언(Evangelical Affirmations) 1989년 회담에서 작성된 선언문이 *Evangelical Affirmations*, ed. Kenneth S. Kantzer and Carl F. H. Henry (Grand Rapids, Mich.: Zondervan, 1990), 37-38에 출판되었다. 그리고 다음을 또한 보라. Kenneth S. Kantzer, "Unity and Diversity in Evangelical Faith," in *The Evangelicals*, ed. David F. Wells and John D. Woodbridge, rev. ed. (Grand Rapids, Mich.: Baker Book House, 1979), 4.

교 교리의 개요를 만들어내는 것을 말한다. 우리는 구약과 신약의 본질적인 주제들과 제목들 위에, 서로 상이하고 분산되어 있는 전제들을 수집해야 하며, 그들을 한데 모아 각 주제별로 질서정연한 형태로 만들어야 한다.[2]

비록 그것이 성경의 권위를 올바르게 고수하는 것을 추구하지만 이러한 접근은 재조명된 복음주의 신학을 위한 촉매제로 적용할 수는 없다. 이 주장을 이해하기 위해서, 우리는 역사적인 것으로부터 출발해야만 한다. 우리는 먼저 신학의 발전을 전체적으로 살펴본 다음 근대 복음주의의 명제주의만을 부분적으로 따로 보아야 한다. 오직 그렇게 함으로써만 우리는 복음주의 신학의 작업을 재구성할 적당한 위치로 이동할 수 있을 것이다.

1. 신학의 발전

성경에는 **신학**이라는 말은 나오지 않는다. 이 용어는 오히려 고대 그리스로부터 유래되었다. 이 말은 두 개의 헬라어 *theos*(하나님)와 *logos*(말씀, 가르침, 연구)의 합성으로부터 나왔다. 즉 언어학적으로 신학은 하나님과 관련한 가르침, 혹은 하나님에 대한 연구이다. 기독교인들은 이 용어를, 인간과 자연에 대한 지식의 틀 안에서 일반적으로 바라본 신적인 문제들

---

[2] Klaus Bockmuehl, "The Task of Systematic Theology," in *Perspectives on Evangelical Theology*, ed. Kenneth S. Kantzer and Stanley N. Gundry (Grand Rapids, Mich.: Baker Book House, 1979), 4.

과 관련한 철학자들이나 시인들의 말을 언급할 때 사용했다.[3]

이러한 그리스의 신학적 작업이 초기 기독교 전통에 유입되었다. 아마도 일찍이 바울이 아테네에서 철학자들을 만나면서 유입되었을 가능성도 있으며(행 17:16-31), 아니면 아무리 늦어도 2세기의 기독교 변증가들에게는 분명히 유입되었을 것이다. 중세초기에도 신학적 작업(enterprise)에 대한 그리스식 이해가 기독교 사상가들 사이에 큰 영향력을 미쳤다. 그들은 일반적으로 신학이 더 넓은 교의학 연구 혹은 거룩한 교리(sacra doctrina) 안의 한 주제로서, 신론을 다루는 것으로 이해했다.[4]

하지만 12세기와 13세기에 걸쳐, 하나님에 대한 주제로부터 계시에 대한 합리적 설명으로, 신학은 그 의미의 변화를 겪었다.[5] 대학교들의 도래와 함께, 신학적 작업은 교회론적 학제뿐 아니라 아예 하나의 학문 분야가 될 운명이었다.[6] 그래서 이 용어는, 하나님에 대한 지식에 초점을 맞추어 최상의 지혜를 얻고자 하는 하나의 통합된 "과학"을 일컫는 말이 되었다.[7]

신학에 대한 이해는 18세기 독일에서 다시 한 번 변하게 되었다. 기독교 사상가들은 "신학적 학문의 다양성"을 "통합된 실천적 학문"으로 대체했다.[8] 즉 그들은 신학을 성경과 교회에 대한 다양한 측면의 연구를 통합적으로 언급하는 말로 바꾸었다. 그와 동시에 각자의 신적 실재에 대한 이해를 가지고 있는 세상의 수많은 종교적 전통들이 있다는 것을 기독교인들이 점점 더 많이 인식

---

3) 이러한 후자의 관점에 대해서는 다음을 보라. Frank Whaling, "The Development of the Word 'Theology,'" *Scottish Journal of Theology* 34 (1981): 292-93.
4) Emil Brunner, *The Christian Doctrine of God* (Philadelphia: Westminster Press, 1950), 89.
5) Yves M. J. Congar, *A History of Theology* (Garden City, N.Y.: Doubleday, 1968), 33. 또한 다음을 보라. G. R. Evans, *The Beginnings of Theology as an Academic Discipline* (Oxford: Clarendon, 1980).
6) Whaling, "The Development of the Word 'Theology,'" 300.
7) Edward Farley, *Theologia* (Philadelphia: Fortress, 1983), 77, 81.
8) Edward Farley, *Theologia*, 49, 65, 77.

하게 되었다. 결국 이 용어는 다양한 종교에서 신에 대해 설명할 때 사용하는 말이 되어버렸다.[9]

오늘날 기독교인들은 일반적으로 신학이라는 말을, 초기 사상가들이 사용했던 교의학이라는 말과 상호 교환적으로 사용할 수 있는 매우 좁은 의미로 사용한다. 하지만 북미에서는 이 말을 "조직신학"으로, 혹은 더 최근에는 "체계신학"이나 "교리신학"이라는 말로 대체해왔다.

이 용어가 어떻게 사용되든지 간에, 이 신학적 작업은 신앙에 대한 지성적 성찰을 포함한다. 신학은 교리, 즉 그 자체의 특별한 종교적 신앙체계를 탐구한다. 하지만 그것은 또한 개인의 삶과 공동체의 삶에 대한 통합적인 결의와 신앙의 본질에 초점을 맞추기도 한다. 그러므로 기독교 신학은 기독교 신앙의 주제들을 제시하고 일관성 있게 상술하는 것을 추구하며, 이것은 전통적으로 하나님, 인간의 존재와 창조된 우주, 그리고 그리스도 되신 예수의 정체성과 그가 가져온 구원, 그리고 성령과 이 세상에서의 성령의 사역, 그리고 기독교 신앙의 공동체적 표현으로서의 교회, 그리고 창조물을 위한 하나님의 계획의 완성을 포함한다.

따라서 넓은 의미에서, 우리는 조직신학을 신앙과 실제와 직제에서 표현되는 것들을 포함하는 기독교 신앙에 대한 행동의 지성적 성찰과 그 내용을 기술하려는 시도라고 정의할 수 있다.

조직신학적 작업은 진공에서 출현하는 것이 아니다. 오히려 기독교 신학은 교회에 현존하는, 논쟁, 교리문답, 그리고 성경의 요약이라는 세 가지 인지적 필요의 결과물이다.[10] 이러한 요인들은 이미 초대교회 시대부터

---

9) Whaling, "The Development of the Word 'Theology,'" 305-6.
10) Brunner, *The Christian Doctrine of God*, 93-96을 보라. Congar는 교회는 이방 문화에 선포해야 할 필요가 있으며, 개인 신자들은 이방 상황 속에서 믿음을 나타내야 할 필요가 있다고 인용한다. Congar, *A History of Theology*, 39-40.

볼 수 있었으며, 이들은 조금 다른 형태지만 오늘날의 교회에도 그 지대한 관심이 계속되고 있다.

　이 신학적 작업은 기독교의 신앙 체계를 정의하고자 하는 교회의 필요로부터 자란다. 초대교회 시대에 이러한 의도가 다분했는데, 바로 교회가 교리적 분쟁을 맞이했을 때에 그러했다. 이교적 견해들 즉 이단으로부터 정통성을 분리하고자 하는 투쟁을 통해, 신학적 신조는 하나의 분명한 측면을 확립했다. 이 논쟁적 요소는 종교개혁 시대 동안 다시 한 번 그 중요성을 재확인했다. 신앙에 대한 질문 위에 상이점들을 직면하자, 다양한 교회 단체들은 그들 자신의 고유한 기독교에 대한 이해를 정의하고자 그들의 신학적 입장을 밝혔다. 근대 시대에는 논쟁의 상황이 바뀌었다. 그래서 기독교인들은 오늘날 많은 경쟁적 세계관과 종교들 가운데에서 자신들의 신앙의 본질을 기술할 필요를 느꼈다.

　이 기독교의 신학적 작업은 매우 고된 노동이기는 하지만 그래도 하나님의 사람들에게 좋은 교훈을 제공할 매우 의미 있는 작업이다. 신앙을 가르치는 것은 새신자의 경우에는 특별히 중요하며, 이 사람이 성숙한 신자가 되게 하기 위해서는 그에게 기독교의 근본들을 가르쳐야만 한다. 이교도의 배경으로부터 온 많은 회심자들을 가르치는 작업을 가능하게 하기 위해서, 2세기 기독교 지도자들은 교회 교리문답을 발전시켰으며, 이것은 신학적인 지향성을 가진 필요에 의한 것이었다. 비록 형식은 바뀌었지만, 교회는 이후로도 계속해서 그 교육적 임무를 완수하는 데에 신학을 사용해왔다.

　기독교인들은 성경의 교훈들과 핵심 주제들을 요약된 형태로 만들고자 하는 소망을 항상 가지고 있었다. 실제로 이렇게 요약하고자 하는 경향성이 성경 속에 이미 나타나 있는 것을 우리는 발견할 수 있다. 구약 시대의 히브리 사람들은 하나님에 대한 그들의 경험으로부터 나온 신학의 본질에 대한 이해를 요약했다(예, 신 6:4-5; 26:5-9). 신약도 마찬가지로 그리스도의 위격과 구원의 본질 같은 주제들에 대해 요약해서 진술하고 있는 부분을 찾아볼 수 있다(예, 고전 15:3-8; 빌 2:6-11;딤전 3:16). 전통적으로 조직신학이 항상 추구해왔던 것은 성경의 주된 주제인 하나님의 은혜로운 구원을 조직적 양식으로 한데 모으려는 것이다.

2. 복음주의적 명제주의

이처럼 그리 깊이 연구해보지 않아도, 우리는 신학이 신학사(History of theology)에서 성경적 교리를 요약하는 중요한 역할을 했다는 데에 이견을 달 수 없을 것이다. 그럼에도 복음주의자들 가운데에서 이러한 교리를 요약하는 작업에 착수한 것은 비교적 최근의 일이다. 많은 복음주의 신학자들은 성경을 요약하고자 하며, 이것은 그들의 신학적 작업 중에 가장 중요하고 핵심적인 가치를 지니는 것이라고 본다. 비록 이것이 그 신학적 작업의 유일한 가치를 지니는 것이라고 보지는 않을지라도 말이다. 그리고 이들은 이러한 요약의 작업을 함에 있어서 과학의 본질을 설명하는 데 사용하는 근대적 개념들과 연관시켜 현대의 언어로 변증적으로 설명하고자 하는 데에 초점을 맞춘다.

보수주의적인 신학자들은, 그들이 칼빈주의자이든 세대주의자이든 웨슬리안이든 알미니안이든 간에, 신학은 성경에 기초를 둔 "하나님에 대한 과학"이라는 데에 동의한다. 과학자들이 자연을 그 대상으로 삼아 연구하는 것처럼, 마찬가지로 성경의 가르침도 객관적인 이해가 가능하다고 그들은 주장한다. 마치 자연과학이 자연의 사실들을 체계화하는 것처럼, 조직신학은 성경의 "사실들"을 정리한다. 결국 올바른 신학은 "성경적 진리를 일련의 보편적으로 옳고 적용 가능한 주장의 명제로 구체화하는 것이다."[11]

그것이 과학적 사고, 즉 실증적 접근이나 상식을 옹호하기 때문에, 죠지 마스덴(George Marsden)은 복음주의 신학을 "초기 근대"로 분류한다.[12] 그의 이러한 묘사는 분명히 일리가 있다. 현대 복음주의의 대부분을 특징짓는, 진리에 대한 이해와 신학적 훈련의 작업은, 20세기 중반에 있었던 연맹의 도래보다 시기적으로 앞서는 것이며, 이것은 19세기의 프린스턴 신학의 영향으로 인해 20세기 초반의 근본주의 운동에 나타나 우리들에게까지 왔던 것이다. 이 프린스턴 신학은 그 개혁적 다양성 속에서 유독 지난 개신교 스콜라주의적 전통을 받아들인 바 있다.

개혁주의적 스콜라주의와 종종 연루됨으로 인해 프린스턴 사상가들과 관계를 맺게 된 프란시스 투레틴(Francis Turretin, 1623-87)은 복음주의에 지대한 영향을 미쳤던 사람 중의 한 사람이다. 투레틴에 따르면, 신학의 목적은 구원의 하나님을 가르치는 것이다.[13] 하지만 이러한 구원의 목적을 완수하는 데에는 자연계시로만은 충분하지가 않다. 투레틴에게 있어서 신학이란 창조에 계시되고 이성에 의해 발견된 진리의 종합보다는, 성경의 가르침을 요약한 최고의 것이며,[14] 신학의 목적은 그의 말씀에 스스로를 계시하

---

11) 복음주의 신학의 이러한 양상은 David F. Wells에 의해서 기록된 것이다. David F. Wells, "An American Evangelical Theology: The Painful Transition from *Theoria* to *Praxis*," in *Evangelicalism and Modern America*, ed. George M. Marsden (Grand Rapids, Mich.: Eerdmans, 1984), 86.
12) George M. Marsden, "Evangelical, History and Modernity," in *Evangelicalism and Modern America*, 98.
13) Richard A. Muller, "Scholasticism Protestant and Catholic: Francis Turretin on the Object and Principles of Theology," *Church History* 55 (June 1986): 204.
14) Franciscus Turrettinus, *Institutio theologiae elencticae* (Geneva, 1677-85; rpt. Edinburgh, 1847), 1.2.6-7, 이것은 Muller, "Scholasticism Protestant and Catholic," 204에서 인용되었다.

시는 하나님 자체라는 것이다.[15] 리차드 멀러(Richard Muller)는 17세기 개혁주의 사상가의 스콜라주의는 "'올바른 교리'의 체계로서의 정통 신학을 구축하려는 소망"의 작업이었다고 결론 내린다.[16] 투레틴의 유업은 신학에 대해 접근하는 그의 제자들의 이와 같은 기본적인 자세에서 잘 나타난다.

투레틴에 의해 제시된 신학의 작업을 향한 접근방법은 19세기 프린스턴 신학자들에 의해 완성되었다. 이들 사상가들은, 이전의 신학은 이미 "너무 고리타분해서 오늘날의 사람들이 믿을 수 없는 것"이 되어버렸다는 것을 스스로 인정하면서, 칼빈주의적 정통주의를 오늘날에 맞게 상술해야 할 책임감을 받아들였다.[17]

비록 그것이 경건주의적 영향을 받기는 했지만, 19세기 장로교주의는 당시의 과학적 패러다임에 영향을 받은 성경에 접근하는 체계적 방식과 성경적 교리를 유독 강조했다. 그래서 찰스 핫지(Charles Hodge)는 과학과 신학에 대한 전형적인 비교를 제공한다.

> 만약 자연과학이 자연의 사실들과 법칙들에 관심이 있는 것이라면, 신학은 성경의 사실들과 원리들에 관심이 있는 것이다. 전자의 목적이 외부 세계의 사실들을 나열하고 체계화하려는 것과, 그들이 규명한 법칙을 확인하는 것이라면, 후자의 목적은 성경의 사실들을 체계화하며, 이러한 사실들이 제공하는 일반적 진리들과 원리들을 확인하는 것이다.[18]

---

15) Turrettinus *Institutio* 1.5.4; Muller, "Scholasticism Prostestant and Catholic," 200에서 인용되었다.
16) Muller, "Scholasticism Protestant and Catholic," 205.
17) Wells, "An American Evangelical Theology," 85.
18) Charles Hodge, *Systematic Theology* (Grand Rapids, Mich.: Eerdmans, 1952), 1:18.

그들의 교리적 지향성에 있어서 프린스턴 신학자들은 웨스트민스터 신앙고백에 지독하게 충성스러웠으며, 그들은 이것이 성경 자체의 체계를 인간의 것에 가장 근접한 것을 대표한다고 믿었다.

성경적 교리를 계속해서 강조하는 한편, 프린스턴신학은 진리의 명제주의적이며 불변하는 특성을 가장 강조했다. 그래서 마스덴은 이것을 "진리는 역사적으로 상대적인 것이 아닌 고정된 독립체이며, 최상의 표현으로 기록된 언어는 잠재적으로 하나의 메시지를 모든 시대와 장소에 전달한다"고 묘사한다.[19] 따라서 문화적 상황에 신학의 닻을 내리는 것 대신에, 프린스턴 사상가들은 그러한 상황으로부터 그것을 해방시킴으로써 시간과 문화에 영향을 받지 않는 하나의 불변의 진리 선언을 만들고자 했다.[20] 이러한 정황 속에서 우리가 비로소 이해할 수 있는 것은, 이러한 핫지의 주장에 그가 프린스턴에서의 종신재직 기간 중에는 그 어떤 새로운 사상도 유입되지 않았다는 것이다.[21] 프린스턴 장로교인들의 의도는 성경에서 발견한 불변한 교리적 신학을 발견하여 교회에 물려주는 것이었다.

복음주의 전통에 서 있는 투레틴의 후예들과 프린스턴 신학자들은, 그들의 멘토들이 성경의 체계화와 신학적 진술의 명제주의적 본질을 매우 강조했던 것을 비교적 잘 따라왔다. 이러한 성경에 초점을 맞춘 신학을 지지하는 사람들 가운데, 칼 헨리(Carl F. H. Henry)보다 복음주의적 명제주의에 더 지독했던 사람은 찾을 수 없는데, 이 사람은 20세기 후반의 가장 저명한 복음주의 신학자로 알려진 사람이다. 비록 그가 조직신학 작품을 하나도 저술하지 않았지만, 헨리는 신학적 작업의 명제주의적 이해를 위한

---

19) George M. Marsden, *Fundamentalism and American Culture* (New York: Oxford Univeristy Press, 1980), 110.
20) Wells, "An American Evangelical Theology," 85.
21) Charles Hodge, *Princeton Sermons* (London: Banner of Truth Trust, 1958), xv.

이론적 기초들을 제공함으로써 복음주의에 큰 업적을 남겼다.

헨리의 생애에 있어서 그의 가장 핵심적인 공헌은, 하나의 참되고 유용한 신학을 위한 초석들을 제시하려는 시도였다. 오직 근본적인 복음주의적 관점으로 돌아가는 것만이 현시대의 신학적 난제를 해결할 수 있는 유일한 방법이라고 그는 믿었다. 그래서 그는 이러한 근본적인 복음주의적 관점에서, 신학을 위한 초석은 성경에 축적된 하나님의 계시 외에는 없다고 주장한다.[22] 그의 「크리스채너티 투데이」 편집장 재임 초기에, 헨리는 슬퍼하며 이렇게 말했다. "성경의 권위"에 대해 많은 주류 개신교단들이 타협하고 있으며, "근대의 비평적 가설들"로 인해 성경적 세계관을 포기하고 있다. 이것이 "역사적이고 명제적인 계시의 축자적 영감성과 문자적 무오성에 대한 의심"을 낳아 왔다.[23] 결국 헨리는 이러한 보수주의적 성경관을 수호하기 위해 헌신했다.

물론 헨리만이 계시를 강조했던 유일한 사람은 아니다. 하지만 20세기의 다른 학자들로부터 그를 복음주의에서 독보적인 인물로 만든 것은 바로 계시의 본질에 대한 그의 이해이다. 헨리에 따르면, 계시는 하나님이 역사에서 행하시는 것과 인류에게 말씀하시는 것 모두를 말한다. 하나님의 말씀은 하나님의 행하심에 있어서 결정적인 것이라고 그는 주장하는데, 이는 그것이 하나님의 역사적 행위에 대한 근거와 의미를 제공해주기 때문이다.[24] 하나님의 행위는 그것에 대한 하나님의 해석을 통해 우리에게 의미가 전달된다.[25] 그래서 헨리는 계시를 다음과 같이 정의한다.

---

22) 이 주제에 관한 초기 진술에 대해서는 다음을 보라. Carl F. H. Henry, *The Protestant Dilemma: An Analysis of the Current Impasse in Theology* (Grand Rapids, Much.: Eerdmans, 1949), 225.
23) Carl F. H. Henry, *Frontiers in Modern Theology* (Chicago: Moody Press, 1966), 134-135.
24) Henry, *The Protestant Dilemma*, 95-96.
25) Henry, *The Protestant Dilemma*, 217.

계시는 하나님이 사람의 현재와 미래의 운명을 위한 필수적인 정보를 전달하는 초자연적 하나님의 행위이다. 계시를 통해, 우리의 생각과는 차원이 다른 하나님의 생각을 우리가 공유하게 되며, 하나님 자신과 하나님의 의도에 관한 진리뿐 아니라 사람이 현재 처한 곤경과 미래의 전망까지도 알려준다.[26]

헨리에게 있어서, 계시의 구두적 본성은 매우 합리적이다. 따라서 이것은 곧 계시가 명제적이라는 것을 의미한다. 그는 6권으로 된 자신의 대표적인 작품 『계시와 권위의 하나님』(God, Revelation and Authority)에서, "하나님의 계시는 지성적 개념들과 의미 있는 단어들, 즉 개념적구어(conceptual-verbal) 형태로 전달된 합리적인 소통"[27]이라는 논지를 발전시키기 위해서 대단히 방대한 분량으로 기술한다. 그는 오늘날 계시의 기능적 차원과 역동적 차원, 그리고 기술적 차원에 대해 강조하는 것에 동의한다. 하지만 그는 이것들이 명제적인 것들로부터 따로 분리될 수는 없다고 주장한다. 그에게 있어서 하나님이 말씀하셨던 실제(reality)는 지성이 계시의 과정에서 통합적 역할을 한다는 것을 의미한다.[28] 다시 말해서, 계시는 객관적이며,[29] 개념적이고,[30] 이해가능하며 논리적이라는 것을 의미한다.[31] 그러므로 기독교는 합리성으로부터 도피하는 것이라기보다는 지성을 향한 지향성을 가진 것이다.[32]

헨리가 발견한 기독교 신앙의 합리적 특성의 뒤에 놓여있는 것은, "그의

---

26) Carl F. H. Henry, *God, revelation and Authority* (Waco, Tex.: Word Books, 1976), 3:457.
27) Carl F. H. Henry, *God, revelation and Authority*, 3:248-487.
28) Henry, *The Protestant Dilemma*, 97.
29) Henry, *God, Revelation and Authority*, 4:426.
30) Henry, *God, Revelation and Authority*, 3:173.
31) Henry, *The Protestant Dilemma*, 99.
32) Carl F. H. Henry, *Remaking the Modern Mind* (Grand Rapids, Mich.: Eerdmans, 1946), 213.

말씀으로 인간에게 말을 건네시는"[33] "살아계신 합리적인 하나님"[34]이시라는 것이다. 그러므로 기독교의 계시는 "합리적으로 일관성이 있으며 설득력이 있는데" 이는 "합리성은 살아계신 하나님의 가장 근본적인 본질"이기 때문이다.[35] 계시, 이성, 그리고 성경의 개념들을 한데 묶어 헨리는 인식론적 근본 공리를 만든다.

> 신적 계시는 기독교의 진리일 뿐 아니라 모든 진리의 원천이며, 이성은 그것을 인식하기 위한 도구이고, 성경은 그것을 확증하는 원리이며, 논리적 일관성은 진리를 위한 음성반응검사이며 결합성은 종속반응검사이다. 기독교 신학의 작업은 성경적 계시의 내용을 질서정연하게 그 전체를 전시하는 것이다.[36]

헨리가 이처럼 계시의 명제적 차원에 대해 강조하는 것은 그의 인류학에 대한 부록에서도 발견할 수 있다. 신학의 합리주의적 전통과 맥을 같이 하며, 헨리는 이성이 인간의 근원적 존재라는 지위까지 고양시키는데, 이러한 견해는 근대 시대 이전에도 보편적인 것이었다고 그는 주장한다.[37] 실제로 그는 하나님의 형상이라는 성경적 개념에서, 신적 계시의 현상을 설명할 수 있는 근거를 발견한다.[38] 헨리는 하나님의 형상이란 "하나님에 대한 특정한 지식을 포함하는 합리적 능력과 윤리적 책임"이라고 본다. 그

---

33) Henry, *God, Revelation and Authority*, 1:244.
34) Henry, *God, Revelation and Authority*, 1:199.
35) Carl F. H. Henry, "The Fortunes of Theology, Part 3," *Christianity Today* 16 (June 9, 1972): 30 [874].
36) Henry, *God, Revelation and Authority*, 1:215.
37) Henry, *Remaking the Modern Mind*, 247.
38) Henry, *God, Revelation and Authority*, 1:394.

래서 인간의 타락에도 불구하고 이러한 하나님의 형상은 모든 인간에게 어떠한 모양으로든 내재된 것이다.[39]

비록 헨리는 모든 사람에게 하나님 형상이 내재하다는 것과 일반계시가 교리적으로 중요하다는 것을 인정한다.[40] 하지만 그럼에도 불구하고 신학은 오직 성경에서 발견한 하나님의 자기증시(self-disclosure)에 기초한 것일 수밖에 없다고 헨리는 주장한다. 이러한 방식으로 그는, 이성과 경험적 증거들로부터의 논증을 통해 기독교 신앙을 생산하고자 추구하는 변증가들인 복음주의적 "증거주의자들"로부터 자신을 구분시킨다. 헨리는 "전제주의적" 접근을 따르는데,[41] 이것은 모든 신학은 오직 성경의 진실성 위에 기초한다는 것이며,[42] 그는 이 전제주의적 접근이 하나님의 진리를 명제주의적 양식으로 제시한다고 이해한다.

모든 복음주의자들은 칼 헨리에게 일종의 빚을 지고 있다. 근대 세계에서 성경의 권위를 수호했던 그의 박식함은 의심할 여지가 없다. 그의 걸작 『계시와 권위의 하나님』(God, Revelation and Authority)은 젊은 복음주의 신학자들에게는 규범과도 같은 것이다. 무엇보다도 그가 신학의 고전적인 용어색인 모델을 재진술한 것에 대해서는 아마도 그가 신학 현장을 떠난 지 오랜 후에야 칭송과 논쟁이 있을 것이다.

그것의 복음주의에서의 비교불가한 중요성에도 불구하고, 핫지가 제기하고, 투레틴에게 내재되었으며, 헨리와 같은 복음주의적 명제주의 사상가들에게서 발전된, 조직신학의 "용어색인" 모델에 대해, 항상 옹호자들만

---

[39] Henry, *God, Revelation and Authority*, 1:405; 2:136.
[40] Henry, *God, Revelation and Authority*, 2:83-85.
[41] 이 주제에 대한 더 긴 논증과 Henry의 사상에 나타난 그 중요성에 대해서는 다음을 보라. Bob E. Patterson, *Carl F. H. Henry* (Waco, Tex.: Word Books, 1983), 58-83.
[42] Henry는 *God, Revelation and Authority*, 1:181-409에서 성경이 신학을 위한 유일한 기저(foundation)라고 기술한다.

있었던 것은 아니었다. 어떤 의미에서는, 슐라이에르마허(Friedrich Schleiermacher) 이후의 근대신학의 전체 요지는, 사변적 이성을 통해 얻는 진리를 탐구하고자 했던 계몽주의를 택하는 것이 아니라, 권위적으로 전달된 진리에 초점을 맞춘 명제주의가 발전시킨 전통에, 독자생존 가능한 어떤 대안을 제공해주는 것을 추구해왔는지도 모른다.[43]

하지만 자유주의적 전통의 발전에 의한 암묵적 비판보다 더 파괴적인 것은 바로 20세기의 신정통주의였다. 신정통주의 사상가들이 계속 주장하는 것은 계시가 하나님에 관한 전제들의 본체인 초자연적 지식을 중시하지 않는다는 것이었다. 이들은 오히려 계시에서 하나님 스스로가 인간 개인을 만나신다고 주장한다.[44]

복음주의 신학자들은, 전제적 계시와 개인적 계시의 괴리를 인정하길 거부함으로써, 신정통주의의 비판에 적절하게 대응해왔다.[45] 복음주의 신학자들은 계시가 둘 모두라고 주장한다. 복음주의자들은 신정통주의에서 하나님이 우선적으로 하시는 것은 자신을 계시하시는 것이라고 주장하는 것을 인정한다. 하지만 복음주의자들은 여기에 머무르지 않고 하나님은 우리에게 당신에 관한 특별한 무엇을 말씀하시는 것 또한 계시의 일부분이라고 부언한다. 그래서 이러한 **특별한 무엇**이 모여 결국 전제들이 된다는 것이다.

이러한 올바른 대처에도 불구하고, 비복음주의 비평가들에 의해 제기되는 도전들은 최근의 복음주의 사상가들로 하여금 옛 견해를 견지하는

---

43) 한 예로, John Baillie의 설명을 보라. John Baillie, *The Idea of Revelation in Recent Thought* (New York: Columbia University Press, 1956), 12.
44) John Baillie, *The Idea of Revelation in Recent Thought*, 27-40.
45) 한 예로, 다음을 보라. Millard J. Erickson, *Christian Theology* (Grand Rapids, Mich.: Baker Book House, 1983), 1:196.

것만으로는 점점 더 대처하기 어렵게 만들고 있다.

이윽고 복음주의자들 가운데에서도 이러한 신학에 최소한의 수정을 가하자는 목소리가 나오기 시작했다. 한 예로, 로날드 내쉬(Ronald Nash)는 단순히 몇몇 용어들만 현대적으로 살짝 바꾸길 선호한다. "명제적 계시"라는 용어가 아마도 복음주의자들이 만든 것은 아니라고 언급하면서, 그 용어를 계속 사용해야 할 하등의 "감상적 이유"도 없다고 말한다. 그는 "두운 공식" 대신, "복음주의자들은 특정한 계시적 행위가 인지적 특징이나 정보적 특징을 가진다고 단순히 주장해야 한다. 그렇기 때문에 이 계시된 진리는 다양한 문학적 형태로 성문화되어 성경의 곳곳에서 발견할 수 있다"고 기록한다.[46]

존 제퍼슨 데이비스(John Jefferson Davis)가 여기에 대해 더 적절하게 비판했다. 그는 많은 사람들의 의견을 대변하여, 지난 복음주의적 접근이 "신학적 작업의 사회적 상황과 모든 신학적 성찰의 역사성에 대한 적당한 설명"을 간과했다고 비판했다. 데이비스는 이 접근이 "변화하는 문화적 역사적 상황에 대응하여 교리를 적당하게 재상황화하기보다는, 오히려 성경 교리에 대한 전통적 신조를 반복하기만을 독려하는 경향이 있다"고 지적한다.[47]

간부급 복음주의 신학자들 모두는 여기에 전적으로 동의하여 이제는 자신들의 신학을 상황화해야 할 때라고 서로를 독려하고 있다.[48] 이러한 노력은 밀라드 에릭슨(Millard Erickson)이 신학을 정의하는 것에서 분명히 찾아볼 수 있다.

---

46) Ronald H. Nash, "Truth by Any Other Name," *Christianity Today* 22 (October 7, 1977): 23.
47) John Jefferson Davis, *Foundations of Evangelical Theology* (Grand Rapids, Mich.: Baker Book House, 1984), 67.
48) 한 예로, 다음을 보라. John Jefferson Davis, *Foundations of Evangelical Theology*, 60-72.

신학은 일반적인 문화 속에 놓여진, 삶의 문제들과 관련된 기독교신앙 교리를 가장 우선적으로 성경에 기초하되 현대의 말로 표현하여 **일관성 있게** 진술하려고 분투하는 것이다.[49]

리차드 게먼(Richard J. Gehman) 또한 상황화 신학을 옹호하며 다음과 같이 정의한다.

상황화 신학이란 하나님의 백성이 공동체 안에서 살면서 시간과 공간을 통해 신자들이 서로 상호 작용하는 역동적 과정이며, 성령의 조명 하에, 성경 연구를 통해 자신들에게 하신 하나님의 말씀을 자신들의 언어와 **사고 형식으로** 상황에 선포하는 것이다.[50]

하지만 다른 복음주의자들은 상황화라고 단순히 용어만 수정하는 것으로는 불충분하다고 본다. 그들은 복음주의 신학을 지키려면, 더 급진적인 수단이 필요하다고 확신했다. 한 예로, 클라크 피녹은 "전제주의 신학이 모든 것에 체계적 합리성을 부과하는 기능을 하고 있다"는 비유연성과 비역동성을 거부한다.[51] 그는 현대의 내러티브적 세계관으로부터 힌트를 얻어, 성경 이야기에서 진리를 찾기보다 교리에서 진리를 찾고자 하는 학문적 신학을 비판한다. 계시를 우선적으로 내러티브로 봄으로써, 피녹은 신학의 작업이 성경의 이야기와 그 의미를 자세히 설명하는 것이라고 본다. 따라서 신학은 그 전제들로서의 "일차적 이야기의 힘을 빌어서 비로소 그

---

49) Erickson, *Christian Theology*, 1:21.
50) Richard J. Gehman, "Guidelines in Contextualization," *East Africa Journal of Evangelical Theology* 2, no. 1 (1983): 27.
51) Clark H. Pinnock, *Tracking the Maze* (San Francisco: Harper & Row, 1990), 186.

기능을 하게 되는" 이차적 언어이다.[52]

이러한 노력이 유용하고 또한 필요한 것처럼, 단순한 상황화를 뛰어넘어야 한다는 요청은 분명히 정확하다. 좋은 의도들임에도 불구하고, 복음주의 상황가들 모두는 단순히 신적 자기증시와 성경을 동일시해버리는 명제적 계시의 관점에 사로잡혀있기 쉬우며, 따라서 성경이 어떻게 정경의 형태로 존재하게 되었는지에 대한 의문을 제기하게 된다. 우리가 제5장에서 보게 되겠지만, 그 자체만으로는 독립적으로 생존할 수 없는 것인데도 말이다.

비록 스스로가 상황화를 위한 진보적 요청을 역설함에도 불구하고, 에릭슨은 이따금씩 다소 보수적인 경향성을 보인다. 한 예로, 신정통주의가 계시를 개인적인 것으로 수정하는 것을 개탄한 후에, 자신은 지난 명제주의에서 매우 특징적이었던 불변의 보편적 명제들을 다른 말로 표현하려고 했을 뿐 수정을 가하지는 않았다고 말한다. 그는 "만약 계시가 명제적 진리들을 포함한다면, 그것은 분명히 보존될 수 있는 본질이다. 그것은 기록되었거나 **성문화**될 수 있는 것이다"라고 말한다.[53] 이렇게 선포한 후에 그는 전통적 영감론을 상술한다.

비록 속 시원하게 총체적인 답변을 제공하지는 않지만, 내러티브로의 전환은 유용한 시작 지점을 제공한다. 우리는 신학을, 적절한 당시의 상황의 방식으로 표현된 역사 속에 나타나는 하나님의 활동 내러티브로 보아야 한다. 이것이 의미하는 것은, 신학적 작업은 오직 "그 상황 속에서부터"를 올바르게 해석할 때 가능하다. 즉 신학자가 서 있는 신앙공동체라는 유리한 지점으로부터 볼 때에만 그것이 가능하다는 것이다.

---

52) Clark H. Pinnock, *Tracking the Maze*, 183-84.
53) Erickson, *Christian Theology*, 1:196.

3. 신학, 신앙 그리고 신앙공동체

비록 몇몇 단점들은 있지만 복음주의적 명제주의는 기독교 신앙의 근본적인 통찰력을 내포하고 있다. 우리의 신앙은 객관적으로 증시된 신적 계시인 진리와 결코 뗄 수 없는 불과분의 관계에 있다. 하나님은 진리인 하나님 자신을 우리에게 계시하셨다.

그러므로 복음주의적 명제주의가 계시의 인지적 차원을 인정하는 것이나 그것을 신학적으로 진술하는 것이 그리 어려운 문제는 아니다. 오히려 실제로는, 죠지 린드벡(George A. Lindbeck)이 신앙적 차원을 묘사하기 위해 사용한 "경험적 표현"보다는 신학자에 의해서 규명된 교리들이 "내면적 느낌, 태도, 혹은 존재적 지향성의 비정보적(noninformative)이며 비논변적(nondiscursive)인 상징들"을 더 잘 설명한다.[54]

더 큰 총체적 계시 속에서 인지적 차원이 어떠한 기능을 하는지에 대한 미흡한 이해가 종종 복음주의적 명제주의에서 문제가 되는 것이다. 옹호자들이 받아들이기 꺼려하는 것보다 더 큰 문제는, 복음주의 신학이 근대 시대를 통해 서구의 사고방식을 지배해왔던 개인적 인지자를 향한 지향성에 사로잡혀왔다는 것이다. 하지만 이러한 지향성은 오늘날 그 지배력이 느슨해져가기 시작했다. 그러므로 우리의 신학이 성경의 메시지를 우리의 현대 상황에 전하려면, 우리는 근대성의 외투를 벗어버리고 성경에 나오는 하나님의 백성들이 뿌리내리고 있는 더 분명한 공동체 세계관을 되찾아야만 한다.

신학적 작업을 재조명하는 것은 신앙생활에서 공동체의 역할에 대해 어떻게 이해하느냐에 그 성패가 달려있다. 하나님의 계시된 진리가 기독

---

[54] George A. Lindbeck, *The Nature of doctrine* (Philadelphia: Westminster Press, 1984), 16.

교의 정체성을 창조하는 "기초 틀"을 형성한다는 복음주의자들의 주장은 옳다. 자유주의의 어떤 지류들에서 이렇게 주장하는 경향을 보여 왔던 것처럼, 진리는 단순히 우리의 경험의 산물이 아니다. 하나님의 진리는 오히려 우리의 경험을 창조한다.[55] 하지만 이 정체성 창조의 과정은 독립선상에서 발생하는 개인주의적인 문제가 아니다. 오히려 그것은 공동체 내에서 발생하는 발전의 과정이다.

복음주의 신학자들을 제외한 타 인문학에서의 목소리들은, 자율적 개인을 향한 초점을 넘어서려는 시도를 함으로써 현대 시대에 개척자 역할을 해왔다. 다양한 학제들의 사상가들은 개인의 정체성이 사회적 구조 안에서 형성된다는 논지를 규명해왔다. 우리의 삶을 형성하며 또한 우리가 스스로를 이해하는 수많은 전통과 신앙의 복잡한 망이 있다고 그들은 이론화한다. 이들의 이론이 우리의 질문들과 대답들을 표현하는 범주와 언어를 어느 정도 제공한다. 우리의 삶과 자기이해는 이러한 계승된 망에 의해 형성된다. 믿음의 망을 우리들에게 중재하는 송신기관은 계속되는 정체성 형성 과정이 발생하는 사회적 단체 혹은 공동체이다.[56]

그러므로 새 세계관의 성패는 더 분명한 인식론의 이해에 있다. 최근의 사고는 우리가 앎의 과정을 이해하는 데 도움을 주었으며, 심지어 어떤 범위에서는 세계를 경험하는 과정까지 이해하는 데도 도움을 주었다. 그런데 이러한 것은 오직 개념적 틀, 즉 우리가 참여하는 사회적 공동체에 의해서 중재되는 틀에서만 발생할 수 있는 것이다.

---

55) 한 예로, 복음주의 신학방법론에 대한 Pinnock의 진술을 보라. Clark H. Pinnock and Delwin Brown, *Theological Crossfire: An Evangelical-Liberal Dialogue* (Grand Rapids, Mich.: Zondervan, 1990), 45. 이러한 견해는 Lindbeck에 의해서 기술되었다. Lindbeck, *The Nature of Doctrine*, 80.

56) Charles Taylor, *Sources of the Self: The Making of the Modern Identity* (Cambridge, Mass.: Harvard University Press, 1989), 25-40.

삶의 종교적 차원에 대한 이러한 이해는 다음과 같이 적용할 수 있다. 우리의 자기정체성에서 가장 근원적인 것이라고 종교가 주장하는 것은 신과 만나는 혹은 신을 경험하는 종교적 체험이다. 이러한 체험은 그것을 가능하게 하는 개념적 틀과 마찬가지로 우리가 참여하는 종교적 공동체에 의해서 상징들과 내러티브들 그리고 성경을 통해 중재된다.

그러므로 우리는 신과 인간의 만남에 있어서 개인-중심적 패러다임인 종교적 체험의 이해에만 초점을 맞추는 것을 주의해야 한다. 비록 종교적 체험이 개인 신자의 문제이긴 하지만 이 또한 그 본질적으로 협동적이다. 실제로 신적 실재와의 만남의 협동적 경험이 개인적 경험보다 우선적 의미가 있다. 성경적 전통에서 인간과 신의 만남의 목적은 하나님과 언약관계에 있는 사람들의 공동체를 구성하려는 것이다. 기독교 교회는 세례로 상징되는 그리스도 안에 있는 하나님의 구원적 활동에 대한 공적 선포를 통해 공동체에 들어간다.

개인적 신앙 형성과 공동체와의 관계에 대한 이러한 이해는 그 신학적 함의가 매우 크다. 실제로 이것은 신학의 작업에 관련한 연구에 있어서 혁명을 일으켰다. 중세 시대와 근대 시대에는 신학이 인간의 모든 지식을 관철하기 위한 기독교 신앙의 진리를 기술하려는 시도와 함께 기독교 교리의 영역을 체계적으로 연구하는 것이라는 인식이 지배적이었다. 복음주의 운동에서는 성경에서 발견되는 진리의 축적을 체계화하려는 독립된 학문의 형태로 취급했다.

오늘날 이 오랜 인식은 "실천적" 목적, 즉 기독교 공동체의 삶과 실제와 관련된 것들을 지향하는 신학적 풍토 가운데에서 설 곳을 잃어가고 있다. 이스라엘의 역사와 그리스도를 통해 현저하게 나타났던 하나님의 구원 사역의 성경 내러티브를 계속해서 이야기함을 통해, 기독교 공동체는 그 일원들의 삶에 그 중재적 기능을 완수한다. 성경 내러티브는 공동체가 자신의 세상 속에서의 경험과 공동체 스스로를 바라봄을 통해서, 개념적 틀을 건설한다. 결국 신학은 개념적 틀과 신앙 구조를 반영함으로써, 기독교 공동체의 상황 속에서 기능을 한다.

"실천"으로서의 신학에 대한 새로운 이해는 몇몇 인문과학 분야의 발전과 병행한다. 한 예로, 니클라스 루만(Niklas Luhmann)이 말하는 신학은 사회학과 접점을 갖는다. 루만에 따르면, 신학은 종교의 자기반성이며 그 종교의 정체성을 유지하는 수단이다.[57]

다른 이들 가운데 루만과 유사한 주장을 하는 사람으로는 독일 신학자 게르하르트 자우터(Gerhard Sauter)가 있다. 그는 신학의 주요 작업이란, 동시대에 신앙생활을 위한 표준을 제시함과 동시에 거기에 대한 비평적 기능을 수행하기 위해서, 교회의 신앙생활과 실천에 대해 비판적으로 성찰하는 것이라고 본다.[58] 로날드 디이만(Ronald Thiemann) 또한 같은 주장을 했는데, 그는 신학의 목적을 다음과 같이 본다.

> 공동체로 하여금 그것이 부르심을 받은 목적에 부합한 기독교 정체성을 더 잘 확립하게 하기 위하여, 기독교 신앙을 더 온전하고 더 비판적으로 이해하게 하는 것이다.[59]

최근의 주장들은 신학의 근본적인 실천적 본질을 매우 강조했다. 피터

---

57) Luhmann의 입장에 대한 간략한 기술과 함께 거기에 대한 평가를 위해서는 다음을 보라. Garrett Green, "The Sociology of Dogmatics: Niklas Luhmann's Challenge to Theology," *Journal of the American Academy of Religion* 50 (March 1982): 19-34.
58) Gerhard Sauter, *Wissenschafstheoretische Kritik der Theologie* (Munich: Christian Kaiser, 1973), 330.
59) Ronald F. Theimann, "From Twilight to Darkness: Theology and the New Pluralism," *Trinity Seminary Review* 6 (Fall 1984): 21.

슬라터(Peter Slater)는 이러한 신학자들 가운데 일치점을 발견하는데, 그것은 그들의 훈련이 "개인들 혹은 집단을 더 신실하게 해주며, 그들로 하여금 더 성실하게 사는 것을 가능하게 할 때 매우 적합한 역할을 한다"는 것이다.[60]

신학의 실천적 작업에 초점을 맞추는 것이 한 가지 암시하는 것은, 신학적 담론이 "안에서부터"의 뒤에 위치한 두 번째 순서의 학제라는 깨달음이다. 이 작업은 기독교 공동체의 신앙과 실제를 예상해보는 비판적이며 반성적인 행동이다. 결과적으로 신학자는 개인의 신앙 결의와 함께 공동체 삶에 참여할 것을 기대한다.

이러한 새로운 사고는 새로운 복음주의 패러다임을 위한 우리의 연구가 신앙공동체에서부터 시작해야 한다는 것을 제안한다. 신학을 올바로 이해하기 위해 우리는 그것을 하나님 백성의 삶이라는 상황 속에서 보아야만 한다. 기독교 공동체 안에 우리가 직접 존재하고 참여하는 것 외에는 우리가 이 작업에 착수해야 할 다른 이유는 없다. 그래서 우리의 노고는 근본적으로 비록 그것이 전부는 아닐지라도 다시금 그 공동체를 지향한다.

이러한 성찰들이 제안하는 것은, 신학이란 역사 속의 신적 행위를 통해 하나님을 만났던, 그래서 지금은 현대의 세상에서 하나님의 백성으로서 살기를 추구하는 사람들의 신앙 체험에 대한 신앙공동체의 반성이라고 볼 수 있다는 것이다. 따라서 궁극적으로 조직신학의 명제들은 그것이 섬기는 공동체의 삶과 그 정체성에서 그 자료와 목표를 찾게 된다. 그래서 테오도르 제닝스(Theodore Jennings)는 "신학적 반성은 항상 공동체와 전통 그리고 세상을 위한 반성"이라고 기록한다.[61]

---

60) Peter Slater, "Theology in the 1990s," *Toronto Journal of Theology* 6 (Fall 1990): 289.
61) Theodore W. Jennings Jr., *Introduction to Theology* (Philadelphia: Fortress, 1976), 179.

어떻게 하면 성경이 이러한 목적에 꼭 부합할 수 있을까? 두말할 것 없이 기독교 공동체는 그 자체가 언약백성이 되어야 한다. 그리고 그와 동시에 언약백성은 그 부르심에 따라 잘 살기 위해 성경을 가장 중요한 위치에 두지 않을 수 없게 된다. 하지만 실천적 훈련이라는 차원에서 볼 때 신학과 성경의 관계를 우리는 어떻게 이해해야 될까? 본서 5장에서 이 주제에 대해 충분히 논증을 하기는 하지만 여기에서 먼저 그 개요를 개략적으로나마 밝히지 않을 수 없다.

앞에서 제기된 신학과 성경의 관계에 대한 질문의 대답은 의외로 간단할 수 있다. 즉 신학과 계시의 조화와 결합이다. 우리는 그동안 신학이 계시에 의존적이고 항상 긴밀히 연결돼 있다고 보아왔다. 투레틴부터 핫지에 이르는 이른바 개신교 스콜라주의 전통을 따르는 복음주의 사상가들은 계시와 성경의 밀접한 관계를 강조한다. 그래서 그들은 신학이란 결국 성경에 계시된 명제적 진리를 체계화한 것이라고 본다. 신정통주의도 신학이 계시에 대한 성찰이라는 데에는 동의한다. 하지만 그러한 계시를 발견할 수 있는 장소에 대한 이해는 복음주의와 그 의견을 달리한다. 신정통주의 신학자들은 계시를 성경으로부터 긁어모은 명제적 진리라고 보지 않는다. 이들은 오히려 계시는 하나님이 자신을 직접 드러내신 것(자기증시, self-disclosure)들의 일부라고 본다.

우리가 앞으로 제 5장에서 논증하겠지만, 이러한 고전적인 복음주의의 입장이나 신정통주의의 입장 중 그 어느 것도 신학과 성경과의 관계 그리고 계시에 대해서 충분히 설명하지 못하고 있다. 이 두 입장 모두 계시를 받는 개별적 객체에 대한 인식이 다르기 때문에, 이들의 관계를 온전히 설명하는 데에 스스로 제약을 받는다. 계시는 개별 신앙인이 서 있는 공동체에서 발생하는 사건이다. "하나님의 계시"는 자기증시의 신적 행위이며, 이는 곧 하나님의 본질을 계시하시는 것이다. 이러한 하나님의 신적 자기증시는 과거의 역사 속에서 나타났으며, 현재적 실제(reality)이며, 역사의 끝인 종말에 궁극적으로 온전하게 드러날 것이다. 칼 바르트는 성문화된 말씀과 성육신한 말씀 사이의 의존적 관계를 잘 식별했다. 이러한 이론에 기초하여, 우리는 역사 속의 계시를 볼 때에는 창세로부터 있었던 패러다임적 사건들을 통해 하나님이 자신의 공동체를 형성하시는 과정을 유념하며 보아야 한다.

공동체의 형성은 옛 히브리 전승으로부터 나온다. 그래서 기독교 공동체는 과거에도 그랬듯이 앞으로도 계속 성경에 나오는 핵심적인 내러티브적 사건들을 통해 자신을 비추어본다. 교회는 신약성경에 그리스도 안에 나타난 하나님의 계시를 최초로 목격한 증언들을 남겼다. 이들이 신약에 남긴 초대교회의 근원적 사건들은 구약의 사고방식으로 이해한 것들이었다. 성경 문서와 각 시대를 계승하는 세대는 항상 서로 상호작용을 했다. 그래서 각 세대는 어떤 패러다임적 사건을 맞게 된다. 이들이 이 사건에 대응하는 방식이 이후 공동체들의 삶을 위한 패러다임적 계시가 된다. 성경은 하나님이 언약 공동체인 그 백성을 설립하기 위해 역사하셨다는 사실을 인지한 고대 신앙공동체가 당시의 역사적 상황에 어떻게 대응했는지를 말해주는 근원자료이다. 이러한 방식을 통해 성경은 그 역사를 통해 공동체를 위해 정경의 형성과 그것이 정경임을 알려주는 역할을 한다.

이처럼 신학은 패러다임적 사건들과 연관됨으로써 신앙공동체에게 역사적인 의미뿐 아니라, 영속적인 의미 또한 가져다준다. 현대의 신앙공동체로 하여금 인류의 구원을 위해 그리스도 안에 나타나신 하나님에 대한 메시지를 따라서 살며 또한 그것을 선포할 책임을 완수할 수 있도록 도와주는 것이 신학의 역할이다. 신학은 공동체의 신앙고백을 형성하여 그 역할을 다한다. 이러한 신앙고백은 신앙과 관련한 몇 가지 핵심적인 질문들을 포함한다. 나사렛 예수 안에 계시된 하나님에 대한 믿음을 고백하는 사람들로 이루어진 공동체는 무엇을 의미하는가? 우리는 이러한 믿음의 고백을 우리가 살고 있는 현대의 상황에 어떻게 표현할 것인가? 교회를 대신

하여 이러한 질문들을 규명하는 것이 신학의 역할이다.

이러한 목적에서, 신학은 어떤 의미에서는 린드벡이 묘사한 교회론과 비슷한 기능을 한다. 린드벡은 종교를 개념화하는 데에 자신이 사용했던 "문화-언어적" 접근을 차용함으로써, 교리를 "규범적" 기능을 제공하는 것이라고 본다.[62] 개별 신자를 위해, 신앙공동체는 삶과 사상을 형성하는 문화적 언어적 틀을 제공한다. 공동체 안에 개인들의 경험들에 녹아 있는 것을 넘어서, 공동의 현실이 그 일원들의 주관성과 경험을 형성하는 핵심적 요인이 된다. 그것은 그 일원들이 살고 경험하는 세상을 이해하기 위해서 차용하는 상징들과 개념들을 제공한다.[63] 린드벡의 논지를 조금 더 확장하면, 신학이란 공동체의 상징들과 개념들을 하나의 통합된 전체로, 즉 하나의 체계적 개념의 틀로 체계화하고 탐구하며 질서화하는 것이라고 우리는 결론내릴 수 있다.

따라서 신학은 2차적인 작업이며, 그 명제들도 2차적인 명제들이다.[64] 그들의 역사 속에서 그리스도 되신 예수와 하나님의 구원 사역에 응했던 사람들이 바로 신앙공동체이다. 그래서 신학은 문화적으로 조건화된 언어 속에서 신앙공동체의 고백과 세계관을 형성한다.

신학이 2차적 언어로 형성되었다는 주장은 신학적 선언의 존재론적 본질을 부정하려고 하는 것은 아니다. 그럼에도 불구하고 신학적 선언에 내포된 존재론적 주장은 실제(reality)를 직접적으로 묘사하는 것 대신 실제의 모델을 제공하고자 하는 신학자의 의도에 의해 발생하는 산물이다.

영속적인 의미를 갖는 신학적 선언의 존재론적 차원을 논하면서 주의해야 할 점이 있다. 비록 신학의 실천적 본질을 강조할 수는 있지만 그렇

---

62) Lindbeck, *The Nature of Doctrine*, 18.
63) Lindbeck, *The Nature of Doctrine*, 33을 보라.
64) Lindbeck, *The Nature of Doctrine*, 80을 보라.

다고 해서 신학자들이 궁극적 진리에 대한 공적 토론을 포기해야 한다는 것은 아니다. 신학의 실천적 본질을 강조한 나머지 신학의 주관성을 강조해서는 안 된다. 주관성은 앎의 주체의 주관성이지 신앙공동체의 주관성을 말하는 것이 아니다. 여기서 마이클 폴러니(Michael Polanyi)의 철학적 작품은 우리의 이해를 돕는다.[65]

폴러니는 특정한 장소와 시간이라는 사회적 환경 속에 놓여 있는 위치에 대해 우리는 아무런 책임도 없다고 주장한다. 오히려 이러한 환경은 진리를 추구하는 기회를 형성한다. 왜냐하면 비록 우리의 사상이 특정한 상황으로부터 유입되기는 하지만 그러한 상황에 제한을 받는 것은 아니기 때문이다. 더 나아가, 그는 모든 사상이 진리를 위해 분투한다고 주장한다. 그러나 진리가 개인적 의미나 사회적 의미에서 주관적일 수 없기 때문에, 이러한 진리를 위한 분투는 "보편적 의도"를 수반한다. 하지만 이러한 보편성에 대한 **관심**과 보편성에 대한 **주장**을 우리는 혼돈하지 말아야 한다고 그는 경고한다. 폴러니에게 있어서 진리는 항상 그것에 대한 우리의 이해를 초월하기 때문에, 이것은 우리로 하여금 진리를 계속 탐구할 수 있게 해준다. 왜냐하면 믿음은 우리의 신조들과 명제들이 주는 개략적인 표현들에 단지 강압적인 지향성을 포함하는 것이기 때문이다. 여기에 기초하여 폴러니는 그들 스스로가 최종 진리를 표현한다는 명제들에 초점을 맞추는 실증주의의 모든 형식들이 신앙의 축소판이라고 주장한다.

현대의 상황이 우리 복음주의자들에게 요구하는 것은, 비록 교리가 그렇게 중요하다고 할지라도, 신학을 단순히 명제적 진리의 재진술이라고는 보지 말아야 한다는 것이다. 오히려 신학은 신앙공동체를 위한 실천적 훈

---

[65] 이 주제에 대한 논증으로는 다음을 보라. Colin Grant, "Dynamic Orthodoxy: A Polanyian Direction for Theology," *Studies in Religion* 17 (Fall 1988): 412-15.

련이다. 폴러니는 이러한 상황이 진리에 대한 신학의 탐구를 금지할 필요는 없다고 주장한다. 오히려 그 반대로, 우리는 신앙공동체에 참여함으로써 특정한 개념적 틀에 가장 근원적인 결의를 제공한다. 왜냐하면 신앙은 개념적 틀과 밀접하기 때문에, 우리는 신앙공동체에 참여함을 통해 진리를 표방하기 때문이다. 비록 그러한 표방이 대단히 함축적일지라도 말이다. 신앙은 공동체의 구성원들이 와서 깨닫고 체험했던 신적 실재와 진리이다. 그래서 신앙공동체의 개념적 틀은 그 본질적 특성으로 인해, 어떠한 양식으로든 세상에 그들의 신앙과 진리를 전해야 할 것을 촉구한다.

그러므로 그것이 한 신앙공동체의 개념적 틀을 구현할 때까지, 신학은 진리를 위한 탐구에 착수할 필요가 있다. 신학의 목적은 우리가 세상에서 경험을 통해 알게 되는 지식들로도 납득할 만한 기독교 세계관을 제공하는 것이다. 이렇게 함으로써 신학은 인간 지식에 대한 다른 학문들과 대화가 가능하게 된다. 이러한 목적에서 신학은 그 가운데 역사하시는 하나님의 실재를 이해하기 위해 먼저 인간과 세상을 이해하고자 한다. 그렇게 함으로써 신학은 하나님을 온전히 조명하여 세상을 향한 하나님의 뜻을 완수하고자 한다.[66]

그러므로 신학적 작업은 실천적인 측면과 본질적인 측면이 서로 첨예하게 대립된 경쟁적인 것이 아니다. 오히려 이 둘은 서로 상관관계를 갖는 전체를 형성한다. 결국 신학 작업에 있어서 "느낌"을 강조했던 델윈 브라운의 결론은 아무리 찬사해도 지나치지 않을 것이다.

기독교인들과 다른 종교를 믿는 종교인들은 우리가 흔히 느껴진 의미

---

[66] Douglas F. Ottiti, "Christian Theology and Other Disciplines," *Journal of Religion* 64 (April 1984): 182.

라고 부르는 세상에서 산다. 즉 우리의 전통들은 우리가 함께 살아가는 협동적인 삶과 개인적인 삶에서 주로 느껴진 차원들을 통해 우리를 창조하고 유지하며 변형시킨다. 우리는 예배를 통해 다른 이들과 공통된 감성을 가지며, 정경에 대해 같은 느낌을 갖고, 공유된 신앙적 행위와 양식에 같은 느낌을 갖는다. 신학적 체계는 이러한 느껴진 세상의 의미를 반성함을 통해 일관적으로 개념화하여 묘사하려고 시도한다. 그래서 각 종교는 그에 상응하는 느껴지는 것을 가지기 때문에, 우리가 그들을 신학적으로 묘사할 때도 우리가 그들과 심적으로 나름대로 통하는 것이 있는 것이다. 결국 우리가 세상에 대해 과학적, 역사적, 미학적으로 말하는 것 등과 그들의 그것들을 계속적으로 연결해야만 하는 것처럼 말이다.[67]

비록 그가 잘 알려지지 않았을지는 모르지만, 제임스 맥클렌돈(James McClendon)은 신학을 올바르게 정의하고 있다.

신학은 회심 공동체의 신념들을 발견하고 이해하며 변형시키는 것이다. 그리고 이러한 신학은 각 신념들 서로의 관계와 **다른 모든 것들** 간의 관계를 발견하며 그것을 비판적으로 재조명하는 것을 포함한다.[68]

---

67) Pinnock and Brown, *Theological Crossfire*, 161.
68) James William McClendon, *Ethics*, vol. 1 of *Systematic Theology* (Nashville: Abingdon, 1986), 23.

4. 신학의 본질

신학의 신앙공동체와의 연결성에 대한 기술을 염두하면서, 우리는 이제 신학 자체의 본질을 더 분명하고 체계적으로 기술해야 할 위치에 서게 되었다. 이러한 논증의 목적은 우리가 신학을 어떻게 이해해야 하는지와 관련한 몇몇 전형적인 질문들을 소개함과 동시에 우리가 신학을 볼 때에 몇몇 특정한 개념들과 관련해서 본다는 것을 제시하는 것이다.

이러한 탐구에는 신앙과 비교하여 신학을 우리가 어떻게 이해해야 하느냐의 문제가 가장 핵심적이다. 비록 밀접하게 관련되었지만 신학과 개인 신앙은 어떤 의미에서는 매우 다르다고 할 수 있다. 신앙은 본질적으로 즉각적이다. 기독교 신앙은 인간이 예수 안에 있는 신적 계시에 대한 신앙공동체의 증언에 의해 중재된 그리스도 안에 있는 하나님의 인격을 만남을 통해 생긴다. 그러므로 신앙은 하나님의 부르심에 대한 개인적 응답이며, 이러한 응답은 우리가 신앙공동체에 참여하는 것을 포함한다.

신앙의 응답은 한 개인 존재의 모든 측면으로까지 확장되는 이른바 모든 것을 포함하는 것이다. 그것은 지성적 측면을 포함하는데, 이는 신앙 안에서 우리가 실재와 관련한 특정한 교리들을 받아들이며, 그로 인해 우리가 세상을 특정한 방식으로 바라보기 때문이다. 신앙은 의지적 측면을 포함하는데, 이는 예수 그리스도 안에 계시된 하나님에게 우리 스스로를 헌신한다는 결의를 수반하며, 결국 어떤 의미에서는 예수의 제자들의 공동체에 대한 결의를 수반하기 때문이다.

반대로 신학은 신앙공동체의 신앙에 대한 지성적 반성이다. 그것은 신앙을 조명하고 이해하기 위해서 토론과 반성을 통해 신앙에 접근하려고 시도한다. 따라서 신학자들의 질문의 초점은 신앙에 맞추어져 있다. 어떤 신학적 진술에 우리가 찬성하는가? 즉 실재의 본질을 올바르게 반영하기 위해서 어떤 명제들을 받아들일 것인가? 개인적 결의의 본질은 무엇이며, 자신을 헌신한다는 것은 무엇을 의미하는가? 우리가 누구에게 헌신해야 하며 우리 신앙의 목적은 무엇인가? 다시 말해서, 신학은 신앙에 대한 반성이다. 그래서 신학은 신앙의 특별한 지성적 측면을 독립시키는 것과 이것을 통해 이러한 지성적 측면을 기술하고 규명하며 발전시키는 것을 추구한다.

신앙과 신학을 구별하는 것은 신학이 2차적 작업이라는 것을 방증한다. 기독교인들이 신앙의 실재에 대해서 반성하려고 추구할 때, 신학보다는 신앙 그 자체에 먼저 관심을 갖는다.

신앙과 신학의 관계에서 우리가 주의해야 할 것은 신학을 종교적 신앙의 체계에 대한 연구인 종교학이라고 알려진 지성적 학제와 혼돈해서는 안 된다는 것이다. 연구 주제에 접근함에 있어서, 종교학의 연구자들은 가능한 한 객관적으로 관찰하고 공정하게 연구하려고 노력한다. 종교학자들은 연구에 있어서 자신의 개인적 신앙 체계에 대한 고수를 배제하려고 "밖으로부터" 연구하는 것을 추구한다. 하지만 신학은 공정한 연구와 객관적 관찰을 전혀 배제하지는 않는 한편, 밖으로부터가 아닌 신앙공동체의 상황 "속에서" 신앙에 대한 반성을 추구한다. 연구를 위한 관찰은 신앙인의 입장에서 신앙공동체 안에서부터 수행된다. 신학은 동정적이고 헌신된 관점으로 신앙의 내용과 본질을 표현한다. 따라서 종교학자들과는 달리 신학자들은 자신들의 신앙결의나 신앙공동체로부터 자신들을 분리하고자 하지 않는다. 오히려 그들은 자신들이 서 있는 신앙적 전통을 향한 동정적 태도로 연구를 시작한다.

따라서 신앙이 바로 신학과 종교학의 차이에 대한 열쇠이다. 그 누구든 이론적으로 후자에 착수할 수 있는 반면, 신학적 작업은 신앙을 가진 사람들만 할 수 있다. 누구든 불교나 기독교를 연구할 수 있다. 하지만 그 누구도 불교인이 되지 않고서는 불교 신학자가 될 수 없으며, 기독교 전통에 참여하지 않고서 기독교 신학자라고 주장할 수는 없다. 기독교 신학은 실재에 대한 기독교만의 이해를 기술하려고 한다. 바로 예수를 통해서 계시된 하나님에 대한 믿음의 눈을 통해서 세상을 바라보는 이해를 기술하려고 한다.

신학이 우리 주변의 모든 것을 그 신학적 실재의 대상으로 하며, 신앙적 관점으로 실재를 묘사하려고 하지만 그 어떠한 신학적 체계도 그 실재를 온전하게 설명하지는 못한다. 하나님과 인간 그리고 세상 전체를 그 대상으로 하는 연구하는 실재는 인간의 지성으로 결코 온전히 파악할 수 없는 것이다. 그러므로 모든 신학적 구조는 한계를 가질 수밖에 없다. 그래도 인간의 마음은 실재와 관련한 무엇인가를 파악할 것이다. 신학은 모델들을 이용함으로써 이러한 작업을 가능하게 하려고 한다.

신학적 작업에 있어서 모델의 역할은 중요하다. 그런데 현대의 철학 학문에서 찾을 수 있는 복제모델과 유사모델 사이의 차이를 구분하는 것이 더 중요하다. 복제모델이 모형 실재를 더 작고 더 쉽게 볼 수 있는 크기로 복제하려고 노력하는 반면, 유사모델은 실재의 모형의 구조적 관계를 파악하려고 한다. 신학에 의해 건설된 모델의 구조는 전자보다는 후자의 형태이다.[69] 신학적 체계는 실재에 대한 "축적모델"을 제공하지는 않는다. 실재에 대한 진술은 "한마디"로 끝나는 단순한 것이 아니다. 오히려 그것은 신비롭고 심지어는 형언할 수 없는 문제들에 대해서 하나의 유사 형식으로 말함으로써 실재에 대한 어느 정도의 이해를 불러일으키려고 하는 것이다.

---

69) 신학의 유사적(analogous) 본질에 대한 짧은 논증을 위해서는 다음을 보라. Davis, *Foundations of Evangelical Theology*, 48-50.

그 어떤 신학적 체계도 하나님과 인간과 세상의 본질에 대하여 정확한 축자 재생의 축적모델일 수 없다. 그럼에도 불구하고 어떤 조직신학은 다른 것들에 비해 보다 더 유용할 수는 있다. 단 그것이 인간의 정신이 실재에 관련된 진리를 붙잡는 데 도움을 주기 위해 설계된 유사모델이라는 데에 한해서만 말이다. 기독교 신학은 창조와 역사를 위한 나사렛 예수의 중요성에 초점을 맞춤으로써 세상에 관해 말하려는 하나의 시도이다. 기독교 신학은 기독교 공동체가 모든 이가 예수 그리스도를 구주로 믿고 살아야 한다고 선포하는 것을 도와주는 것을 목적으로 한다. 이러한 목적에서 기독교 신학은 예수 안에 계시된 하나님에 대한 결의라는 관점에서 바라본 실재에 대한 하나의 최적의 유사모델을 그린다.

물론 우리의 신학이 "기독교적"이라는 데에는 전혀 부끄러움이 없다. 오히려 우리의 신학은 항상 "기독교적"이어야 한다. 따라서 우리의 신학적 모델은 언제나 "정통"에 머물러 있어야 한다. 그것은 하나님의 백성들의 신앙 중심에 항상 자리 잡고 있었던 하나님 보호 아래에 있는 세상에 대한 비전을 내포한다. 이러한 의미에서 신학은 성경에 의해 그리고 교회의 신학적 전승에 의해 알려진 실제에 대한 개념적 모델의 기술로서의 "거꾸로 추론해 나가기"로 보여 질 수도 있다.

그와 동시에 최근 많은 복음주의 신학자들이 지적해왔던 것처럼, 신학은 항상 상황의 학문이 되어야 한다. 단순히 신앙을 확장하고, 수정하고, 수호하고, 고정된 정통성을 영구적으로 전수할 수도 있다. 하지만 여기에 머물러서는 안 된다. 신학자들은 우리의 신앙결의의 핵심이며 우리의 신앙을 지도해주시는 그분의 실재를 신앙공동체에게 말하며, 신앙의 공동체 안으로부터 세상에 말함으로써, 특정한 역사적 문화적 상황에 그리고 그러한 상황을 위해 신앙생활이 무엇인지를 묘사하고자한다. 이러한 이유에서 우리의 신학에 차용하는 범주들은 필수적으로 문화적이며 역사적인 상황의 제약을 받고 있다. 그래서 신학자들로서 우리들은 모두 "시대에 속한 자녀들"임과 동시에 시대와 소통해야 하는 하나님의 자녀들이다.

신앙공동체는 역사 속에서 살아가는 신실한 사람들이어야 한다. 그렇기 때문에 하나님의 백성들은 자신들의 신앙결의에 대한 충성과 자신들이 살고 있는 문화 사이에 창조적인 긴장을 경험한다. 하지만 이러한 문화적 상황은 시대와 장소에 따라 끊임없이 변화한다. 신학은 이처럼 변화하는 다양한 인간의 사상과 삶의 조류에 하나님의 말씀을 적용하고자 하는 교회를 돕는 것이 그 목적이다. 따라서 신학자의 작업은 결코 그 끝이 없다. 신학은 항상 **도상에**(in transitu) 있으며, 신학자는 순례하는 사람들을 대신해서 일하는 순례하는 사상가이다.[70]

상황적 학문으로서의 신학은 "중재자"의 기능을 행한다. 기독교 전통 내에서의 유리한 지점에 자리 잡고 있으면서, 신학자들은 교회가 "예수님은 주님이시다"라는 신앙적 확언을 현대의 상황 속에 가져다 놓는 것을 도우려고 노력한다. 신학은 이러한 확언을 공동체 문화의 사상체로 기술한다. 신학은 역사 속에서 각 사회와 장소에 살고 있는 기독교인들에게 삶의 함의와 타당성 그리고 그것을 삶에 어떻게 적용해야 하는지를 보여준다. 비록 그리스도를 통한 하나님에 대한 근본적인 기독교 신앙결의는 변하지 않지만, 이러한 결의를 적용해야 할 세상은 유동적이다. 신학자들은 하나님의 백성들이 그들의 신앙을 기술하고 그들이 살고 있는 세상에 그것을 적용하도록 도와줌으로써 각 세대와 각 문화적 상황 속에서 교회를 섬긴다.

이러한 이해는 기독교 신학자들인 우리들에게 직면한 몇 가지 위험들을 지적한다.

---

70) 한 예로, 다음을 보라. Daniel B. Stevick, *Beyond Fundamentalism* (Richmond, Va.: John Knox Press, 1964), 69.

첫째, 진정한 신앙 결의를 개인적 신학화로 대체해버리고자 하는 유혹이다. 한 예로, 우리는 살아계신 그리스도에 대한 결의를 그리스도에 관련한 교리들로 쉽게 대체해버린다. 마찬가지로 우리가 참여하고 있는 하나님의 사람들과의 예배를 통해 하나님을 확신하는 것 대신에, 신학적 체계를 발전시킬 수 있는 우리의 능력에 너무 확신을 두고 있는 위험을 우리는 초래하고 있다. 이와 관련된 유혹은 신학으로부터 멀어져 종교학으로 가려는 것이다. 우리는 신학자들로서 학문에 있어서 대단히 객관적이게 될 수 있지만, 우리의 사명의 핵심인 그리스도에 대한 우리의 개인적 신앙 결의로부터 보는 관점은 잃어버리게 된다. 이러한 방식으로, 우리는 먹잇감이 되어 기독교를 실제로 다른 많은 종교들 중 하나로 그 지위를 떨어뜨리는 것이다.

둘째, 기독교 신학자들로서 우리는 실재 자체와 실재의 특정한 모델을 혼동하는, 혹은 하나의 신학적 체계와 진리 자체를 혼동하는 위험을 초래하고 있다. 비록 모든 특정 신조를 따르는 사람들 가운데 존재하긴 하지만 특정한 신학적 구조에 대한 이러한 "정경화"는 특별히 보수주의 사상가들 가운데에서 크게 문제가 되었다. 왜냐하면 우리는 과거나 현재의 특정한 신학자를 "교회의 박사" 지위에 올려놓는 경향이 있기 때문이다. 모든 체계들은 비록 그것이 성경에서 유추한 것이며 신학사의 큰 이정표 역할을 했다 할지라도, 단지 실재에 대한 모델들이기 때문에 우리는 그러한 모든 체계들의 불완전성과 임시성을 자각하는 한편, 다른 모델들에 대해서도 개방적인 태도를 유지해야만 한다. 그것이 아무리 뛰어나다 할지라도 신학은 인간이 이룬 작업이다. 교회를 위한 유용한 작업인 것은 분명하지만 그래도 여전히 신학은 인간의 작품일 뿐이다.

셋째, 기독교 신학자들로서 우리는 우리의 작업이 신학적 체계의 확립과 함께 끝나는 것이라고 유혹받는다. 비록 그것이 대단히 중요한 것이기는 하지만 사실은 "체계"를 고안하는 것이 우리의 궁극적 목표는 아니다. 오히려 우리 신학자들은 세상에 속해 있는 각 신자와 신앙공동체를 섬기기 위해서 신앙을 상술하는 작업에 착수한다. 우리의 신학적 반성은 기독교인의 삶에 변화를 만들어야만 한다. 교리적 표현은 기독교 결의를 따라 사는 방식을 규명하는 데 도움을 주고자 설계된 것이다. 마찬가지로 그것은 모든 기독교인들로 하여금 그들의 결의에 일치하는 삶을 살도록 동기부여를 해야 한다.

다시 말해 우리의 신학은 윤리로까지 넘쳐나야 한다. 언제든 신학이 이것에 미치지 못하고 멈춰버리면, 그것은 그 부르심의 목적에 순종하기를 실패한 것이다.

마이클 골드버그(Michael Goldberg)가 어거스틴의 이야기를 설명하면서 내린 결론은 옳다.

> 비록 한 명제적 신학이 중요한 자리를 차지할 수 있을지 모른다. 하지만 그 자리는 그 자체가 삶에 의해 제한된다. 그 신학의 명제들이 삶으로부터 이끌어내고 추출한 것이기 때문에, 결국에는, 그 명제들도 다시 삶으로 향해야 한다. 즉 명제가 신학적으로 중요한 것이 되기 위해서는 삶을 위한 중요한 의미를 가져야만 한다.[71]

마찬가지로 우리는 신학적 기술이 존재론적 의도보다는 실천적 의도가 더 중요하다는 것을 확인하기 위해서 린드벡의 글을 모두 참조할 필요는 없을 것이다.

---

71) Michael Goldberg, *Theology and Narrative* (Nashville: Abingdon, 1982), 95.

주요한 초점은 하나님의 존재 그 **자체에 두는 것이 아니다**. 왜냐하면 본문이 그에 관해서 기록된 것이 아니기 때문이다. 오히려 주요한 초점은, 어떻게 삶을 살아야 하는지 그리고, **이스라엘 이야기와 예수님의 이야기에 그려진 것처럼, 대리인으로서 하나님의 성품에 비추어 현실을 어떻게 설명해야 하는가에 있다**.[72]

재조명된 복음주의 신학은 실재의 모델을 구성하기 위해 신앙공동체의 신앙 결의에 대한 반성을 추구한다. 이러한 모델은 결국 우리가 하나님의 백성으로 부르심을 받은 사회적-역사적 상황 속에서 윤리적인 삶으로 전환되는 진정한 복음주의 영성을 양성하는 것을 목표한다.

하지만 어떠한 원리들이 그러한 재조명된 복음주의 신학을 위한 자료들을 형성하는가? 이 질문이 이제 우리의 관심을 새로운 곳으로 안내한다.

---

72) Lindbeck, *The Nature of Doctrine*, 121.

Revisioning Evangelical Theology

제4장

신학의 자료 재조명

21세기의 후기근본주의적 복음주의 신학은 신학적 작업을 함에 있어서 명제론적 접근을 취하는 경향이 있었다. 신학의 작업이 내포하는 것은 분명 성경으로부터 유추된 하나의 교리적 체계를 발견하는 것이다. 이 접근은 신학자들에게 하나의 큰 공헌을 하는 것이라고 생각하게 만든다. 하나님이 인류에게 진리를 중시하셨다는 고집스러운 확신하에 말이다.

본서에서 논증하는 재조명된 복음주의 신학은 이러한 신학적 작업을 다소 난해한 방법이라고 본다. 본서에서 말하는 신학은 신앙공동체의 신앙 결의의 반영을 포함한다. 이 신학은 성경 메시지와 신앙공동체의 역사적 입장을 지키는 실재의 모델을 건설하려는 것을 목적으로 한다. 때문에 이러한 신학은 진정한 복음주의 영성을 조성할 수 있으며, 우리가 하나님의 백성으로 부르심을 받은 사회-역사적 상황에서 윤리적으로 살게 된다.

복음주의 신학자들은 어떠한 통일된 교리 체계가 성경의 각 장에서 목록화 되고 체계화되기를 기다린다는 생각을 버려야 한다. 다시 말해서, 오직 유일한 진리로서의 신적 중시를 성경으로부터 발견하는 것이 자신들이해야 할 신학적 작업이라는 생각을 버려야 한다. 물론 교리의 체계화가 우리에게 있어서 중요한 작업임은 분명하지만 성경이 오직 하나의 진정한 체계만을 말한다는 것을 증명하려는 것은 신학적 작업이 아니라 교조주의적 작업이다. 성경은 교리적 체계보다 더 실천적인 의도를 가지고 있다.

우리는 여기서 본질과 신학적 작업에 대한 기존의 이해를 뛰어 넘자고 제안한다. 하지만 이러한 제안이 교회와 신학자들을 위한 성경의 역할을 격감시켜야 한다고 섣불리 결론 내려서는 안 될 것이다. 오히려 그와는 대조적으로, 우리는 복음주의 신학을 재조명함에 있어서 성경이 신앙공동체에게 최고의 권위를 가지는 책이라고 하는 역사 속의 복음주의적 주장들을 총체적으로 고려해야만 한다. 새로운 신학적 패러다임은 성경의 권위의 본질에 대해서 재조명할 것을 요구한다. 성경에 대해서는 5장에서 자세히 그리고 온전하게 다룰 것이다. 5장에서는 성경이 신앙공동체의 세계관 형성을 위한 인지적 틀인 상징, 이야기, 교훈 그리고 교리를 제공하는 최고의 권위를 지닌 자료라고 결론내릴 것이다. 그렇기 때문에 신학은 신앙공동체에게 체계적이고 지성적인 세계관을 공급하며, 주어진 역사적-문화적 상황 속에서 교회에게 상징적 개념들을 제공하며 무엇이 중요한지를 강조해주어야 한다.

이와 같은 신학의 과제는 세 가지 질문이 그 뒤를 따르게 된다.

첫째, 신학자들이 그 과제에 사용하는 자료들은 무엇인가?

둘째, 신학에서 성경의 권위는 무엇이며 어떠한 역할을 하는가?

셋째, 현대의 시대적 요구를 충족시킬 수 있는 복음주의 신학의 통합적 모티프는 무엇인가?

이번 장에서는 이 질문들 중 첫째인 신학을 위한 자료들에 대해 다룬다. 성경의 권위는 제5장의 제목이다. 그리고 신학적 모티프에 대해서는 6장에서 탐구할 것이다.

1. 복음주의 신학을 위한 전통적 자료

신학적 작업이 단순히 신앙에 대한 지성적 성찰에만 그 초점을 맞춘다면, 그 자체로부터는 **아무것도 도출해내지 못할 것이다**(sui generis). 신앙에만 초점을 맞춘다면 신학자는 자료들의 도움 없이 이 작업에 착수하게 되는 것이다. 복음주의 신학자는 특정한 표준적 자료를 인정한다. 표준적 자료는 신학자가 신학적 사명을 수행하는 데에 중요한 기능을 한다.

전통적으로 복음주의자들은 자의식적으로 오직 하나의 기초 즉 성경에만 근거해서 조직신학을 정립하려고 노력해왔다. 이 접근은 당연히, 우리가 복음주의 운동의 첫 형성 단계를 형성하는 시기라고 보는 종교개혁 때 만들어졌던 필수적 발견에 대한 복음주의적 이해와 상응한다. 우리 복음주의자들은 *sola scriptura*(오직 성경)를 16세기 종교개혁의 가장 핵심적인 진보라고 보기 때문에 우리는 이 원리를 우리의 신학방법에서 가장 근원적인 것으로 본다.

오직 성경(*sola scriptura*)에 대한 강조는 중세 신학의 방법론적 오류를 바로잡고자 시도했던 종교개혁자들의 작업이었다. 로마가톨릭 교회의 신학자들은 교리 혹은 교의를 바로잡기 위한 두 가지 주요한 자료로 관심을 옮겼다. 이 둘을 합해서 진리의 이중 자료를 구성했다. 물론 그 첫째는 성경이었다. 더 자세하게 말하면, 교회에 의해 정경화된 그리고 교회의 가르치는 직분으로서의 교도권(*magisterium*)에 의해 해석된 성경이었다. 두 번째 진리의 샘은 교회를 통해서 내려온 혹은 교회에 의해서 확장된 중세 이론가들의 사상적 계보를 잇는 사도적 전승이었다.

종교개혁자들은 신학적 진리를 위한 이중 자료를 단호히 거부했다. 마틴 루터는 *sola scriptura*(오직 성경)에 초점을 맞춘 더 간소화된 접근에 착수했다. 이 슬로건을 통해서 그는 전통과 함께 성경이 자료가 되는 것이 아니라, 오직 성경만이 신학을 위한 1차 자료라고 주장했다. 후에 칼빈주의자들은, 특별히 영국 청교도들은 루터의 입장을 한층 더 개선했다. 한 예로 웨스트민스터 신앙고백은 성경관에 대한 적절한 이야기를 기술하려는 청교도의 노력의 정점을 형성한다. 이 신앙고백은 교회에서 권위는 두 원리, 즉 성경과 성령의 연합 사역이라고 선언한다.[1] 따라서 청교도들은 루터의 공리 *sola scriptura* (오직 성경)가 성경을 통한 성령의 말씀이 교리의 원천을 의미한다고 이해했다.

최근 몇몇 복음주의 사상가들은 종교개혁의 신학적 유산을 확장하고자 시도해왔다. 그들의 목표는 오직 성경(*sola scriptura*)이라는 전통적 결의를 토대로 신학을 상황화하는 데에 특별한 관심이 있었다. 하지만 상황화에 대한 결의는 오직 성경에만 기초한 진리를 설립하고자했던 지난 복음주의적 결의에 반대하는 것을 암시한다. 이 신학자들은 더 이상 성경만이 유일한 완전한 신학적 규범이며 표준적 자료라고 볼 수는 없었다. 그래서 그들은 성경에만 초점을 맞출 수는 없었다.

대신 상황화의 과정은 두 기둥의 사이의 어딘가로 이동해야 할 것은 요청한다. 여기서 두 기둥이란 진리의 원천으로서의 "성경"과 신학자들이 성경적 진리를 표현하는 것을 통한 범주적 자료로서의 "문화"를 말한다. 물론 성경은 여전히 신학적 진술을 위한 1차 자료와 규범으로 남는다. 그럼에도 불구하고 성경의 영원한 진리는 동시대의 사람들에게 이해 가능한 언어로 설명되어야 한다. 즉 상황화가 필요하다. 그래서 이러한 상황화는 신학자들로 하여금 신학화가 발생하는 그 문화의 사고 형식과 사고방식에 조심스럽게 착수할 것을 요구한다.

---

1) *Creeds of the Churches: A Reader in Christian Doctrine from the bible to the Present*, ed. John H. Leith, 3rd ed. (Atlanta: John Knox Press, 1982), 196에 있는 웨스트민스터신앙고백 1.10을 보라.

물론 신학적 작업의 완수에 있어서 성경과 문화 둘 모두가 필수적이라는 호소는 비단 복음주의적 방법론에만 해당되는 것은 아니다. 아마도 이 접근을 20세기에 들어 가장 천재적으로 설명한 사람은 상관관계법(method of correlation)으로 잘 알려진 폴 틸리히(Paul Tillich)일 것이다. 틸리히의 접근은 철학에서 제기된 존재론적 질문에 초점을 맞추고 그에 대한 대답은 신학으로부터 착수한다.

인간 존재에 대한 면밀한 성찰을 통해 이 신학자는 오늘날 인간들이 맞닥뜨리는 중대한 질문들을 제기하기 위해 철학을 사용한다. 그리고 인간 존재의 의미에 관한 질문에 대한 답을 진술하기 위해 신적 계시의 개념을 차용한다. 이것은 철학이 찾을 수는 있지만 대답할 수는 없는 것이다. 그러므로 틸리히에 따르면, 신학자의 모든 작업은 질문을 가져다가 비판적 상관관계(correlation)로 답을 하는 것이다.[2] 신학이 제공하는 답들은 계시로부터 추출한 것이어야만 한다. 하지만 그들은 인간의 존재적 관심에 설명해주는 하나의 대답의 형태여야 한다. 결국 이 신학자의 목표는 계시에 대한 대답을 상술하는 것이다. 한편으로는 고유한 기독교 메시지에 신실함을 유지하면서도, 다른 한편으로는 현대의 세상적 사고방식에서 질문하는 것들에 관심을 갖고 있으면서 말이다.

최근, 심지어 복음주의자들 사이에서도, 또 다른 방법론이 각광 받고 있다.[3] 이 접근은 종종 웨슬리안 사변형(Wesleyan Quadrilateral)이라고 불린다. 왜냐하면, 그것의 기원을 존 웨슬리에게서 찾고자 주장하기 때문이다.[4] 이 이론의 지지자들은 신학이 네 자료에 호소해야 한다고 선언한다.

---

2) Paul Tillich, *Systematic Theology*, 3 vols. (Chicago: University of Chicago Press, 1951), 1:64.
3) Clark H. Pinnock, *Tracking the Maze* (San Francisco: Harper & Row, 1990), 170-81.
4) 존 웨슬리의 사상에서 웨슬리안 사변형이 그 기원을 갖는다는 것에 대해서 Ted A. Camp-

그것은 성경, 이성, 경험 그리고 전통이다. 여기서 성경은 성경을 올바르게 주석하는 것을 포함하며, 이성은 과학과 인간의 사변을 찾으려는 것을 의미하고, 경험은 개인의 삶을 통한 하나님과의 만남의 체험을 말하며, 전통이란 교회의 전 역사를 통해 전승된 가르침을 말한다.[5]

최근 이 웨슬리적 관점에 관심을 돌린 한 복음주의자 클라크 피녹은 이 네 가지 자료의 특징을 "[계시의] 기록된 양식, 기억하는 공동체, 주관적 적용의 과정, 그리고 내적 일관성에 대한 시험"이라고 설명한다.[6] 여기에서 "기록된 양식"은 성경을 말하며, "기억하는 공동체"는 전통을 말하고, "주관적 적용의 과정"은 경험을 말하며, "내적 일관성에 대한 시험"은 이성을 말하는 것이다. 피녹은 이러한 자료들을 하나씩 다룸에 있어서 반드시 "하나님의 계시에 대한 다른 세 가지 방법들과 창조적 긴장"을 항상 유지하면서 착수해야 한다고 경고한다. 이 네 가지는 각각 필수적이기 때문이다. 그러므로 그 어느 하나의 자료도 다른 것을 제외하고 강조되어서는 안 된다.[7]

비록 네 가지 모두 유용하다고 단언할 지라도, 웨슬리안 신학자들은 사변형의 원리들 중 어느 하나를 다른 것들에 비해서 더 높이 평가하는 경향이 있다. 한 예로, 종교개혁 전통을 고수하고자 하는 노력의 일환으로, 보수적인 혹은 복음주의적인 웨슬리안들은 성경을 다른 자료들 위에 위치한 "규정하는 규범" 자료라고 호소한다.[8] 반면, 자유주의 웨슬리안들은 경험

---

bell은 반대한다. Ted A. Campbell, "The 'Wesleyan Quadrilateral': The Story of a Modern Methodist Myth," *Methodist History* 29 (January 1991): 87-95.
5) 사변형에 대한 상세한 설명으로는 다음을 보라. Donald A. D. Thorsen, *The Wesleyan Quadrilateral* (Grand Rapids, Mich.: Zondervan, 1990).
6) Pinnock, *Tracking the Maze*, 171.
7) Pinnock, *Tracking the Maze*, 179.
8) Donald W. Dayton, "The Use of Scripture in the Wesleyan Tradition," in *The Use of the Bible in Theology: Evangelical Options*, ed. Robert K. Johnston (Atlanta: John Knox Press,

이나 이성을 더 높은 규범이라고 본다.

이 웨슬리안 사변형에 문제점이 전혀 없는 것은 아니다. 아마도 가장 큰 난제는 경험에 호소하는 점일 것이다. 이들은 다른 것들로부터 구분된 신학적 규범을 확립하는 데에 있어서 경험에 호소하는 경향이 강하다. 하지만 그것이 그 어떠한 형태가 되었든 간에, 경험이 신학적 규범을 위한 방법론이라고 하는 것에 대한 비판의 목소리는 이미 폴 틸리히가 지적한 바 있다. 그는 "경험은 신학의 자료가 아니라 오히려 신학의 자료를 받아들이는 매체다"라는 유명한 말을 남기며, 경험의 신학적 규범 문제에 대해 올바르게 지적한다.[9]

틸리히와 마찬가지로 경험이 신학을 위한 구별된 자료라고 주장하는 것에 반대하는 몇몇 학자들이 있다. 이들은 "경험이 신학의 자료라기보다는 오히려 신학적 작업의 주 관심사로 보여진다"고 주장한다. 신학은 신앙에 대한 성찰이다. 삶에 의미를 전달해 주는 행동으로서 그 자체가 본질적으로 경험적이라는 것이다. 해석적 틀을 건설하기 위해서 혹은 우리의 경험을 이해하고 체계화하는 것을 돕기 위한 기준을 건설하기 위해서, 신학자들은 적절한 신학적 자료들을 사용한다. 그렇기 때문에 신학은 어떤 의미에서는 기독교인의 경험에 대한 비판적 성찰이다. 왜냐하면, 신학은 신앙의 경험을 특별한 기독교 범주에 따라서 설명하고 묘사하고자 하기 때문이다.[10]

이러한 성찰에서 한 걸음 더 나아가서 우리는 이렇게 생각해볼 수 있다.

1985), 135.
9) Paul Tillich, *Systematic Theology* (Chicago: University of Chicago Press, 1951), 1:42.
10) 기독교 신앙에 대한 설명을 제공하는 것으로서의 신학에 대한 긴 논증으로는 다음을 보라. Gerhard Ebeling, *Dogmatik des christlichen Glaubens* (Tübingen: J.C.B. Mohr[Paul Siebeck], 1982).

우리는 해석 불가능한 경험을 결코 겪지 않기 때문에 경험을 구분된 자료라고 볼 수는 없다. 경험은 해석적 틀이나 세계관의 기준에 의해 항상 정제되어 우리들에게 도달한다. 말 그대로 "순전한 경험"이라는 것은 그 어디에도 없기 때문에 해석적 틀에 의해 경험의 수용이 가능하게 된다. 이러한 의미에서 경험은 그것의 수용을 가능하게 하는 세계관으로부터 구분된 혹은 독립된 신학적 자료가 될 수 없다.

현대 사상가들은 경험의 칭송에 대한 이러한 비판적 견해에 대해 점점 더 많은 이들이 동의하는 추세이다.[11] 한 예로, 프란시스 슈슬러 피오렌자(Francis Schüssler Fiorenza)에 따르면, 경험은 주로 문화적 역사의 상황 속에서 발생하는 해석의 활동이며, 따라서 문화적 전통에 단단히 틀어박혀 있다.[12] 또한 죠지 린드벡은 언어와 상징은 경험을 위한 필수적 전제조건이며, 따라서 신앙은 경험의 표현이 아니라 신앙이 경험을 생산하는 것이라고 주장한다. 이는 유용한 신학적 제안이 현재의 경험을 변형시키며 이것이 미래 경험을 가능하게 할 뿐 아니라 과거의 경험과 반대되게 할 수도 있다는 것을 의미한다.

결국 무분별하게 모든 개인적 경험에 대해 호소하는 것은 그것이 무엇이었든지 간에 본질적으로 지극히 주관적이기 때문에, 경험은 신학을 위한 적절한 자료가 될 수 없다. 그것이 실제인지 상상인지, 혹은 그것이 긍정적인지 부정적인지, 그리고 그것이 선한지 악한지에 대한, 적절한 판단을 내릴만 한 정경적 근거가 부족하다. 경험은 또한 보편화가능성에 대한 의문을 남긴다. 어떤 경험이 모두에게 규범적인 것인가, 아니면 단지 사적

---

11) Owen C. Thomas, "Theology and Experience," *Harvard Theological Review* 78, no. 1-2 (1985): 192.
12) Francis Schüssler Fiorenza, *Foundational Theology: Jesus and the Church* (New York: Crossroad, 1984), 259-64.

인 개인적 현상일 뿐인가?

하지만 한 가지 유의해야 할 점이 있다. 신학을 위한 구별된 규범으로서의 경험에 대한 반대가, 경험이 신학적 작업에 무관하다는 것을 의미하지는 않는다.[13] 우리는 감히 하나님에 대한 경험과 하나님과의 관계를 혼돈하지는 않는다. 그렇기 때문에 인간의 하나님에 대한 경험은 단지 신학자들만의 탐구 대상만은 아니다. 그럼에도 불구하고 우리의 경험은 분명히 유익하다. 그것은 인간과 하나님의 관계를 규명하는 데 도움을 준다. 이러한 이유 때문에 경험은 신학적 작업에 있어서 중요한 의미를 갖는다.

웨슬리안 사변형은 그것이 대체하고자 했던 이전의 견해들과 마찬가지로 신학을 위한 자료에 관련된 질문에 최종적 답변을 제공하지는 못했다. 그래서 복음주의적 신학 구조는 하나, 둘 혹은 네 개의 자료를 보는 것 대신에, 세 가지 기둥에 의해 확립되어야만 한다. 그러므로 우리는 신학함에 있어서 이 세 규범을 사용해야 할 것이다.

2. 신학의 세 기둥들

교회는 항상 특정한 역사적-문화적 상황 속에서 그 변하지 않는 신앙 결의인 "예수는 주님이시다"라는 기독교적 고백을 기술하고자 노력한다. 그렇기 때문에 신학적 작업은 세 가지 방향성을 가져야 한다. 이 세 "기둥" 혹은 신학의 규범은 순서에 따라 (1) 성경의 메시지, (2) 교회의 신학적 유산, (3) 동시대의 하나님의 백성들이 말하고 살며 행동하고자 하는 역사적-문

---

13) Owen C. Thomas가 비록 신학을 위한 하나의 자료로서의 체험에 대해 반대했지만, 그럼에도 불구하고 그는 이러한 견해를 인정한다. Thomas, "Theology and Experience," 197.

화적 상황의 사상체이다.[14]

신학적 작업에서 첫 번째로 중요한 것은 교회에 의해서 정경화된 성경이다. 더 자세히 말하면, 신학을 위한 1차적 규범은 성경의 메시지라는 것이다. 복음주의 신학자는 무엇보다도 성경에 성문화된 케리그마, 즉 선포에 먼저 관심을 두어야 한다. 신학은 항상 고대 문화의 상황 속에서 선포된 복음을 면밀하게 다루어야 한다. 즉 신학은 이스라엘의 역사, 예수 그리고 초대교회 안에서 하나님의 구원 사역의 이야기를 선포하는 성경 메시지에 먼저 관심을 기울여야 한다.

물론 신학적 작업에 있어서 성경의 케리그마에 우선성을 두는 것은 그리 새로운 것이 아니다. 그것은 모든 세대에서 복음주의 신학의 핵심적 표식이었으며, 지금도 계속 현대의 복음주의 신학자들에게 보편적으로 인정되고 있는 것이다. 실제로 신학적 성찰을 위한 최상의 권위로서의 성경에 대한 인정은 복음주의 전통 안에서 종교개혁의 유산이 계속 전달되게 한다.

하지만 몇몇 복음주의 사상가들은 더 넓은 복음주의 운동의 전통으로부터 이해하기를 거부한다. 이들은 성경에 대한 우리의 충성이 종교개혁자들에 의해 의도된 것이 아니라고 한다. 신학에 대한 종합적인 서언에서, 이들은 성경의 자원의 풍부함에 그 기초를 두고 조직신학적 건축물을 설립하고자 한다고 기록한다. 이를테면 예언의 성취 같은 외적으로 증명 가능한 "기적들"에 대한 논의와 성경이 스스로를 어떻게 주장하는지에 대한 내적 증거의 논의를 통해서 그들은 성경의 신적 본질을 주장한다.

신학에 있어서의 성경의 역할을 정립하고자 하는 이러한 모든 시도에

---

14) 이와 비슷한 기술로는 다음을 보라. Gabriel Fackre, *The Christian Story* (Grand Rapids, Mich.: Eerdmans, 1984), 40.

도 불구하고, 이들이 성공적이었든 아니든 간에 이들은 모두 정말로 불필요한 수고들이다. 신학적 작업에 착수함에 있어서, 우리는 신앙공동체와 신학의 통합적 관계에 기초하여 성경의 권위를 간단하게 추정할 수 있다. 왜냐하면 성경은 기독교 교회의 책으로 보편적으로 인정되었기 때문에, 성경의 메시지는 이 공동체에게 신앙을 조직적으로 설명하기 위한 핵심적 규범의 기능을 하는 것이다. 결국 성경의 신적 본질 혹은 그것의 계시와 관련한 지위는 신학의 서언으로 기술될 필요는 없다는 것이다. 신학 그 자체의 본질이 공동체의 신앙을 반영하는 것이기 때문에, 공동체의 신앙은 조직신학적 작업에 착수할 만한 충분한 가치가 있다. 그리고 성경은 공동체의 책이기 때문에 이러한 작업에 있어서 성경을 그 첫 번째로 중요한 자료로 착수하기에 충분하다.

성경 문서가 공동체의 신앙에 대한 우리의 이해에 근원적인 것을 제공하는 것처럼, 성경 문서는 신학자에게 케리그마, 즉 초대 공동체들의 복음 선포를 제공한다. 이 케리그마는 신학을 위한 1차 규범이다. 이러한 이유 때문에 우리는 성경 메시지를 신학자가 교회의 유익을 위한 신학적 모델을 건설하는 첫 번째 기둥으로 인정한다.

하지만 신학은 단순히 성경 내용을 조직적으로 반복하는 것이 아니다. 그래서 칼 바르트의 다음과 같은 지적은 옳다.

> 교의학은 사도들이나 선지자들이 무엇을 말했는지를 묻는 것이 아니라, 사도들과 선지자들을 기초로 해서 우리가 무엇을 말해야 하는지에 관한 것이다.[15]

---

15) Karl Barth, *Church Dogmatics*, trans. G. W. Bromiley (edinburgh: T. & T. Clark, 1975), 1(1):16.

비록 바르트의 주장이 정확하긴 하지만 이것만으로는 너무 간략하게 언급했다는 비판을 면할 수 없을 것이다. 신학자는 사도들과 선지자들로부터 듣는 사람에서 단번에 현재의 상황에 말하는 사람이 되지는 않는다. 오히려 신학적 작업은 상호중재적인 것이다. 그래서 두 번째로 중요한 자료는 중재적 역할을 하는 "교회의 신학적 유산"이다.

교회의 신학적 유산은 성경 메시지에 대한 교회의 계속되는 성찰의 결과물이다. 따라서 신학적 작업을 위한 이 두 번째 규범은 첫째 규범의 확장이다. 교회의 신학적 유산은 케리그마, 복음, 인류를 향한 하나님의 구원사역의 내러티브를 오늘날에 중재한다. 뿐만 아니라 이 유산은 성경의 초대교회로부터 발전된, 그리고 한 세대의 기독교인들에게서 다음 세대로 전달되어 온, 기독교의 기본 교리 전집을 위한 기초를 제공한다. 현대의 신앙공동체는 이 근본적 교리 전집에 찬성하는 사람들의 전통을 이어간다. 결국 믿음의 단체는 신학을 반영하는 교회의 신앙에 소속된다. 전통적 기독교 신조들에 새로운 동정을 호소하는 복음주의자들이 하나같은 목소리로 외치듯, 로버트 웨버는 "기독교 신앙의 내용은 신학적 서술에 기초하며 심지어 그것보다도 선행한다"고 주장한다.[16]

초대교회 시대부터 모든 시대에 걸쳐 설립된 바뀌지 않는 교리의 전집을 추정하는 것은 어떤 의미에서는 사실일 수 있다. 하지만 이것은 상호 복합적인 현상들을 너무 간소화하는 것이다. 초대 신조들과 교리의 영원한 전집이 되는 지위를 주장하는 모든 사람의 말을 포함한 신앙의 모든 표현은 문화적으로 제한되어 있다. 그것들은 기록된 당시의 언어학적 틀과 철학적 틀 안에서 형성되었다. 결국 신학을 위한 규범으로서 우리가 교회

---

16) Robert E. Webber, *Common Roots: A Call to Evangelical Maturity* (Grand Rapids, Mich.: Zondervan, 1979), 139.

의 유산을 이해하는 데에는 반드시 미묘한 차이가 있을 수밖에 없다.

　교회의 유산이 신학에 특별히 유용한 점은 복잡하고 다차원적인 역사의 흐름 속에서 그것들이 축적되었다는 것이다. 그것은 과거의 복잡한 상황 속에서 어떤 문제에 대한 신학적 결과와 해답을 묘사한다. 교회는 그리스도 안에서 하나님의 계시를 증언하며 살아왔던 그 특정한 역사적 문화적 상황 속에서 신앙의 확언을 계속해서 표현하고자했다. 그러므로 신학적 역사는 변화하는 역사적 상황 속에서 신앙공동체가 케리그마의 의미를 해석하려고 시도했던 이야기들이다.

　교회의 신학적 역사는 몇 가지 이유로 인해서 오늘날의 신학에 중요한 의미를 갖는다. 과거의 교리적 진술과 신학적 모델은 오늘날의 적절한 신학을 찾기 위한 탐험에 교훈을 준다. 신학적 사명을 완수하고자 계속해서 시도했던 지난날을 우리에게 제공함으로써, 우리가 피해야 할 몇 가지 위험들을 경고해주며, 오늘날 그와 같은 소명에 착수하고자 하는 우리의 시도를 위해 약속을 보증하는 방향을 제안한다.

　그러므로 신학적 역사는 우리의 선조들이 그랬던 것처럼, 우리가 고심하면서 찾고자 하는 성경 메시지의 의미와 우리가 하나님의 백성으로서 살아가는 이 상황 속에서 삼위일체 하나님에 대한 우리의 충성심의 의미를 위해 준거 점을 제공한다. 최근의 신학적 연구들은 몇몇 복음주의자들을 포함한 개혁주의자들로 하여금 신학적 작업에 있어서 교회 유산의 중요성을 점점 더 인정하게 하는 데에 일조했다. 오늘날 많은 사상가들은 교회가 성경을 사용했던 방법인 해석학적 역사의 측면에서만 우리가 성경을 이해할 수 있다는 것을 안다. 결국 우리는 신학적 역사를 염두 해두면서 신학적 훈련에 착수해야만 한다. 그래서 클라크 피녹은 다음과 같이 주장한다.

　　전통은 증류된 세대의 지혜 속에 내포된 것으로 우리를 인도함으로써 그

> 긍정적인 역할을 한다…전통은 해석의 개인주의에 빠지지 않도록 교회의 방어막이 된다…교회가 전통으로부터 등을 돌린다면 참으로 어리석은 것이다.[17]

과거의 어떤 표명들은 시간의 시련을 더 겪었으며 그것을 견뎌냈다는 것이 중요하다. 그래서 이것들이 신학적 진리의 "전통적" 선언을 구성한다. 그러므로 보편 교회의 신학에 획기적인 역할을 한다. 그러므로 이들 서술들은 교회에서 계속적인 특별한 중요성을 가진다.

우리의 신앙고백 행위를 더 넓은 역사적 의미에서 생각해볼 때, 그리고 이들이 우리 자신의 신학적 서술들이라고 생각할 때, 이 전통적 신학 선언들은 더욱더 특별한 역할을 한다. 전 교회의 역사를 통해서, 각 세대와 각 위치에서 기독교인들은 그리스도 되신 예수 안에서 스스로를 계시하시는 진정한 하나의 하나님을 향한 믿음을 표현해왔다. 그렇게 함으로써, 그들은 모든 시대에 걸쳐 신앙을 고백했던 하나의 보편 교회에 참여해왔다. 그러므로 우리는 오늘날에 신앙을 고백함으로써 시대를 확장해서 앞으로의 모든 시대의 신자들에게 신앙의 유산을 전달하는 오늘날을 대표하는 신앙인들이다. 따라서 우리의 신앙 표현은 단지 현대의 신앙고백일 뿐 아니라, 하나님의 시간과 공간을 초월한 하나 된 백성으로서의 신앙고백이 되는 것이다.

마찬가지로 우리는 수세기를 포함하는 신앙공동체의 일원들로서 신학의 두 번째 작업에 착수한다. 우리는 많은 세대를 포함하는 하나의 기업에 참여자이기 때문에, 교회의 신학적 유산은 오늘날 우리의 선언의 형성에 대단히 중요하다. 우리의 소망은 여전히 예수 그리스도의 하나 된 교회 안

---

17) Clark H. Pinnock, *The Scripture Principle* (San Francisco: Harper & Row, 1984), 217.

에 앞으로도 계속 남아 있어야 한다. 이러한 이유에서 현대의 신학자들은 하나님 백성 전체의 몸의 연속성을 유지하기 위해 교회의 "보편 교리"를 철저하게 다루어야만 한다. 이 "보편 교리"는 수많은 세대의 기독교인들 가운데에서 널리 인정 받아왔으며 각 시대의 시험을 견뎌왔던 표명들 속에 부분적으로 설명되었다. 또한 이 "보편 교리"는, 현대의 상황 속에서도 그것을 읽음으로써 엄청난 유익을 누릴 수 있는, 위대한 시대의 신학 작품들 속에도 설명되었다.

과거의 신앙 고백들과 신조들을 한데 묶어서 취급하는 것은 위험하다.[18] 그들은 성경에 의해 검증을 받아야만 한다. 그럼에도 불구하고 이들은 교회의 신앙들이 어떤 내용을 지녔는지에 대한 통찰력을 제공해주며, 우리 스스로의 상황적 사조들을 경계하게 하기 때문에 분명히 유용하다. 물론 우리는 모든 그러한 진술들을 그들의 역사적이고 철학적인 상황을 통해 이해해야만 한다. 현대 신학에서 중요한 것은 그 문자들의 의미가 아니라 그 신조의 의도이다.

관련성에 관한 계속되는 관심과 더불어, 케리그마의 수혜자인 현대 상황은 신학을 위한 세 번째의 기둥 역할을 한다. 신학적 작업은 교회가 하나님의 백성으로서 살아가야 하는 이 세상 속에 기독교 신앙 결의를 반영해야 한다. 이러한 사명을 완수하기 위하여, 신학자들은 현대 사상체를 사용하고 현대 세계관을 언급함으로써 현대 사회가 이해할 수 있는 방식으로 말해야 한다. 마찬가지로 신학이 진정으로 조직적이고 유의미한 것이 되려면, 신학자들은 다양한 일반 학문의 통찰력과 발견들을 성찰함으로써

---

18) 복음주의자들 가운데에, 침례교인들은 신조주의(creedalism)와 관련한 문제들에 대해 반대하는 목소리를 강하게 내왔다. 이 교단은 일반적으로 그 어떤 신조도 구속력(binding authority)을 가지는 것으로서 고양하는 것에 반대하는 입장을 표명해왔다.

진리를 탐구하고자 하는 인간의 탐험과 기독교 신앙이 관계가 있음을 보여주려고 해야만 한다.

신학적 작업에서 신앙공동체의 역사적-문화적 상황은 대단히 중요한 기능을 한다.[19] 하나님의 백성들이 참여하는 사회적 공동체는 "언어, 상징, 신화 그리고 세상적 외형"이라는 그 자체의 인식적 기능을 갖고 있다. 그렇기 때문에 이것들은 정체성의 형성과 실재의 경험을 가능하게 한다. 그러므로 만약 신앙공동체가 사람들의 염원에 복음을 말하려고 한다면, 즉 "예수는 주님이시다"라는 고백의 사역을 감당하려면 정체성을 형성하며 경험을 촉진하는 사회의 언어를 이해해야만 한다. 신학자는 주변 문화의 인지적 틀을 잘 이해함으로써 교회가 이 임무를 감당하도록 도와야 한다. 즉 신학자는 수신자의 언어를 잘 이해함으로써 교회가 상황에 메시지를 전달하는 방법에 도움을 줄 수 있다.

이러한 임무로 인해, 기독교 신앙 고백을 동시대의 상황에 중재하려는 많은 현대의 시도들이 있었다. 그리고 이들은 유용한 모델들을 제공했다. 현대의 신학자들은 오늘날에 말할 수 있는 신학들을 발전시키는 데에 열중하고 있다. 우리도 이 작업에 동참하고 있기 때문에 그들의 노력들은 우리에게 교훈적이다.

신학의 역사는 기독교 공동체의 역사적-문화적 상황이 그 신학적 표명들에 항상 대단히 중요한 역할을 해왔다고 지적한다. 이 영향은 몇 가지 지향성을 만들어왔으며 지금도 계속해서 만들고 있다.

비록 한 가지가 결정적인 영향력을 미치는 것은 아닐지도 모른다. 하지

---

[19] 문화의 공헌에 대해서 심각하게 취급한 하나의 복음주의적 접근으로는 다음을 보라. Richard J. Gehman, "Guidelines in Contextualization," *East Africa Journal of Evangelical Theology* 2, no. 1 (1983): 29-30.

만 만약 교회가 오늘날에도 유의미한 메시지를 말해야 한다면, 교회의 사회적-역사적 상황은 믿음의 공동체가 함께 씨름해야만 하는 특별한 신학적 문제들을 제시한다. 한 예로, 역사의 과정과 역사의 목적과 관련한 더 넓은 사회의 문제들과 인식들이 신학자들의 종말론에 대한 관심에 영향을 준다. 이것은 교회의 임무가 단순히 사회의 최근 풍토에 대응해야 한다는 것을 제안하는 것만은 아니다. 하지만 이것은 신학이 둘러싸인 사회에 위치한 지각된 필요들과 질문들에 최선을 다해서 답해야 할 것을 추구해야 한다고 지적한다.

역사적-문화적 상황은 신학이 연구해야 할 문제를 결정하는 역할 뿐 아니라, 신학자들이 이러한 문제들을 다루는 방법의 범위를 제한하는 기능도 한다. 반복적으로 신학적 역사에서 그 신앙 결의에 대한 교회의 이해를 표현하기 위한 개념들을 위해 교회는 사회의 범주들에 눈을 돌려왔다. 한 예로, 예수와 하나님의 관계에 관한 질문에 대한 대답으로서 그리스도의 완전한 신성과 완전한 인성을 설명할 때, 교회는 희랍의 존재론적 범주를 선택했다.

마찬가지로 그리스도의 사역에 관련한 신학적 설명들도 둘러싸인 문화의 사회학적 정치적 실재들로부터 이끌어내왔다. 따라서 안셀름(Anselm)이 매우 영리하게 기록했듯이, 중세기 초반의 새로운 봉건제도는 그리스도가 스스로 몸값으로 지불함으로써 악마로부터 우리를 넘겨받았다는 "속죄의 몸값 이론"을 우리의 죄로 인해 실추된 하나님의 명예를 그리스도의 죽음으로 충족시켰다는 "새로운 충족 이론"으로 대체할 것을 요구했다. 후에, 봉건제도가 국가적 정부의 시대로 넘어갔을 때, 이 충족 이론은 우리가 신적 율법을 어긴 것에 대한 형벌을 그리스도가 받으신다는 "형벌 대속 이론"으로 대체되었다.

이러한 예들이 지적하듯이, 신학자들은 끊임없이 문화에 귀를 기울여야 하는 임무를 갖고 있다. 오직 그렇게 함으로써만 그들은 역사적-사회적 상황 안에서 교회가 그 메시지를 유의미하게 말할 수 있게 하는, 교회를 조력하는 신학을 확립할 수 있다.

그런데 이 문화에 귀를 기울이는 작업에 포함된 것은 무엇일까?[20] 로버트 슈라이터(Robert J. Schreiter)에 따르면, 문화를 이해하고자 하는 시도는 통전성, 정체성 그리고 사회변화의 세 가지와 반드시 연관되어 있어야 한다. 환원주의적이거나 다른 부분을 모두 제외하고 한 부분에만 집중하는 것보다는, 그것이 그 문화의 넓은 다양성을 포함한다는 데에 있어서 우리의 문화 분석은 통전적이다. 정체성에 대한 관심이 의미하는 것은 우리의 이해가 문화 안에서 정체성을 형성하는 요인(forces)을 설명할 수 있다는 것이다. 우리가 누구인지를 만드는 것은 무엇인가, 그리고 우리가 어떻게 그 방법에 다다를 수 있는가. 그래서 문화에 대한 유용한 분석은 반드시 사회변화의 역동성을 다룰 수 있어야만 한다. 이러한 목적으로 인해 분석자는 역경이나 진보의 변화 가운데 두드러지게 나타나는 불협화음에 귀를 기울인다.

비록 슈라이터가 인용한 세 가지 특성 모두가 중요하지만 아마도 두 번째인 정체성 형성에 대한 관심이 다른 것들보다 더 중요할 것이다. 무엇보다도 그리스도 안에서 역사하시는 하나님의 메시지는 새로운 정체성을 창조하게 된다. 이를테면, 구속받은 사람은 구속받은 사회에 참여하게 되며, 다른 모든 피조물들과 함께 그리고 창조자와 함께 그 공동체를 즐기게 된다. 이러한 메시지를 올바르게 설명하려면 신학은 의도적으로 그 문화에서 사용되는 범주와 용어에 귀를 기울여야만 한다. 그렇게 할 때에만 신학

---

20) 문화에 대한 신학적 사용과 연구에 대한 논증으로는 다음을 보라. Robert J. Schreiter, *Constructing Local Theologies* (Maryknoll, N.Y.: Orbis Books, 1985), 39-74.

은 보편 인간을 공동체 안에서의 정체성과 관련하여 올바르게 표현할 수 있게 된다. 그래서 우리는 신학자들로서 이렇게 계속 질문해야 한다. 이 문화는 어떤 단체가 차별성을 갖게 하는 특징들에 대해 어떻게 생각하는가? 어떠한 공유성 유대로 이 문화가 설립되었는가? 그리고 이 문화가 이러한 유대를 유지하는 과정들은 무엇인가?

슈라이터가 기록하듯이, 정체성을 표현하기 위한 문화적 범주는 "종종 두 가지 성찰을 중심으로 한다. 이들은 단체 경계 형성과 세계관 형성이다."[21] 어느 문화에서든지, 교회는 독특한 세계관과 더불어 독특한 단체를 설립한다. 하지만 그 작업은 사람들을 포용할 만해야 한다. 즉 그 경계를 확장하여 예수 그리스도를 향한 근본적인 충성을 받아들이려고 오는 모든 이들을 포용하고자 하는 것을 목적으로 해야 한다. 또한 문화적으로 이해 가능한 범주들을 통해 그 세계관과 신조를 선포해야 한다. 신학은 이러한 목적을 용이하게 한다. 즉 신학은 현대적 상황에 기독교 신앙결의를 반영하여 그 관계성을 더 날카롭게 한다.

따라서 요약해서 말하면, 신학은 성경 메시지, 전승, 그리고 문화라는 세 가지 자료 간의 적절한 균형을 유지하고자 노력한다. 그렇게 함으로써 신학은 그 목적에 충실하게 되며 그 위임을 완성하기 위한 올바른 과정을 거치게 된다. 비록 이들을 서로 독립적으로 따로 논증할 수는 있다. 하지만 상황 속에서 신학적 작업을 하는 데에 있어서 이 세 규범들은 상호관련이 되어 있다. 복음주의 신학자는 케리그마, 교회의 전승 그리고 신앙공동체의 현대 문화적 상황, 이 세 가지를 균형 있게 바라봄으로써, 하나님의 백성의 신앙을 표현하고자 하는 일종의 장인이 되어야 한다. 복음주의 신학자들로서 우리의 과제를 완수하는 것은 근본적으로 선지자적 그리고 사

---

21) Robert J. Schreiter, *Constructing Local Theologies*, 44.

도적 증언을 통해 성경의 메시지가 우리 안에서 이루어지는 것이다. 신학은 각 세대에 성경의 신앙을 설명해야 한다. 기독교 교회의 공통된 전승은 우리가 이러한 작업을 함에 있어서 이정표가 된다. 따라서 로버트 웨버의 말을 빌리면, "기독교인들이 그들의 주관적인 해석에 주의한다는 말의 의미는, 보편성과 고대성 그리고 일치를 법칙으로 여긴다는 말이다."[22]

우리는 우리의 신학적 유업을 보존하고 잘 지켜야 한다. 그리고 그와 동시에 항상 현대의 상황을 향하여 성경적 신앙을 기술해야 한다. 우리는 신학적 결의를 제시하는 데에 있어서 문화를 바라본다. 성경 메시지가 세대에서 세대로 전달되어 오늘 날에도 신앙공동체에 의해 이해될 수 있도록 하기 위해서, 우리는 우리 세상의 다양한 문화적 혹은 철학적 양식들을 사용한다.

우리가 이 세 가지 자료를 창조적이고 실제적인 조직신학에 충실히 적용함으로써, 우리는 존 칼빈이 제시했던 이상을 완수한다.

> 우리는 단순히 전통을 충실하게 전달하는 것 뿐 아니라 그것을 미래에 가장 적절한 형태가 될 것이라고 우리가 생각하는 양식으로 만들고자 밤 낮 없이 노력한다.[23]

---

22) Webber, *Common Roots*, 139.
23) John Calvin, *Defense Against Pighius*,가 B. A. Gerrish, *Tradition and the Modern World* (Chicago: University of Chicago Press, 1977), 13에서 인용되었다.

3. 자료와 신학적 지형

여기에 요약된 신학의 삼중 자료는 우리가 조직신학을 평가할 수 있는 특별한 기준을 제시한다. 간단히 설명하면, 우리는 신학이 세 가지 규범에 모두 충실한지에 근거해서 그 신학을 평가한다. 따라서 우리는 어느 신학적 제안에든 세 종류의 질문을 할 수 있는 것이다. 이 신학이 성경적 케리그마를 얼마나 많이 기술하는가? 이 신학이 하나로서의 하나님의 백성의 신앙을 얼마나 많이 반영하고 있는가? 이 신학이 신앙공동체가 하나님의 백성으로 살면서 현대의 역사적-문화적 상황에 복음을 얼마나 많이 전파하게 하고 있는가?

마찬가지로 세 규범에 대해 요약하는 것은 현대의 신학적 세계의 풍경을 그리는 데에 유용하다. 비록 많은 복음주의적 평가가 오늘날의 신학에 대해 그것이 "보수적"이냐 아니면 "자유주의적"이냐의 양분화적 구획성의 특성을 갖는 것이 사실이다. 하지만 물질적 풍경과 마찬가지로 신학적 풍토는 실제로 이 세 가지 방향성을 가지고 흐른다. 그래서 이 세 가지 규범들 중 어느 하나를 강조하는 신학적 운동의 경향성에 근거하여, 우리는 세 가지 패러다임의 신학적 지향성을 말할 수 있다. 즉 의도적이든 우연적이든 간에 다른 규범들은 아예 강조하지 않거나 덜 강조하는 경향성에 근거하여 신학적 지향성을 설명할 수 있다.

첫 번째 신학적 지향성은 우리가 **근본주의**(fundamentalism) 혹은 **성경주의**(biblicalism)라고 부를 수도 있는 하나의 기본적인 것으로서 전폭적으로 신학적 훈련의 첫째 기둥인 성경의 메시지를 포함한다. 이러한 상황에서 이해된 성경지상주의 지지자들의 주된 관심은 케리그마에 여전히 충실한 자들로 남는 것이다. 그래서 이 신학자들은 영리하게도 그들의 신학을 정립함에 있어서 종종 성경에 근거한 전문용어들을 면밀하게 차용함으로써 모든 수단을 동원하여 "성경적"이고자 한다. 몇몇은 심지어 성경의 기자들만의 특별한 범주(용어)들만을 의도적으로 사용하기도 한다. 결국 급진적 성경주의자들은 근대 과학을 포함한 다른 학문으로부터 이끌어낸 언어로 신학적 범주를 대체하는 데에 의혹을 가지는 신학자들이다.

그들의 결점이 무엇이었든지 간에 성경지상주의는 신학자들에게 한 가지 중요한 것을 경고한다. 그것은 그 어떤 유용한 신학보다 성경적 케리그마에 대하여 충실해야 함을 되새겨 주었다는 것이다.

하지만 성경에 충실해야 함에 대한 성경지상주의자들의 관심은 그들로 하여금 몇몇 문제들 가운데 놓이게 했다. 그들의 성경적 범주에 대한 엄밀한 사용을 통해 성경지상주의자들은 조직신학을 성경신학으로 대체해야 하거나 혹은 조직신학을 현대의 세계에 이해 불가능한 언어로 된 신앙의 기술로 대체해야 하는 위험을 초래했다.

성경지상주의자들은 현대의 세계에 선지자적 사명을 감당하기 위해서 교회는 비록 성경 메시지가 그들에게 거절될 위험이 있다 할지라도 그것을 계속 선포해야만 한다고 종종 주장한다. 이것은 분명히 옳은 주장이다. 하지만 전령으로서 우리가 반드시 명심해야 할 것은 우리의 선포에 있어서 장애물은 바로 "십자가의 모순"이지 우리가 차용하는 범주의 불투명성이 아니라는 것이다. 교회는 세상에 어떻게 전해야 할지 그 방법을 탐구함에 있어서 우리가 돌보고자 하는 문화의 자기이해를 자각해야만 한다. 뿐만 아니라 교회는 항상 성경 메시지를 문화와 소통하는 그들의 사상체로 만들어야만 한다. 실제로 교회는 오직 우리 주변에 있는 세상에 성경 메시지를 들려줘야 한다는 시도를 통해서만 그 진정한 임무를 완수할 수 있게 된다. 이는 성경 메시지가 오늘날과 오늘날의 사람들에게 꼭 필요한 구원의 기쁜 소식이기 때문이다.

성경지상주의는 문화와 소통하지 못하는 위험만을 초래하는 것이 아니라 교파주의를 지향하게 되며, 현대 문화의 불신을 초래하게 된다. 20세기에 성경지상주의 근본주의자들은 신학적 자유주의로부터 분리의 원칙을 고수했다. 불행하게도 이 태도는 교회학적인 고립으로까지 악화되었으며, 분리주의적 근본주의자들은 역사와 현대의 유용한 표현들로부터 교회 스스로를 외톨이로 만들어 버렸다.

두 번째 신학적 지향성은 종종 성경지상주의의 정반대에 위치한 것으로서 우리가 때로는 그 급진적인 형태로 인해 **자유주의**(liberalism)라고도 부르는 **진보주의**(progressivism)이다. 진보주의자들은 세 번째 신학적 규범인 문화에 헌신한 사람들이다. 따라서 그들의 목표는 성경주의자들의 목표와는 매우 다르다. 진보주의자들은 신학적 작업이란 기독교 신앙을 현재 문화가 이해할 수 있는 방식으로 제시하는 것이라고 본다. 이러한 목적에서, 그들은 성경의 언어를 현대 세계의 언어로 재해석하거나 심지어는 현대 경향을 반영하는 방식으로 성경적 범주를 대체한다.

진보주의는 신학이 문화에 호소해야 한다는 중요한 필요성을 상기시켜 준다. 우리 신학자들은 예수에 대한 기독교인의 결의를 오늘날 사람들이 이해 가능한 용어로 그리고 그 사람들의 영원과 필요를 충족시켜주는 용어로 제시해야만 한다. 하지만 진보주의자들의 이 합당한 관심이 자칫하면 성경적 증언과 교회 신앙의 유산을 모두 잃어버릴 수도 있는 위험을 초래할 수도 있다.

세 번째 신학적 지향성은 신학에서 종종 간과하는 것이다. 이 세 번째를 우리는 성경지상주의와 진보주의에 더불어 **신앙고백주의**(confessionalism)라고 부르는데, 이렇게 부르는 이유는 이 대안이 전승된 규범을 강조하기 때문이다. 신앙고백주의자들에게 있어서 무엇보다도 중요한 관심은 신학이 그들이 속한 교회 단체의 교리적 전통에 충실하게 서 있는 것이다. 따라서 신앙고백주의자들은 특정한 교회 전통의 신조에 충성하는 경향이 있다.

그 예로는, 로마가톨릭, 동방정교, 루터교, 감리교가 있다. 신앙고백주의자들은 신학 역사의 특별한 기간에 호소할 수도 있다. 그 예로는, 교부시대 혹은 종교개혁 시대가 있다. 마찬가지로 신앙고백주의자들은 웨스트민스터신앙고백 같은 특정한 교리적 신조나 칼빈주의 혹은 알미니안주의 같은 분파주의 혹은 특정한 신학적 프로그램을 고수한다. 왜냐하면 그들은 이것들이 자신들이 속한 교회 단체의 근원이라고 보기 때문이다.

신앙고백주의자들은 교회의 역사적 전승의 중요성에 대한 고백을 견지한다. 그들은 신학자들로 하여금 교회나 교단의 역사보다 더 넓은 "전승" 혹은 한 현대 사상가의 성찰보다 더 중요한 특정한 신학적 전통의 "유산" 안에서 신중하게 자신들의 자리를 차지할 것을 요청한다. 마찬가지로 신앙고백주의자들은 우리로 하여금 우리의 작업은 우리가 참여하는 교회에만 특정한 표현을 제공하는 것이 아니라, 전체로서의 교회에도 제공한다는 점을 상기시킨다.

신앙고백주의자들의 이러한 관심은 신학적으로 대단히 중요한 의미를 갖는다. 하지만 신앙고백주의는 다른 모든 고백적 유산들로부터의 성경적 비판에 대해 점점 귀를 기울이지 않게 되거나 교회의 현대적 상황과 점점 무관하게 되는 위험을 초래하고 있다.

신학적 풍토(landscape)에 대한 이러한 묘사는 **보수적**이라는 용어가 실제로 몇 가지 함축적 의미를 가진다는 것을 가리킨다. 가장 일반적으로 그것은 성경지상주의자들 혹은 근본주의자들처럼 성경적 교리에 충성하는 데에 관심이 있는 사람들을 말하는 데 사용된다. 그럼에도 보수적이라는 용어는 두 신학적 규범 중 어느 하나를 고양시키는 사람들에게도 적용된다. 신앙고백주의자들은 그들이 특정한 신앙고백 단체의 유업에 대해 반드시 충성해야 하는 데 그들의 관심이 있기 때문에 보수적이다. 그래서 "보수적 자유주의자"라는 말은 모순이 아니다. 어떤 시대의 문화적 표현에 충성하고자 했던 사람이 실제로 그들의 것이 더 이상 문화와 관계가 없어지고 더 이상 이해할 수 없는 것이 되었는데도 불구하고 그 용어를 사용할 때 우리는 이들을 보수적 자유주의자라고 부를 수 있다. 또한 특정한 문화적 의제가 신학자로 하여금 두 신학적 자료들과 부조화를 이룰 수밖에 없게 했는데도 불구하고 여전히 그 용어를 사용할 때, 우리는 이들을 보수적 자유주의자라고 부를 수 있다. 그래서 복음주의자들이 "좌파적 근본주의"를 표명하는 어떤 자유주의자들을 항상 고발할 자격이 있는 것은 아니다. 왜냐하면 자신들도 우파적 자유주의일 수 있기 때문이다.

이상적인 신학적 모델은, 다른 두 개의 규범을 제외하고 어느 하나만을 고양시키기보다는 이 세 가지 모두에 균형적인 관심을 가진다. 진정으로 유용한 신학은 역사 전체에 걸친 하나 된 하나님의 백성이라는 근본적 통일성을 유지하는 한편, 현대의 문화에 이해 가능한 방법으로 성경적 케리그마를 전달해야 한다.

4. 삼중 자료와 진정한 복음주의 신학

비록 본래의 목적으로부터 먼 길을 헤매어왔지만, 복음주의 신학에 있어서 최선의 방법론은 성경적 케리그마, 신학적 유업 그리고 현대의 문화라는 세 가지 규범을 통합하는 이상을 향한 작업을 시도한다. 실제로 적절한 신학적 균형을 성취함으로써 하나의 진정한 복음주의 신학을 규명할 수 있다. 그것은 세 가지 기초적인 신학 형태, 즉 "성경지상주의, 신앙고백주의 그리고 진보주의"에 대한 관심을 반영한다. 왜냐하면 그것은 신학의 세 기둥의 상호역할에 기초하여 건설되기 때문이다.

따라서 진정한 복음주의 신학은 첫 번째 규범인 성경적 케리그마를 포함한다는 것은 의심의 여지가 없다. 성경을 하나님의 백성의 책으로서 신중하게 다루려는 소망은, 교회사 전체를 통해 강조된 복음주의의 핵심에 항상 자리 잡고 있었다. 더 자세히 말하면, 신앙과 실제의 모든 문제에 있어서 최종 권위로서의 성경 메시지에 대한 결의, 즉 성경을 통해 말씀하시는 성령에 대한 결의는 복음주의의 시작이라고 할 수 있는 종교개혁에 호소하는 더 넓은 복음주의의 전통의 표식이 되어왔다. 실제로 이 결의는 전체의 교회에 대한 복음주의의 핵심적인 기여이다.

현대의 "정식" 복음주의자들은 더 넓은 복음주의 전통의 입장에서 성경의 권위에 대한 "중심성"과 더불어, 성경 신학을 위한 "관심"과 우리가 나온 지난 근본주의로부터 유래된 성경적 교리들의 "수호"를 계속해서 고집하고자 한다. 우리 복음주의자들은 신학적 작업의 핵심적 위치에서뿐 아니라 모든 단계에서 "성경 신학 및 성경적 교리"의 중심성을 단호하게 견지해야 하며, 조직신학은 사도들과 선지자들의 교리에 비추어 항상 진실이어야 하고, 그 성경적 교훈은 기독교인의 행위를 위한 표준이 되어 삶에 적용되어야 한다.

성경의 권위에 대한 강조와 더불어, 복음주의 신학은 두 번째 기둥인 교회의 신학적 유업에 신실해야 함을 주장한다. 복음주의는 그 뿌리를 생각하며, 자신들이 시간과 공간을 초월한 하나 된 전체 교회를 대표하여 정통교리(orthodoxy)와 정통행위(orthoproxy)를 보존하고 전수해야할 하나의 운동이라고 생각한다. 이 운동의 역사 전체를 통해서 복음주의자들은 이 운동의 강조점들에 대한 변증을 위해 그 기초를 제공해주는 초대교회에 혹은 어거스틴 같은 교부시대의 위대한 사상가들에게, 심지어는 특정한 중세 시대의 목소리들에게 호소해왔다. 복음주의자들은 자신들이 항상 하나의 진정한 교회의 역사적 전통 안에 서 있다고 보았다. 이 전승적 자각을 견지하면서 현대의 "정식" 복음주의자들은 세기의 전환기에 살았던 근본주의자들의 발걸음을 따르면서 끊임없이 그들의 진보적 적들을 책망한다. 그들의 혁신적 제안들이 수세기에 걸친 교회의 교훈들을 저버리게 하거나 거부하게 하는 위험을 초래한다고 꾸짖으면서 말이다.

하지만 복음주의자들은 교회의 전승적 표현들 중에서, 사도시대 이후의 그 어느 시대보다도 종교개혁의 전승을 높이 여긴다. 이 "개혁 신앙고백주의"는 단점과 장점을 모두 가지고 있다. 종교개혁의 전승에 대한 충성은 특별히 로마가톨릭이나 동방정교 교회들의 전통적 가치를 경시하겠다는 것을 의미해왔다. 로마가톨릭은 언제나 복음주의의 격렬한 비판의 대상이 되어왔다. 실제로 이러한 비판이 복음주의로 하여금 16세기의 논쟁에서 살아남게 했던 것이기도 하다. 심지어 제2차 바티칸 공의회 이후에도 몇몇 복음주의자들은 아직도 로마가톨릭을 불신할 뿐 아니라 노골적으로 반가톨릭적임을 드러낸다.

하지만 몇몇 변화의 징조들이 있다. 한 예로, 오순절 복음주의자들은 종종 가톨릭의 공동경험주의자들과 함께 친교를 즐긴다. 행동주의 복음주의자는 반복적으로 두각을 나타내는 특별한 사회적 문제로 인해 가톨릭교인들과 함께 행진하며 가두시위를 하기도 한다. 그 한 예가 바로 반낙태운동이다. 그리고 심지어 몇몇 알려진 복음주의자들은 그들의 교단을 떠나서 로마가톨릭이나 정교회로 옮겨가기도 했다.

모든 복음주의자들이 종교개혁을 오늘날의 신학을 위해 가장 중요한 전통이라고 보는 반면, 종교개혁의 유업 가운데에서 어느 특정한 측면 혹은 종교개혁가에 가장 충성해야 한다는 주장에 대해서는 우리 가운데에 의견을 달리하는 사람들이 있다. 결국 루터란, 칼빈주의자 그리고 웨슬리안이라는 복음주의자들이 있다. 그리고 16세기의 소위 재세례파 전통의 자유교회에 호소하는 복음주의자들이나, 영국 청교도 과격파가 자신들을 낳았다고 하는 침례교들도 있다.

유산의 다양성은 사상의 다양성을 만든다. 복음주의 내에서도 외형적으로는 모두 개혁주의라고 동의하는 가운데도 말이다. 종교개혁적 전통 위에 복음주의를 설립하고자 하는 소망은, 복음주의 신학자들인 우리에게 긍정적이며 중요한 기회를 제공한다. 이 운동의 초교파적 특성은 단순히 한 개의 교파적 유업에 집착하는 것을 통해 얻는 것보다 더 넓은 신학적 위업을 위한 더 중요한 관점을 제공해줄 수 있다. 따라서 침례교, 오순절 혹은 장로교 할 것 없이 다양한 배경으로부터의 사상가들은 각 교단의 신앙 고백적 유산에 대한 충성과 함께 상호간의 인정과 존중의 분위기 속에서 서로를 배우는 기회를 가진다. 이러한 측면에서 우리는 교파적이면서도 더 넓은 전체로서의 교회의 유업을 반영하는 신학을 정립해야 할 필요성을 느낀다.

결국 복음주의는 문화라는 기둥을 조심스럽게 다루는 상황을 제공한다. 복음주의자들은 근본주의자들보다 현대적 문화와 대화하는 데에 더 열려있는 경향이 있다. 실제로 이 운동의 많은 역사가들은 교단들이 대부분의 교리들을 공통적으로 가지고 있기 때문에, 교리보다는 이 열린 정신이 바로 현대의 복음주의자들과 근본주의자들 사이 가장 큰 차이점이라고 말한다. 하지만 우리는 문화와 대화할 때 개방성에 주의해야 할 것이다. 그렇지 않으면 오늘날의 유행이라는 제단 위에 복음 메시지의 독특성이 희생 제사로 드려지게 될지도 모른다.

하지만 우리의 좌파와 우파 비평가들은 북미 복음주의자들인 우리가 문화에 접근하는 데에 있어서 충분히 주의를 기울이고 있지 않다고 지적한다. 복음주의 교회들이 누리고 있는 인기와 성장은 멀지 않아 미국식 삶과 미합중국 정부의 정책에 의한 문화적 식민지 시대를 겪게 될 것이라고 비평가들은 고발한다. 이러한 문화적 식민지가 되는 경향은 기본적으로 보수적 신학 지향성을 지닌 복음주의에서 점점 증가하기 시작했다. 즉 정치적 보수주의로 쉽게 넘어가는 지향성을 갖게 되었다.

이 점에 대한 복음주의의 비평가들 가운데, 한 예로, 우리 침례교와 가까운 메노교(Mennonite)의 노르만 크라우스(C. Norman Kraus)는 "국수주의적인 미국 문화의 수용과 함께 국수주의와 자본주의를 암묵적으로 **기독교적** 가치들로 용인하는" 이 운동을 책망한다. 크라우스는 다음과 같이 불평한다.

> 그동안 이 운동은 신약성경의 기독교 윤리에는 분명히 기초하고 있었지만, 미국의 정치적 사회적 정책에 대해서는 분명한 도덕적 비평이 부족해왔다. 다시 말해서, 그것은 자본주의적 국수주의를 기독교 도덕 가치라는 이름으로 둔갑시키는 경향이 있었다. 복음주의적 사회 설립이 미합중국 종교를 지배했을 때인 19세기 "황금시대"를 돌아보라.[24]

크라우스와 다른 이들의 고발은 비꼬는 것이다. 왜냐하면 복음주의자들이 오랜 기간 동안 자유주의 전통을 그 문화적 속박으로 인해 혹평해왔기 때문이다. 오늘날에는 동일한 책망이 우리들을 향해 돌아오고 있다. 심지어 좌파의 비평가들조차도 여기에 합창하여, 복음주의가 자유주의를 비평하던 입장이 거꾸로 뒤집히고 있다. 한 예로, 델윈 브라운은 어떤 협조적인 복음주의자와의 대화에서 자신의 적과 이 전체 운동, 즉 복음주의를 공격한다.

---

24) C. Norman Kraus, "A Mennonite Critique," in *The Variety of American Evangelicalism*, ed. Donald W. Dayton and robert K. Johnston (Downers Grove, Ill.: InterVarsity Press, 1991), 197.

다른 작품에서 클라크 피녹은 자유주의를 얇은 기독교 비닐로 둘러싼 근대 문화의 실체라고 특징지었다. 나는 자유주의 기독교를 그런 방식의 의미에서 기술하는 것을 인정할 수 없으며, 그러한 기술은 오히려 오늘날 복음주의 운동에 더 적합한 표현이라고 생각한다. 근대 복음주의의 대다수는 피녹이 의미하는 "자유주의"의 거의 순수한 형태를 가지고 있으며, 이는 누구나 다 그렇게 생각하는 바이다. 성경의 증언을 계급, 인종, 국가 혹은 이 세 가지 모두의 근대 이데올로기에 성경의 증언을 한껏 부어 끔찍하게도 잘 섞고 희석해서 마치 그것이 복음인 것처럼 흩뿌리고 있다.[25]

복음주의도 다른 기독교적 표현들처럼 문화적 희석의 위험들로부터 결코 예외는 아니다. 따라서 우리 복음주의 조직신학자들은 바짝 경계해야만 한다. 그렇지 않으면 고전적 자유주의의 잘못을 반복하게 됨으로써, **문화를 향해** 말해야 하는 우리의 합당한 관심이, 성경 메시지를 수용한 **문화의** 앵무새로 전락하고야 말 것이다. 하지만 이처럼 항상 도사리는 위험에도 불구하고 성경의 권위에 대한 우리의 결의와 교회의 역사적 신앙에 대한 우리의 충성심은, 우리로 하여금 문화적 속박을 피하기 위한 가장 좋은 위치로 옮겨줄 것이라고 나는 믿는다.

복음주의 신학의 재조명이 요구하는 것은 우리가 이전 세대의 복음주의 신학자들이 명제주의에만 주된 관심을 가졌던 것을 뛰어넘는 것이다. 그 명제주의적 접근이 포함하는 중심 진리는 잃지 않으면서 말이다. 이러한 목적을 이루기 위해서 우리는 신학의 자료들을 재조명해야만 한다. 하

---

[25] Clark H. Pinnock and Delwin Brown, *Theological Crossfire: An Evangelical-Liberal Dialogue* (Grand Rapids, Mich.: Zondervan, 1990), 184.

나의 신학적 규범-그 연합의 고전적 표현이나 두 개나 네 개의 자료들에 호소하는 새로운 제안들에서 전형적으로 나타나는-보다는, 우리의 재조명된 신학은 세 가지 규범, 즉 성경 메시지, 교회의 신학적 유산, 그리고 현대 문화의 사고 형식과 관심을 사용해야 한다. 오직 이 방법에 의해서만 우리의 신학은 하나가 됨과 동시에 세 가지 용어인 성경지상주의, 고백주의, 그리고 진보주의를 종합한 최상의 의미를 지닐 수 있다.

그러나 복음주의 운동이 지속적으로 그 첫 번째 규범인 성경의 권위에 우선권을 부여하려고 했던 그 역사 전체를 통해서 볼 때, 신학을 위한 이러한 세 자료들은 성경의 자료들이다. 이제 성경의 권위의 본질에 대한 질문으로 넘어간다.

Revisioning Evangelical Theology

제5장

성경의 권위 재조명

지난 복음주의의 명제주의는 우리가 복음주의 신학을 재조명하는 데에 반드시 포함시켜야 할 한 가지 핵심적인 사실을 제공한다. 그것은 바로 하나님이 인류에게 자신을 계시하셨다는 근본적인 믿음이다. 복음주의자들은 예수그리스도가 곧 신적 자기증시(self-disclosure)라고 본다. 뿐만 아니라 그들은 성경이 역사 속에서 나타난 신적 계시의 축적이라는 견해를 담대히 고수한다. 그러므로 재조명하는 복음주의는 성경적이고 고백적이며 진보적이어야 함과 동시에 그 작업에 있어서는 항상 성경과 함께 시작해야 한다.

의심의 여지없이, 성경은 우리가 공유한 복음주의적 과제에 있어서 결정적 역할을 한다. 그래서 마크 놀(Mark Noll)은 다음과 같이 기록한다.

> 성경에 대한 복음주의적 연구는 복음주의 공동체가 성경을 하나님의 말씀으로 생각한다고 인정하는 것에 그 성패의 모든 것이 달려있다… 그 누가 하나님의 말씀에 대해 무엇이라고 말하든지 간에, 하나님의

말씀은 항상 성경을 포함한다. 그리고 많은 복음주의자들은 **말씀**되신 그리스도의 우월성을 인정하고자 하며, 그 **말씀**의 선포에 기초하여 신앙공동체의 삶의 체계를 세우고자 한다. 비록 복음주의자들은 일반적으로 성경의 인간적 속성에 대해 어느 정도 염두에 두고는 있지만, "성경은 곧 하나님의 말씀이라는 것"을 성경 자체가 증명한다고 믿는다.[1]

많은 20세기의 "자타가 공인하는" 복음주의자들은 복음주의적 의무를 이행하기 위해 말씀의 **무오성**의 관점에서 성경의 권위를 이해하기 위해 탐구해왔다. 이 관점의 유용성과는 별개로 무오성을 강조하는 최근의 풍조는, 많은 사상가들에게 성경의 신적 속성을 향한 관심을 불러일으켰으며 이들이 올바른 성경관을 확립하는 데에 하나의 지표가 되었다. 이들의 관심과 신학적 노력들의 초점은 성경이 성경 자신을 하나님의 말씀으로 본다는 것을 진술하는 데에 맞추어져 있다. 이들은 성경이 신적 문서라는 이들의 신념에 기초하여 이 특별한 원문에 대한 연구에 착수한다.

그 결과 많은 복음주의자들은 현대의 비평적 접근을 통한 해석들에 조심스러운 입장을 취한다. 물론 그러한 조심스러움은 어느 정도 정당성이 인정된다. 하지만 기사도적 비평주의들로부터 성경을 수호하고자 한다면, 성경의 또 다른 특성인 인간적 속성을 향한 기사도적 태도를 취하는 위험 또한 감수해야 한다. 하지만 그들의 비평들에 대항하여 성경을 수호하고자 하다가, 우리는 자칫 성경 자체가 분명히 가지고 있는 인간적 속성의 측면을 간과해버리는 위험을 초래할 수도 있다. 성경의 인간적 속성이

---

1) Mark A. Noll, *Between Faith and Criticism: Evangelicals, Scholarship and the Bible in America* (San Francisco: Harper & Row, 1986), 6.

란 하나님이 인간의 언어라는 매개를 통해 우리에게 말씀하셨다는 것을 말한다. 이에 대해 벌카우어(G. C. Berkouwer)는 다음과 같이 통찰력 있게 말한다.

> 성경에 대한 과학적 연구가 성경을 통해 우리가 하나님의 음성을 듣는 것을 방해할까봐 두려워할 필요는 없다. 오히려 성경에 나타난 그리스도의 인간적 속성까지도 간과하여 그것을 이해함을 통해 받게 될 축복까지도 방해받을까봐 두려워해야 한다.[2]

복음주의는 성경의 우선성을 강조한다. 그리고 경건하고 진지한 태도로 성경에 접근해야 한다고 강조한다. 이러한 성경의 무오성을 고수하려는 우리 복음주의의 의도는 옳다. 하지만 성경의 신적 기원을 인정한다고 해서 그것의 인간 저술 자체를 간과해서는 안 된다. 다시 말해서, 성경신학의 첫 번째 관심이 이 성경의 신적 속성을 확립하고자 하는 것일지라도, 우리의 성경관 혹은 성서론은 단순히 "위로부터"만 형성되었다고 할 수는 없다. 오히려 그와 함께 "밑으로부터"의 동일한 움직임을 인정해야 한다. 즉 성경의 신적 언어가 오직 그리고 항상 인간의 언어로만 우리에게 올 수 있음을 인정해야 한다. 그리고 그 결과로 그러한 인간의 언어들이 곧 하나님의 말씀임을 솔직히 인정하는 것이 필요하다(예, 살전 2:13).

성경론의 중심축을 이루고 있는 성경의 신적 속성과 인간적 속성의 긴장관계는 교회사 전체에 걸쳐서 위험한 도전이 되어왔다. 여기에 드웨이 비글(Dewey Beegle)은 다음과 같이 지적하며 여기에 대한 냉정한 판단을 제안한다.

---

2) G. C. Berkouwer, *Holy Scripture*(Grand Rapids, Mich.: Eerdmans, 1975), 104.

2세기의 이레니우스부터 19세기 전후까지는, 성경의 신적 측면과 인간적 측면에 관해서 영감설이 절대적인 지지를 받아왔다. 그 누구도 노골적으로 이들 두 측면을 조화시키려고 하지 않았다.[3]

성경의 인간적이고 신적인 차원 모두에 자리를 마련해준 클라크 피녹의 『성경 원리』(The Scripture Principle, 1984)와 같은 더 양심적인 최근의 제안들은 복음주의자들에게 선구자적인 연구들이다. 그럼에도 불구하고 이 둘의 조합은 미완성의 도전으로 남아있다. 1978년에 데이비드 라이트(David Wright)는 오늘날에도 그 통찰력이 인정되는 제안을 했다.

> 하나님의 말씀으로서의 성경에 대한 교리적 접근과 인간의 말로서의 성경에 대한 역사적 취급 **각각에 그리고 둘 모두에** 충실해야 함은 우리가 해결해야 할 과제이다.[4]

하지만 우리가 어떻게 이 둘의 적절한 조화를 유지할 수 있을 것인가?

1. 영적 삶의 원천으로서의 성경

성경이 인간의 언어임과 동시에 신의 언어, 즉 성경이 인간의 언어 형태로 우리에게 주신 하나님의 말씀이라는 것을 받아들이는 복음주의적 성경

---

3) Dewey M. Beegle, *Scripture, Tradition and Infallibility*(Grand Rapids, Mich.: Eerdmans, 1973), 145.
4) David Wright, review of James Barr's *Fundamentalism* in *Themelios* 3(April 1978): 88.

관을 세우는 중요한 시발점은 더 넓은 범위의 복음주의에 속하는 많은 사람들이 성경에 대해 표현하는 태도 안에 놓여 있다. 복음주의 영성은 성경이 "영원한 삶", 즉 영생을 위한 말씀들을 찾으러 갈 수 있는 최고의 장소이자 유일한 장소라고 본다. 이러한 입장에 대해 피녹은 우리 복음주의자들에게 성경이란 "우리의 구원의 복음을 영원토록 보존할 하나님이 주신 문서이다"라고 기술한다. 결국 "평범한 신자들은 그들의 교사인 성령의 인도를 통해 성경으로 가서 그들의 믿음이 풍성해져야 할 것을 본능적으로 안다."[5]

성경이 영적 삶의 원천이라고 보는 것은 폭넓은 복음주의 운동에 녹아든 지난 경건주의 전통의 영향을 현대식으로 표현한 것에 불과하다. 슈페너(Philipp Jakob Spener)와 프랑케(August Hermann Francke)와 같은 17세기와 18세기의 대륙경건주의 사상가들이 유독 분명하게 강조한 것은 성경을 읽는 독자의 거룩한 영적 상태였다. 즉 이들은 오직 거듭난 사람만이 성경을 올바르게 이해할 수 있다고 보았다.[6] 경건주의자들에게는 성경의 진리를 입술로 외치는 것보다 삶 속에서 "진리를 주장"하는 것이 더 중요했다. 성경은 그것을 읽는 거듭난 독자들의 삶을 붙들게 되며 그 삶 자체를 신성한 예배가 되게 한다.[7] 그렇기 때문에 경건주의자들에게 있어서 성경 연구의 궁극적 목표는 독자의 영적 성숙이다. 결국 경건주의자들은 성경을 비평적이면서도 경건하게 연구할 수 있었다. 경건주의자들은 해석학적 기법들을 통해 본문의 의미를 성실히 연구한다. 그런 다음 본문을 통해 말씀하

---

5) Clark H. Pinnock, "What Is Biblical Inerrancy?" in *The Proceedings of the Conference on Biblical Inerrancy* 1987 (Nashville: Broadman, 1987), 75.
6) C. John Weborg, "Pietism: Theology in Service of Living Toward God," in *The Variety of American Evangelicalism*, ed. Donald W. Dayton and Robert K. Johnston(Downers Grove, Ill.: InterVarsity Press, 1991), 170-71, 176.
7) C. John Weborg, "Pietism: Theology in Service of Living Toward God," 176.

시는 하나님의 음성에 조용히 귀를 기울인다.[8]

이러한 복음주의적 경건주의는 정통주의 전통의 성경에 대한 접근에서 찾을 수 있는 특징들과 공통점이 있다. 정통주의 사상가들은 성경을 읽는 독자의 영성과 성경 이해의 과정에서 순종적으로 읽는 것의 중요성을 모두 강조했다. 메리 포드(Mary Ford)는 이 관점을 이렇게 대변한다.

> 누구든 복음을 참되게 이해하기 위해서는 복음의 계명을 따라 살아야 한다는 것이 교회의 교부들에게 있어서 일반적인 것이다. 하지만 "듣는 것"이 단지 개념적 이해라고만 생각한다면, 해석자의 삶의 거룩함과 그의 영적 실재에 대한 지식은 해석에 있어서 전혀 무의미한 것이 되고 만다. 이것은 분명히 성경적 관점도 아니고, 교회의 전통과도 일치하지 않는다. 오히려 우리가 지적했듯이, 성경에서 "듣는 것"은 삶으로써, 즉 진정한 이해를 이끄는 경험으로써 이해되는 것이다. 이점을 명심할 때, 우리는 온전하고 올바른 해석이 가능하게 하기 위해서 왜 원문의 거룩함이 해석자의 거룩함을 요구하는지를 알 수 있다.[9]

포드는 독일의 경건주의자들처럼, 현대의 해석학적 방법들과 더불어 삶을 강조하는 이 접근 방법만이 "성경이 전달하고자 의도하는 최고의 지식에 대한 권위적 이해-즉 하나님에 대한 영적 지식-를 가능하게 한다"고 부언한다. 그녀는 객관적이고, 중립적이며, 전제조건 없는 읽기를 강조하는 계몽적 사조를 거부한다. 오히려 해석학적 과제를 위한 올바른 전제조

---

8) Michael Hardin, "The Authority of Scripture: A Pietist Perspective," *Covenant Quarterly* 49 (February 1991): 9.
9) Mary Ford, "Seeing, But Not Perceiving: Crisis andcontext in Biblical Studies," *St. Vladimir's Theological Quarterly* 35, no. 2-3(1991): 122.

건을 제공하는 유일한 배경인 믿음의 공동체로부터 원문에 접근하는 사람만이 성경에 대한 참된 이해가 가능하다.[10]

이러한 접근에 착수하면서, 경건주의적 복음주의의 영성과 정통주의 전통의 영성 모두는 성경 문서들을 구현하는 데에 중점을 두고 있다. 저자들은 반복적으로 성경의 주된 첫 번째 목적은 우리 안에서 하나님과의 관계를 더 가깝게 하기 위함이라고 말한다. 다시 말해서, 구속받은 공동체의 설립, 즉 하나님의 통치를 강화하기 위함이라는 것이다. 성경의 목적은 죄에 빠진 인간들에게 구원의 복된 소식을 선포하는 것이며, 신자들의 영적 양육을 도모하는 것이다. 이러한 성경적이고 복음주의적인 영성은 우리의 성경의 권위에 대한 이해를 위해 몇 가지 중요한 기초를 제공한다.

2. 성경과 성령

영성이 있는 복음주의 신자들은 우리의 성경론이 성령과 성경 사이의 관계를 제대로 조명하지 않고는 도저히 설명할 수 없다고 고백한다. 몇몇 성경의 본문은 성령을 모든 삶의 원천이라고 말한다. 이 세상에서의 삼위일체 하나님의 계획의 완성으로서, 성령은 생명을 창조하실 뿐 아니라 새로운 삶의 주관자이시다. 성령은 하나님과 화목을 이룬 하나님의 백성을 그들이 살고 있는 현실로 다시 데려오시며, 그가 창조하신 이들의 영적 삶을 잘 자라도록 양육하신다. 이것은 성경의 목적이 성령의 사역의 도구로서의 역할을 한다는 것을 의미한다.

성령과 성경 사이의 밀접한 관계는 버나드 램(Bernard Ramm)이 개신교

---

10) Mary Ford, "Seeing, But Not Perceiving: Crisis andcontext in Biblical Studies," 124.

권위의 원리라고 부르는 것에 잘 나타난다.

> 기독교 교회에서의 권위의 합당한 원리는 성령의 계시와 영감된 행위의 결과물인 성경에서 말씀하시는 성령이어야 한다.[11]

이 입장은 웨스트민스터 신앙고백에서도 잘 나타나 있다.

> 모든 종교적 논쟁이나 모든 회의의 결론이나 옛날 성경 해석자들의 의견이나 사람들의 교훈이나 영(靈)들을 검토하여 시험하는 데 있어서 최고의 심판자는 성경으로 말씀하시는 성령이시다. 그의 판결에는 누구든지 순종해야 된다.[12]

우리의 하나님의 진리에 관한 지식은 어떤 개인의 해석만을 따라 주해된 성경구절이나 어느 개인이 "성령으로부터 직접 들은 말씀"이라고 하는 직통계시를 통해서 얻어서는 안 된다. 오히려 그것은 영감된 성경으로서의 외적 원리와 성령의 증거로서의 내적 원리의 적절한 조합에 놓여있다. 성경은 하나님이 자신의 백성에게 말하도록 선택된 사람들을 통해 기록된 성령의 도구이자 매개체이다.

재조명된 성경론은 성경과 성령 사이의 종합적 관계에 관련한 이 통찰력을 반드시 포함해야 한다.[13] 물론 이것은 최근의 발견이 아니라 종교개

---

11) Bernard Ramm, *The Pattern of Religious Authority* (Grand Rapids, Mich.: Eerdmans, 1959), 28.
12) The Westminster Confession of Faith, 1.10, in *Creeds of the Churches: A Reader in Christian Doctrine from the Bible to the Present*, ed. John H. Leith, 3rd ed. (Atlanta: John Knox Press, 1982), 196.
13) H. D. McDonald, *An Historical Study: Ideas of Revelation* 1700-1860 (London: Macmillan, 1959), 266-88을 보라.

혁부터 계속 복음주의 전통의 중심 교의가 되어온 것이다. 그럼에도 불구하고 성령과 성경 사이의 합당한 관계를 보존하는 것보다 우리는 때때로 둘을 따로 찢어 놓거나 둘을 하나로 합쳐놓는 죄를 저질러왔다.

성령을 성경으로부터 분리하는 두드러진 방법들 중 하나는 바로 성령론으로부터 성경론을 분리하는 개혁주의 조직신학의 신학적 방법 안에 숨어있다. 결국 성령과 성경 사이의 종합적 관계를 재정립하는 것은 방법론적으로 성령론 아래에 성경론을 배치함으로써 그 관계를 다시 설명하면서 시작해야 한다.

성령론으로부터 성경론을 분리하는 것은 전통적 개혁주의의 접근 방법에 그 증거가 많이 나타나 있다. 많은 개혁주의 신학자들은 성경론을 계시 논증의 핵심 차원으로 다루는데, 이것은 조직신학의 발전에서 서론으로서의 자리매김을 한다. 그 결과로 성경에 축적된 교리적 체계를 조직화함으로써 성경론은 조직신학적 작업을 위한 기초를 제공한다. 이 방법으로 개혁주의 신학은 단순한 개혁주의 신조의 구조를 반영한다. 이들은 일반적으로, 비록 보편적이지는 않지만[14] 하나님에 관련한 고백적 진술에 선행하는 분리된 하나의 조항으로 성경과 관련한 진술을 포함하고 있다. 개혁주의적 접근방법은 하나님의 자기증시를 기술하는 신학적 작업을 수행하고자 하며, 신적 계시의 축적으로서의 성경을 고양시키고자 한다.

그러나 이러한 목적들 때문에, 전통 개혁주의 신학은 그 대가를 톡톡히 지불한다. 이러한 방식으로 성경은 교리의 책으로 변형되면서 그 역동적인 성격이 쉽게 강탈당하게 되었다. 성령론으로부터, 즉 그 자연적 내재로부터 성경론을 분리하는 것은 개념적으로는 성경을 그 운영의 매개인 성

---

14) 예를 들면, 영국의 칼빈주의 침례교도들은 웨스트민스터 신앙고백의 제정 전까지 일반적인 개신교의 양식을 분명히 따르지 않았다.

령으로부터 분리하는 것을 의미한다. 그리고 계시와 성경을 서론으로 다루는 것도 둘 사이의 관계에 대한 통계적 이해로만 귀결되기 쉽다.

전통 개신교 조직신학과 개혁주의 신앙고백의 구조와는 대조적으로, 고대 교회 신앙의 전형적 진술인 사도신경은 매우 단순한 삼위일체적 구조를 따른다. 조직신학에서 고대의 사도신경의 구조의 통찰력을 따르는 것은 지혜로운 것이다. 성경론에 이러한 통찰력을 적용하면, 성경학을 더 넓은 성령론의 논증 아래에 놓는 것이다. 그래서 성경을 성령의 책으로서 여기는 것이다.

성령론 아래에 성경론을 기술하는 것은 또 다른 유익을 가지고 있다. 그것은 교회론과 종말론을 더 넓은 성령론의 범주 아래에 큰 항목으로 내려놓음으로써, 교회론과 종말론을 성경론과 함께 밀접하게 연계시키는 것을 용이하게 한다. 교회론은 우리에게 성령이 언약백성의 삶에 중심이 된다는 것을 상기시켜주며, 종말론은 우리에게 성령 역시 신적계획을 완수하기 위해 일하시는 하나님이시라는 것을 상기시켜준다. 이처럼 종말론이나 교회론 같은 다른 차원들과 성령의 사역과의 연관성을 이해함으로써, 우리는 조금 더 쉽게 성령의 도구인 성경을 공동체의 책이라고 볼 수 있을 것이다. 즉 "미래" 지향적인, 우주적 역사 속의 신적 활동의 목적을 향한 메시지로 말이다.

성령론 아래에 성경론을 재배치하는 것은 성령과 성경 사이의 이중 관계를 승인하는 전통적 복음주의로부터 자연스럽게 연장되는 입장이다. 복음주의자들이 고백하는 성령은 "영감"을 통해 "성경 문서 원본의 기록"과 동시에 "조명"을 통해 그러한 문서들에 있는 진리를 계속 이해하게 하는 대리인이다. 하지만 성경을 향한 성령의 이중 사역에 대한 우리의 이해 역시 재조명될 필요가 있다.

3. 영감과 조명

 복음주의 신학자들은 성령론의 측면에서 성경론을 묘사할 때보다 신학의 서론으로서 성경론을 묘사할 때 성령과 성경을 더 구분하는 경향이 있다. 어찌 보면 이는 기독교의 핵심적인 두 원리를 너무 쉽게 훼손하는 것이다. 이것은 주로 전통 복음주의의 영감과 조명에 대한 이해에서 발생하는데, 보통 전자에 초점을 맞추려다 후자를 모욕하게 되는 경향이 있다.
 고전 복음주의 신학의 서언은 일반적으로 계시, 영감, 성경의 권위, 조명의 순서를 취한다.[15] 복음주의 신학자들은 하나님이 자신을 계시하셨다는 확신하에 모든 것을 시작한다. 이 하나님의 자기증시는 일반 계시와 더불어 더 완전한 특별 계시를 통해 내려 왔다.[16] 성령은 성경 저자들이 받아 적게 하심으로써 이 특별 계시의 일부를 보존하셨다. 그러므로 성경은 하나님의 말씀이다. 성경이 하나님의 영감으로 된 말씀이기 때문에, 그것은 신뢰할 만하며, 심지어 무오하다고 할 만하다. 결국 그것은 권위가 있는 것이다. 결론적으로 성령은 지금도 신자가 그 의미를 이해할 수 있도록 조명하신다.
 이 방식에 착수하여 성경론을 기술하는 것은 하나님의 말씀으로서 성경이 저작되었다고 하는 성경 저작의 신성 확립에 그 목적을 가진다. 성경의 내적 증거를 포함한, 역사나 과학으로부터 증명될 수 있는 역사적으로

---

15) 한 예로, Millard J. Erickson, *Christian Theology*(Grand Rapids, Mich.: Barker Book House, 1983), 1:8-9에 있는 테이블을 참조하라. Harold Lindsell의, *Zondervan Pictorial Encyclopedia of the Bible*, ed. Merrill C. Tenney(Grand Rapids, Mich.: Zondervan, 1976), 3:289의 "Inspiration," 또한 보라.
16) 이것이 소위 복음주의 좌파라고 불리는 사람들의 대다수의 입장을 표명한다. 그 예로 David Allan Hubbard의, *What We Evangelicals Believe* (Pasadena, Calif.: Fuller Theological Seminary, 1979), 44-49을 보라.

기록된 사실들의 진실성 있는 증거들의 뒷받침을 통해, 신학자는 다양한 사료들로부터 이 결론에 귀결한다. 그리고 성경의 신성은 해석자들에게 하나님의 말씀으로서의 전체의 모습을 각각 부분적으로 나누고 있는 다양한 원문을 향한 접근 방법을 위한 초석을 제공한다. 그러므로 성경에 관하여 가장 우선적으로 중요한 것은 바로 그것이 영감으로 되었다는 것이다.

그것의 많은 장점에도 불구하고, 말 그대로 "위로부터"라는 식으로 성경론을 확립하는 것은 몇 가지 단점을 가지고 있다. 그것은 성문서들을 빈말로만 인간의 저작들이라고 말함으로써 마치 이 분명한 사실이 거짓이거나 혹은 별로 중요하지 않은 사실처럼 보이게 하는 위험성을 지니고 있다. 비록 근대 복음주의 성경학자들의 연구들이 성경의 인간적 특성에 대한 인식을 기술하지만 그들의 신학 동료들이 항상 그들과 같은 노선을 걷는 것은 아니었다. 우리의 복음주의 조직신학은 성경이 계시와 유기적으로 결합된 인간의 책이라는 부분을 거의 인정하고 있지 않다. 하나님과 인간 저자들이 함께 일하는 이른바 "함께 글을 쓰는 행위"(concursive action)에 대해서, 복음주의자들이 인간 저자들이라는 주제에 대한 이야기를 꺼낼 때, 우리는 일반적으로 어떻게 하나님이 섭리적으로 그의 거룩한 전령들을 특별계시의 성경에 기록하기 위한 매개로 준비하시는지만을 기술하려고 한다.[17]

즉 전통적 관점에서는 영감을, 성경의 저자들이 그들의 저작에 모든 것을 주관하시는 성령이 역사하시는 방식이라고 정의한다. 기존의 정의는 크게 세 가지 방식으로 나뉜다. 즉 이들은 "능동적 방식", "수동적 방식", 그리고 "궁극적 방식"으로 나뉜다. "능동적 방식"은 성령의 역사이며, "수동

---

17) 한 예로, James I. Packer의 *"Fundamentalism" and the Word of God*(Grand Rapids, Mich.: Eerdmans, 1958), 80-81을 보라. Robert Lightner, *Evangelical Theology* (Grand Rapids, Mich.: Baker Book House, 1986), 13 역시 보라.

적 방식"은 인간 저자에게 영향을 미치는 성령의 역사이고, "궁극적 방식"은 하나님이 기록되기 원하시는 것들이 축적되어 성경이 저작되는 것을 말한다.[18]

전통적 견해는 성경의 인간적 특성을 과소평가한다. 뿐만 아니라 이러한 견해는 성경이 성령의 영감에 의해 완성된 작품이라고 보기 때문에 성경을 통해 지속적으로 역사하시는 성령의 사역 또한 과소평가하는 경향이 있다. 물론 전통적 견해가 조명론을 주장하는 것은 분명한 사실이다. 과거에 하나님의 특별계시가 성경으로 기록되게 하신 이도 성령이고, 오늘날 독자로 하여금 성경의 의미를 이해하도록 도와주시는 이도 성령이라는 것이다. 하지만 많은 복음주의자들은 조명(illumination)이 성령의 주된 첫 번째 사역인 영감(inspiration)에 종속된 부차적인 사역이라고 본다.

피녹은 조명이 성경과 갖는 관계에 대해 복음주의자들이 일반적으로 이해하는 것을 간결하게 표현한다. 곧 조명은 성령의 계속적이고도 이차적인 사역이고, 성경은 성령이 영감을 통해 일차적이고도 역사적으로 하신 사역의 결과이다.

> 성령은 각기 다른 세대의 신자들로 하여금 초대 사도들이 그랬던 것처럼 주님께로 가까워지게 하시며, 각기 다른 환경으로부터 동일한 진리에 도달할 수 있게 해주신다.[19]

---

18) Thomas A. Hoffman의 "Inspiration, Normativeness, Canonicity and the Unique Sacred Character of the Bible," *Catholic Biblical Quarterly* 44 (1982)에서 전통적 이해의 특성을 보라. 전통적 견해를 재확인하는 차원에서의 증보된 최근 논문으로는 James T. Reese, "Inspiration: Toward a Sociosemiotic Definition," *Biblical Theology Bulletin* 21 (Srping 1991): 10을 보라.

19) Clark H. Pinnock, *The Scripture Principle* (San Francisco: Harper & Row, 1984), 13.

성경의 영감적 특성을 강조하는 것에 기초하여, 복음주의 독자들은 수십 세기 전에 각 장에 암호화되어 기록된 계시적 메시지를 구현하고자 하는 목적으로 성경에 접근한다. 비록 고대에 기록되었지만 그 의미만은 영원한 이 메시지는 성령의 "음성"이다. 이런 식으로 우리는 종종 성령을 성경에 가둔다. 우리는 하나님의 백성인 공동체에게 말씀하시는 성령의 계속적인 활동의 역동성을 우리 손에 들고 있는 성경의 종이 속에 가두어 두려고 한다.

성경이 신적 자료라는 것을 강조하고 이러한 특성으로 인해 그것이 영감으로 완성된 작품이라는 것을 강조하는 것이 복음주의적 성경관에 유용한 것은 사실이다. 하지만 우리는 더 이상 이러한 전통적 이해 위에 재조명된 복음주의 성경론을 정립할 수는 없다. 성경의 영감에 대한 주장이 성경관으로부터 부가된 신학적 전제의 기능을 할 수 없으며, 성령과 성경의 관계에 대한 올바른 이해를 위한 기능도 할 수가 없다. 그와는 대조적으로, 복음주의 영성의 실제에 있어서 성경의 영감에 대한 고백은 조명의 경험과 밀접하게 결합된다.

사실 영감은 전통적 복음주의 정의에서 이해했던 것보다 조명과 더 밀접하게 연결된다. 하지만 이 관계를 우리가 어떻게 이해해야만 할까? 최근 이 질문은 모든 각 기독교 전통의 신학자들을 당황하게 했다. 그들의 성찰은 현대 사상에 대한, 비록 배타적이지는 않을지라도, 크게 두 가지 범위로 간추려지는 접근을 하게 된다. 몇몇 사상가들은 정경으로서의 성경의 형성으로, 그리고 다른 이들은 교회에서의 성경의 기능을 강조하는 데로 옮겨가게 되었다.[20]

---

20) 이러한 대안들에 대한 개요는 다음을 보라. Francis Schüssler Fiorenza, "The Crisis of Scriptural Authority: Interpretation and Reception," *Interpretation* 44 (October 1990): 353-68.

정경적 접근은 성경의 형성과정을 조사하면서 오늘날 우리에게 성경의 규범성을 제시해주는 통찰력을 얻고자 한다. 그것은 원본, 편집 그리고 성경의 정경화를 다룬다. 그럼으로써 그 과정 속에 녹아 있는 해석과 재해석의 패러다임적 패턴을 발견하려고 한다. 최근 복음주의자들 가운데 많은 지지자들을 가지고 있는 이 정경적 이해는[21] 제임스 샌더스(James Sanders)와 브레바드 차일즈(Brevard Childs) 같은 성경학의 대가들의 이해를 따르는 것이다.

차일즈의 관심은 고대 공동체의 삶 가운데에 전통으로 자리 잡고 있었던 계속되는 권위에 있었다. 왜냐하면 그것이 바로 그 성경 원문의 수정 및 편집으로 이어져 마침내 오늘날 정경화의 형태를 가지게 되었기 때문이다. 이 과정은, 예를 들면, 이스라엘에게 있어서 찾아볼 수 있는데, 그 공동체는 어떤 특정한 역사적 상황에서 선포한 한 선지자의 그 말들을 최초로 사용한 것을 떠나서도 권위가 있는 것이라고 인식했을 때였다. 이 권위적 전통은 질서화되고 양립할 수 있는 양식으로 바뀌어서 후대들을 위한 성경으로 기능하게 한다. 그리고 그것은 다시 원문의 구조와 양식을 갖게 된다. 이때 다음과 같은 결과들이 따른다.

> 성경 원문을 가장 적절하게 해석하기 위해서는, 그 원문이 정경의 형태를 취하게 되는 것과 관련한 역사적 측면과 신학적 측면 모두를 대단히 조심스럽게 다루어야 한다.[22]

---

[21] 한 예로, Stephen Reid, "An Evangelical Approach to Scripture," *TSF Bulletin* 8 (March-April 1985): 2-10.
[22] Brevard Childs, *Introduction to the Old Testament as Scripture* (Philadelphia: Fortress, 1979), 60.

즉 그 정경화된 양식을 고대 신앙공동체와 관련하여 해석해야 한다는 것이다.[23]

그렇기 때문에 차일즈에게는 온전한 해석학적 작업에 있어서 역사비평적 해석 방법은 부적당한 것이다. 그것은 과거의 역사적 사실에 너무 초점을 맞춘 나머지 현재의 상황에 대해 "교회가 성경의 지도를 받을 수 없게 만든다." 결국 "정경의 상황을 봤을 때, 당시 원문이 무엇을 의미했는가와 지금 그것이 무엇을 의미하는가는 성경을 해석하는 데에 있어서 대단히 중요한 불가분의 관계에 있는 것들이다."[24]

그의 의도가 무엇이었던지 간에, 복음주의적 관심의 상황 속에서 보았을 때 차일스는 영감과 조명 간의 이해에 더 밀접한 관계를 보여준다. 성경의 영감에 대한 확언은 그 어떤 추가적인 변증도 요구되지 않는 일종의 신앙 고백이라고 그는 기록한다. 영감에 대한 확언은 성령이 "교회의 정경적 상황"을 통해서 역사하심을 공적으로 인정하는 것이다.[25] 따라서 정경 개념을 발전시키는 것은 결코 임의적인 행위가 아니며, 그래서 교회는 "특정한 문서가 신앙과 삶에 영향력 있는 증언이라는 것을 내포한다."[26] 다시 말해서, 조명의 과거 경험이 영감의 확언과 결합되는 것이다.

기능적 접근은 언뜻 보면 정경적 접근과는 반대 방향인 듯 보이는 곳으로 이동한다. 그것은 기독교 공동체 내에서의 성경의 역할에서부터 출발하여 성경의 규범적 가치와 관련하여 결론을 맺는다.

하나의 좋은 사례는, 1971년 벨기에 루뱅(Louviain)에서, "성경의 권위"라는 주제 하에 있었던 신앙과 직제에 관한 세계대회의 선언문이다. 이 문서

---

23) Brevard Childs, *Introduction to the Old Testament as Scripture*, 74.
24) Brevard Childs, *Biblical Theology in Crisis* (Philadelphia: Westminster Press, 1970), 141.
25) Brevard Childs, *Biblical Theology in Crisis*, 104.
26) Brevard Childs, *Biblical Theology in Crisis*, 105.

는 성경의 권위를 그 영감으로부터 추론하지 않음으로써 오랜 교의적 전통을 파괴한다. 심지어, 애버리 둘스(Avery Dulles)는 다음과 같이 정의했다.

> 영감은 교회를 위한 종교적 가치에 기초해 성경의 권위를 세운다. 그렇기 때문에 교회에서는 그 권위의 원천으로서 영감을 가정하게 되는 것이다.[27]

제임스 바(James Barr)와 데이비드 트레이시(David tracy)를 포함한, 기능주의자들의 이해는 성경을 기독교의 "전통"으로 말하는 다양한 시도라는 측면에서 의미가 있다. 그것은 또한 신학적 업적을 위한 초점으로서 내러티브를 강조하자는 최근의 견해를 수면으로 부각시켰다. 이 견해의 지지자 중 한 명이 바로 데이비드 켈시(David Kelsey)이다. 그는 교회에서 성경이 새로운 인간의 정체성을 형성하고 공동체와 개인적 삶을 변화시킨다고 말한다.[28]

물론 정격적 접근과 기능적 접근 모두 단점이나 문제점이 없는 것은 아니다. 하지만 그 문제점들과 두 접근법의 상이함에도 불구하고 그들의 결론은 유사하다. 두 경우 모두 영감과 조명을 서로 가까이 가져다 놓음으로써 믿음의 공동체에 놓여 있는 성경과 성령의 사역 두 측면간의 상호관계에 초점을 맞춘다. 이제 성경은 정경을 수정하던 시대에 기능했던 것과 마찬가지의 기능을 교회에서 하게 된다.

---

27) Avery Dulles, "Scripture: Recent Protestant and Catholic Views," in *The Authoritative Word*, ed. Donald K. McKim (Grand Rapids, Mich.: Eerdmans, 1983), 246.
28) David Kelsey, *The Uses of Scripture in Recent Theology* (Philadelphia: Westminster Press, 1975). 이와 관련된 후속 연구로는 다음을 참조하라. David Kelsey, "The bible and Christian Theology," *Journal of the American Academy of Religion* 48 (1980):385-402.

이러한 최근의 시도들은 성경의 본질을 비슷한 방식으로 다루고 있다. 단순하게 말하면, 그들은 전 역사에 걸쳐 하나님의 사람들이 당시의 성경 문서에 들어가 있는 원문의 영감성을 고백해왔다고 본다. 왜냐하면 모든 시대에 걸쳐 신자들은 계속 변화되는 상황 속에서 그들만이 당면하는 문제들과 싸우면서 성경으로부터 성령의 목소리를 들어왔기 때문이다. 과거와 마찬가지로 오늘날에도 성령은 이 인간이라는 수단을 통해서 말하고자 하신다. 결국 우리는 성경이 신적 계시의 축적임을 기쁘게 확언하며, 이 안에 있는 인간의 말들을 기꺼이 하나님의 말씀으로 인정한다.

이 새로운 이해를 지지하는 사람들이, 침례교, 장로교,[29] 로마가톨릭 등의 각 교단 연합을 주관하고 있다.[30] 한 예로 침례교 신약학자 에드가 멕나이트(Edgar v. McKnight)는 다음과 같이 기록한다.

> 당시에 성경은 오늘 날처럼 계속해서 우후죽순처럼 계속해서 나오는 복잡한 방법들에 의해 분석되어야 하는 완료된 정적 사실이나 사실들의 집합이 아니었다. 당시에 성경은 후대의 잠재적 필요를 위해 선대에 인정받은 세계관을 제공하는 것이었다.[31]

원문들에 성령이 생기를 불어넣으시는 것과 그것을 하나님의 작품으로서의 권위로 고백하는 상호관계에 대한 새로운 이해는 복음주의에 전혀 해롭지 않다. 오히려 반대로 이것은 디모데후서 3:16-17에서와 같이 복음

---

29) 한 예로, John B. Rogers Jr., "The Book That Reads Us," *Interpretation* 39 (October 1985):388-401.
30) Hoffman, "Inspiration, Normativeness, Canonicity," 447-69.
31) Edgar V. McKnight, "Errantry and Inerrancy: Baptists and the Bible," *Perspectives in Religious Studies* 12 (Summer 1985):146.

주의 영감론을 위한 표준구(locus classicus)가 될 것이다.[32]

아담에게 생명을 주기 위해 하나님이 그 코에 생기를 불어 넣으신 것을 암시하는 것을 아마도 의도해서인지, 매우 드물게 사용되는 테오프네우토스(theopneutos, 하나님의 감동-역주)라는 말을 통해서, 본문은 "하나님이 성경에 생기를 불어 넣는다"고 되어있다. 이것의 의미는 그것을 유용하게 사용하라는 것이다. 복음주의 희랍어 학자 에드워드 구드릭(Edward Goodrick)의 결론과 같이, 이 본문은 성경의 "저작권 사인 같은, 때가 묻지 않은 무결점의 특성"을 지지하기보다는, 성령이 힘을 불어넣으시는 성경이 얼마나 귀중한지에 초점을 맞추고 있다.[33] 다시 말해서, 교회는 이러한 글들을 통해서 하나님의 영의 능력과 진리를 경험했기 때문에 성경의 영감성을 고백하게 되었다. 그들은 이 문서들이 "그리스도의 영으로 인해 생명을 얻게 되었다"는 것을 알았다.[34]

이미 앞에서 기록했듯이, 최근의 다양한 사상들을 수렴하고 있는, 조명과 영감에 대한 재조명은 성경과 공동체 간의 통합적 관계에 대한 새로운 이해와 밀접한 관련이 있다. 성경과 믿음의 공동체 간의 관계가 역사적이면서도 동시에 계속되는 것이기 때문에 그것은 조명과 영감을 포함한다.

성경에 나오는 하나님의 사람들과 성경과의 과거 관계는 전통적 복음주의 견해보다 성경이 어떻게 존재하게 되었는지에 대한 더 유용한 이해를 제공한다. 영감에 대한 논의에서 복음주의 신학자들은 성경만이 전체를 구성하는 단일 권위의 모델이라고 확장하는 경향이 있다. 그들은 성령이 개별 저자들로 하여금 각자의 훌륭한 작품을 쓸 수 있도록 인도하셨기 때문에 지금의 성경이 있을 수 있다고 주장한다. 비록 몇몇 정경의 권들은

---

32) Edward W. Goodrick, "Let's Put 2 Timothy 3:16 Back into the Bible," *Journal of the Evangelical Theological Society* 25 (December 1982):479-87.
33) Edward W. Goodrick, "Let's Put 2 Timothy 3:16 Back into the Bible," 486-87.
34) Hoffman, "Inspiration, Normativeness, Canonicity," 457.

실제로 인간 저자들에 의해서 직접 쓰이긴 했지만(예, 벧후 1:20-21), 이 경우가 정경의 모든 부분에 적용되는 것은 아니라는 것이다.[35]

복음주의자들이 종종 옹호하는 입장과는 반대로, 실제로 우리의 성경은 그 요람인 신앙공동체의 산물이다. 성경의 편집은 공동체의 상황 속에서 발생했다. 그래서 성경에 포함된 이 글들은 그것이 발전된 공동체의 자기이해를 드러낸다. 더 자세히 설명하면, 성경은 그 공동체가 겪은 것들의 범위 내에서 형성된 그들의 이해를 나타낸다. 왜냐하면 성경의 글들은 때로는 백성들의 태도나 행동에 대해서 객관적으로 날카로운 비평을 제공하기 때문이다.

성경은 구전된 전통과 다른 문서 자료들을 포함한 다양한 요소들을 통해 스스로가 전승의 최종 축적물이라는 사실을 증언한다. 즉 공동체는 그들 자신의 삶을 통해 이러한 작업에 착수한다. 공동체는 그들 가운데에서 역사하시는 성령의 인도하심 아래서 새로운 상황을 해석하고 그것을 재적용하며 권위 있는 각 자료들의 부분들을 형성해간다. 그 성령의 활동을 통해, 이러한 재료들은 지각된 필요들에 대응하여 구약과 신약 사람들의 서로 다른 삶의 단계에서 함께 모아진다. 하지만 이러한 모든 필요들은 성령이 주신 책임 의식 아래에 포함되어 그 공동체의 계속성을 유지하기 위해 그것을 형성한 역사적 사건들의 기록이나 증언들뿐만 아니라 그러한 사건들의 해석이나 그것들을 공동체 생활에 적용한 것을 보존한다.

폴 아츠테마이어(Paul Achtemeier)는 그의 논평에서 이러한 성문서와 관련된 현상들에 대해 다음과 같이 결론 내린다.

---

[35] "예언적 모델"(prophetic model)을 성경 전체로 확장하는 것에 대한 비판으로는 Paul J. Achtemeier, *The Inspiration of Scripture* (Philadelphia: Westminster Press, 1980), 99-104을 보라.

성경의 가장 중요한 특성은 그것이 한 권의 책이라는 것이 아니라, 오히려 그것이 이스라엘 공동체와 초대교회의 삶을 반영한다는 데에 있다. 왜냐하면 이 공동체들은 자신들이 이해할 수 있는 능력과 범위를 초월하는 방법으로 하나님의 임재가 그들 가운데 임하는 방식을 추구했기 때문이다.[36]

그러므로 우리는 성경의 작성과 편집 그리고 정경화를 이끌었던 모든 과정의 공동체들의 역할에 깊은 감사를 표해야 한다. 아츠테마이어의 통찰력은 다시 한 번 우리에게 유용한 점을 제공한다.

그러므로 만약 성경이 교회의 산물이라는 것이 사실이라면, 성경의 발전과 함께했던 공동체들이 신앙으로 살고 또 살아남지 않았더라면 성경은 존재할 수 없었을 것이다. 이것은 교회와 성경이 그리스도 사건을 완수하는 데에 불가분의 관계에 있다는 것을 의미한다.[37]

이것이 의미하는 것은 일반적으로는 영감이라고 알려진, 성경이 만들어지는 과정 속에서 성령이 인도하셨다는 우리의 고백이 조금 더 확장되어야만 한다는 것이다. 물론 그것은 한 명의 저자로부터 쓰인 성경의 권들을 포함한다. 하지만 그것은 히브리 공동체와 초대교회 공동체 가운데 역사하시는 하나님을 물론 포함해야 한다. 이 민족들이 성경이 완성되는 과정에 참여했다는 데에 한해서 말이다. 확장하면 어떤 의미에서는, 하나님의 백성의 책으로서의 정경과 함께 역사하심으로써 절정을 이루었던 그

---

36) Paul J. Achtemeier, *The Inspiration of Scripture*, 92.
37) Paul J. Achtemeier, *The Inspiration of Scripture*, 116.

성령이 다른 모든 성경과 관련한 과정에서도 마찬가지로 역사하셨다는 결론에 도달하게 된다.

성문서가 만들어 지는 데에 결정적인 역할을 했으며, 그것이 한데 묶여져 한 권의 정경이 된 것의 뒤에는 성령의 조명하시는 사역이 놓여 있었다. 공동체는 이 책들을 하나님이 그들에게 말씀하시는 매체로 알았다. 하지만 그의 조명하는 사역은 정경의 닫힘을 넘어서 계속된다. 심지어 지금도 성령은 신앙공동체 상황에 있는 현대의 신자들이 성경을 이해할 수 있도록 그리고 그것을 자신들의 상황에 적용시킬 수 있도록 도와주신다.

그러므로 어떤 의미에서는, 현대적 조명은 고대 공동체들이 경험했던 것과 유사하다. 성경은 공동체에 속한 사람들이 그 구전된 전통과 그들 유업의 글들을 어떻게 적용할 것인지의 방법을 말해주는 자료들을 포함하고 있다. 하지만 거기에는 한 가지 큰 차이가 있다. 이스라엘과 초대 기독교 공동체는 정경의 형성과정이라는 상황 속에서 해석적 작업에 연루되어 있었다. 반면 오늘날의 우리는 완성된 성경을 통해서 우리에게 말씀하시는 성령의 조명하시는 유익을 누리고 있다.

성령의 조명이 성경의 형성에 계속해서 중요한 역할을 했다는 것을 더 깊이 이해하게 되면 성경이 형성된 과정을 더 잘 이해할 수 있게 된다. 뿐만 아니라 이는 성경이 기독교 공동체의 유산으로서 신학적으로 얼마나 중요한지를 다시금 깨닫게 해준다. 이러한 귀중한 유산인 성경은 오늘날 우리에게 일어나는 신학적 윤리적 문제들을 위한 기준점을 제공해준다.

성경의 역사적 발전과 관련한 복음주의에서의 새로운 이해의 한 결과로, 전통과 성경과 관련한 범세계적 개신교와 로마가톨릭 간의 결코 좁혀지지 않을 것만 같았던, 오래된 논쟁점은 어느 정도 수렴점을 찾게 되었다. 애버리 덜레스(Avery Dulles)는 1960년대의 중요한 두 번의 회의에 의해서 이 논쟁이 종식되었다고 기록한다. 제 2차 바티칸 공의회는 가톨릭의 두 원천 이론을 포기하기로 결정했다. 그리고 신앙과 직제 위원회가 주관한 몬트리올 협약은 전통에 더불어 오래된 원칙인 오직 성경(*sola scriptura*)이라는 원칙과 함께할 수밖에 없음을 인정했다.[38] 종전과 반대로, 학자들은 성경과 전통이 "2개의 극명하게 다른 자료가 아니며, 둘은 계시, 즉 '진리의 천명'에 있어서 각각의 특별한 담당 역할이 있다"고 주장했다. 다른 이들과 반대로, 이들은 성경이 그 홀로 기능하는 것이 아니라고 주장한다. 즉 "기독교인들은 교회 안에서 이 성경을 읽는다. 이는 교회가 성경을 만들었기 때문이다"라고 이들은 주장한다.[39] 결국 덜레스는 다음과 같이 결론을 내린다.

> 제2차 바티칸 공의회 문서들과 신앙과 직제 위원회는 화해를 모색하고 있다. 비록 가톨릭과 개신교 간의 모든 역사적 분쟁을 극복하지는 못했지만 말이다. 결과적으로 개신교나 가톨릭 중 그 어느 누구도, 지난 세기들에서처럼 자신들 교회의 전통적 정통성을 고수한다고 하는 것은 바람직하지 못한 추측이다.[40]

교회나 전통의 유산을 존중해야 한다는 새로운 견해가 복음주의자들에게도 그대로 전달된 것은 아니다. 몇몇 복음주의자들은 결국에는 캔터배리(Canterbury) 혹은 심지어 로마로 인도하게 될 위험한 여행에 착수했다. 어떤 개방적인 복음주의 교회를 포함한 몇몇 사람들은 자신들의 입장을 재평가하는 것으로 만족했다. 한 예로, 피녹은 그것을 다음과 같이 인정했다.

---

38) Dulles, "Scripture," 250.
39) Dulles, "Scripture," 260.
40) Dulles, "Scripture," 250.

전통의 긍정적인 역할은 우리에게 있어서 증류되었던 세대들의 지혜를 다시금 기억하게 해준다. 특별히 그것은 성경을 왜곡하는 것을 방지해준다…전통은 해석에 있어서 교회에 들어오는 개인주의를 막아주는 방어막이다. 그것은 성경을 자의적으로 **잘못** 해석하는 것으로부터 하나님의 백성을 보호하기 위해서 필요하다. 교회가 그 전통으로부터 등을 돌리게 된다면 그것은 참으로 어리석은 것이다.[41]

물론 전통과 성경에 대한 새로운 견해나 다른 견해들도 성경의 권위에 대한 나름대로의 유익이 있을 수 있다. 하지만 영감과 조명의 더 밀접한 관계를 강조한, 소위 본문중심의 이해보다는 성령중심의 이해가, 복음주의자들로 하여금 성경의 본질에 대한 더 분명한 이해를 약속할 것이다. 도날드 블레쉬는 이 점을 이미 지적한 적이 있다.

우리가 성경의 신뢰가능성에 대해서 말할 때, 우리는 성경의 본문에 숨겨진 의미를 신앙공동체에게 온전한 의미를 전하게 하기 위해 성령이 친히 그 눈을 열어 보게 하실 성령의 신뢰가능성을 염두에 두지 않는가? 성령은 어느 **구절**에서도 완전히 새로운 의미나 질문을 결코 부과하지 않으신다. 하지만 그는 분명히 본문을 더 넓은 상황에서, 그리고 오늘 날 사람들의 존재적 상황과 관련해서 더 깊은 의미를 보도록 인도하신다.[42]

---

41) Pinnock, *The Scripture Principle*, 217.
42) Donald G. Bloesch, "In Defense of Biblical Authority," *The Reformed Journal* 34 (September 1984): 30.

성경의 권위를 재조명하기 위해서 우리는 이 통찰력을 기초로 설립하는 것이 좋을 것이다.

하지만 영감의 확언과 조명의 경험의 밀접한 관계를 인정하는 것이 우리를 주관주의의 위험에 노출되게 하지는 않을까? 성경의 영감을 각 장들에서 들려오는 성령의 음성에 의존하도록 우리를 유혹하고, 그렇게 함으로써 영감의 객관적 실제성을 잃어버리게 하는 것은 아닐까? 다시 말해서, 이것이 단순히 지난 신정통주의가 옷만 갈아입고 다시 나타난 것은 아닐까?

주관주의는 실제로 그 위험성이 다분하기 때문에 우리는 경계를 결코 늦추지 말아야 한다. "아래로부터"의 성경론에 초점을 맞추는 것이 굳이 "위로부터"의 성경론과 상충될 필요는 없다. 오히려 교회와 우리는 성경이 객관적인 하나님의 말씀임을 고백해야 할 것이다. 우리가 주관적으로 그것을 인지하는 것에 관계없이 그것은 성경이기 때문이다.

그럼에도 불구하고 아직 문제점이 남아 있다. "위로부터"의 성경론은 그 자신만으로는 존재할 수도 없으며, 우리가 그것의 신적 특성에 초점을 맞춘 나머지 지상에는 존재하지도 않는 성경에 대해 글을 쓸 수조차 없기 때문이다. 성경의 역사적 발전과 오늘날에도 계속되고 있는 복음주의적 경건은 성경의 신적 특성에 대한 우리의 인식이 성령의 내적 조명의 사역 때문임을 우리에게 상기시켜 준다. 믿음의 공동체가 성경의 각 장들로부터 성령의 음성을 듣는 것처럼, 이 공동체는 성경이 동일한 성령의 영감으로 저작되었다는 것을 고백한다.

4. 성경을 통해서 말씀하시는 성령의 사역

복음주의 성경관을 재조명하면서 다시 한 번 성령과 성경의 중요한 관계를 강조하게 된다. 이것은 영감과 조명 간의 상호관계에 대한 분명한 인지를 수반할 것이다. 하지만 이러한 상호관계에 대한 강조들은 성령의 조명을 받은 성경이 하나님의 백성의 공동체 가운데에서 어떠한 역할을 하는지에 대한 온전한 대답을 아직 주지 못하고 있다. 따라서 재조명된 성경론은 성령이 성경을 통해서 무엇을 성취하시는지를 밝혀야만 한다. 즉 성령의 수단으로서의 성경에 대한 더 분명한 이해를 요구한다.

프란시스 피오렌자는 계속되는 교회를 위한 성경의 핵심적 역할을 구성적 역할이라고 부른다. 성경은 "계속되는 공동체의 구성"의 기능을 한다.[43] 성문서들은 교회의 역사에 걸쳐 근원적인 각 단계의 결과물로 취급받는다. 그럼으로써 초기 기독교의 정체성이 어떻게 형성되었는지가 반영되어 있다. 성문서들은 기독교 공동체의 정체성을 구성하며 교회에서의 신앙생활의 모든 단계에서 최고의 지위를 견지한다. 이 성문서들은 교회라는 고층 건물을 위한 "기반 층"을 제공한다. 그것은 단순히 그것이 처음으로 오기 때문이 아니라 모든 부차적인 것들이 그 1층의 기초 위에 지어지기 때문이다.[44]

하지만 오늘날의 우리에게 성경이 어떻게 헌법이 될 수 있는가? 복음주의 영성에서는 항상 성경의 주된 목적이 내러티브의 강조에 있다고 하는데, 사실 그것은 최근에서야 주류 신학에 소개된 것이다. 성경의 근본적인

---

43) Fiorenza, "The Crisis of Scriptural Authority," 363.
44) John Howard Yoder, "The Use of the Bible in Theology," in *The Use of the Bible in Theology*, ed. Robert K. Johnston (Atlanta: John Knox Press, 1985), 103-20을 참조하라.

목적은 기독교 공동체를 위한 범주를 제공하는 데에 있다.

이 범주는 성경을 통해서 정의된다. 그리고 이것은 우리를 중재하여 범우주적 신앙공동체로 들어가는 것을 가능하게 한다. 성경에는 세상 가운데에 역사하시는, 즉 창조에서 시작해서 종말에서 그 절정을 이루는 하나님의 이야기가 있다. 이 이야기의 극명한 목적은 성령의 수단이 되는 것이다. 즉 죄인들로 하여금 그들이 가는 방향을 바꾸게 하며, 이 죄인들 자신의 삶의 이야기를 성경 속의 이야기의 범주와 방식으로 재해석하게 하며, 이러한 하나님의 백성들의 이야기와의 관계를 통해서 그들 스스로의 이야기를 하나님의 이야기와 연결하게 하는 것이다. 우리가 "옛날 옛날에 이런 이야기가 있었는데"라고 고백하기 때문에 성령은 그것을 듣는 자들로 하여금 스스로를 하나님의 가족이라고 부르게 한다. 그리고 성령은 그들로 하여금 이 성경의 이야기가 제공하는 범주와 관점을 통해 자신들의 모든 인생을 바라보도록 도와주신다.

성경을 통해 우리에게 중재된 범주들은 신앙생활을 위한 패러다임 또한 제공한다. 이러한 범주들은 공동체의 정체성을 확립하고 보존한다.[45] 성령은 성경을 통해서 역사하시어 우리로 하여금 그리스도의 공동체가 되게 하시며, 그 백성의 일원으로서의 정체성을 확립하게 하신다. 우리 복음주의자들이 잘 알고 있듯이 성령은 성경을 통해 교인들의 일상생활을 경건하게 하신다. 이는 데이비드 켈시가 말하듯이, "공동체와 그 구성원의 자기정체성을 부요하게 하고 새롭게 하기 위함이다."[46] 따라서 성경은 하나님이 우리에게 주시는 "삶을 변화시키는" 메시지를 담고 있으며, 새 삶을 살아갈 유용한 힘을 주는 기쁜 소식이다. 그래서 우리는 우리 마음

---

45) David H. Kelsey, *The Uses of Scripture in Recent Theology* (Philadelphia: Fortress, 1975), 89.
46) David H. Kelsey, *The Uses of Scripture in Recent Theology*, 214.

속에 임재하여 힘을 불어넣어주시는 성령의 은혜를 받기 위해 항상 열려 있어야 한다.

이러한 목적 때문에 성경은 과거의 기초와 미래에 대한 비전과 함께 우리의 현재를 지향한다. 과거지향성은 성경 이야기를 듣는 현대의 사람들로 하여금 성경 속에서 공동체를 구성했던 사람들의 사건으로 옮겨 가게 한다. 고대 히브리인들에게 출애굽은 대단히 중요한 핵심 사건이었다. 수많은 사건들이 삶을 둘러싸고 있는 교회에게는 예수의 수난과 부활 그리고 연이어진 성령의 강림이 삶을 구성하는 핵심요소들이다. 하지만 내러티브의 목적이 단순히 이야기를 말하는 데에만 있는 것이 아니다. 오히려 내러티브를 다시 말함으로써 성령은 현재의 공동체의 삶에 과거를 재창조하시는 것이다. 그럼으로써 본문은 패러다임과 범주를 제공하고 공동체를 성령의 지도 아래에 놓게 됨으로써 그들이 현재의 삶 속에서도 삶의 도전들을 이해하고 대응할 수 있게 한다.[47]

윌리엄 헤르조그 2세(William Herzog II)는 다음과 같이 과거와 현재를 통합한다.

> 즉 살아있는 말씀은 우리를 족장 시대와 선지자 시대 혹은 사도들과 제자들의 시대로 끌어들인다. 이는 그들이 해결한 것에 머무르게 하는 것이 아니라 그것을 모델로 해서, 우리로 하여금 **어떻게** 그들이 신실하게 그들에게 주어진 문제를 창조적으로 해결하는지를 얼핏 보게 하기 위함이다. 즉 성경은 우리를 살아 있는 하나님의 역사와 임재에 의해서 그들의 전통과 본문을 탐구하도록 부르심을 받은 백성들인 하

---

47) 이와 어느 정도 비슷한 사상으로는 다음을 보라. James Barr, *The Scope and Authority of the Bible* (Philadelphia: Westminster Press, 1980), 126-27.

나님의 백성 앞에 끊임없이 주어지는 문제를 맞닥뜨리게 한다. 이러한 측면에서 보듯이, 성경은 우리의 창조적 참여를 통해 완성되는 우리를 부르신 그 목적을 드러낸다.[48]

하지만 성경 이야기는 과거로부터 우리의 현재를 건설하는 것뿐 아니라 미래 지향성 또한 중재한다. 성경은 세상을 향한 하나님의 의도를 선포한다. 그것은 인류가 서로 조화롭게 살아가며, 하나님과 그리고 모든 피조물들과 함께 질서 있게 살아가는 이상적인 질서의 비전을 보여준다. 제임스 바의 일반화는 너무 광범위할 것이다. 하지만 그의 지적은 우리를 올바른 방향으로 옮겨준다.

내러티브들은 단지 과거에 대한 원초적 관심 때문에 기록될 필요는 없었다. 그들은 다가오게 될 미래에 있는 하나님의 약속에 대한 묘사를 제공하기 위해 기록되었을 수 있다. 비록 그들의 문자적 요지가 과거와 관련한다 할지라도, 그들의 신학적 기능과 목적은 미래를 향하는 것으로서 작성되었을 것이다.[49]

과거지향성과 마찬가지로 미래 지향적인 성경의 이야기들은 우리의 현재 존재에 영향을 주고자 한다. 성령은 우리들에게 성경적 비전을 갖게 하여 우리로 하여금 하나님의 미래의 측면에서 우리의 상황을 보게 북돋으신다. 즉 우리 자신과 현재를 우리와 우리 세계 가운데에서 이미 역사하고

---

48) William R. Herzog II, "Interpretation as Discovery and Creation: Sociological Dimensions of Biblical Hermeneutics," *American Baptist Quarterly* 2 (June 1983): 116.
49) Barr, *The Scope and Authority of the Bible*, 36.

있는 미래의 능력에 맡기는 것이다.

그러므로 성령은 계속되는 변증법의 전체 과정 속에서 모든 것을 기획하신다. 기초적인 우리의 정체성에 대한 질문으로부터 우리는 언약공동체의 일원으로서 우리가 어떻게 생각하고 어떻게 살아야 하는지에 관한, 현재 우리의 사명과 관련한 질문들로 옮겨가게 된다. 하지만 우리의 궁극적인 탐험은 삶과 관련한 근원적 질문을 하도록 인도하시는 성령을 향하게 된다.

위에 인용된 성찰들은 성경을 통해서 말씀하시는 성령의 조명하시는 사역이 항상 특별한 역사적 문화적 상황 가운데에서 나타난다는 것을 제안한다. 성경의 시대 동안에 정경의 형성을 조성했던 성령의 활동은 고대 히브리 백성과 초대교회의 변화하는 상황 속에서 발생했다. 그와 같은 방식으로 성령의 조명은, 그리스도의 공동체가 존재하는 다양한 상황 속에서 교회의 삶 가운데에 나타난다.

하나님의 백성이 변화하는 역사적-문화적 상황 속에서 성령의 조명하시는 사역을 인정하는 것은 해석학적 작업에 있어서 문화적 상황에 대한 신학적 중요성을 우리에게 주지시킨다. 우리는 성경을 통해서 성령의 음성을 듣고자 한다. 그리고 그 음성은 우리의 존재에 영향을 주는 우리가 살고 있는 세상으로부터의 사고 형식, 범주, 그리고 상황을 통해 우리에게 말한다.

5. 계시로서의 성경

하지만 성경 그 자체가 계시이며 하나님의 실제 말씀이라는 것은 복음주의에게 항상 부담스러운 짐이었다. 그러므로 성경의 권위에 대해 올바르게 재조명하려면 이와 관련한 문제를 심각하게 다룸으로써 성경과 계시의 관계에 대한 적절한 이해를 기술해야만 한다.

이러한 작업은 지금까지 우리가 논증을 통해 정립해 놓은 새로운 재조명된 성경관을 그 출발점으로 삼아야 한다. 복음주의 성경관이 주장하듯이, 성경은 성령의 궁극적인 기능이다. 이는 성경의 원천도 성령이며 성경이 전달되는 과정도 성령을 통해서만 가능하기 때문이다. 즉 성경은 성령의 감동으로 만들어졌으며(딤후 3:16), 성령은 성경 각 장 안에 선포되는 메시지를 통해서 그것을 읽는 공동체에게 생명을 불어넣으신다. 성경의 형성과 그 성경 메시지를 신앙공동체의 삶 속에 적용시키는 성령의 핵심적 역할에 대한 올바른 이해는 여기에서 중요한 출발점을 제공한다. 즉 성령론은 하나님의 역사적 계시의 개념과 그 계시를 알기 위한 수단으로서의 성경 간의 가교 역할을 해야만 한다는 것이다.

칼 바르트는 성경관에 대한 재조명을 개척한 20세기의 사상가였다.[50] 이 스위스 신학자의 입장을 계속해서 대변해주는 핵심은 그의 기념비적인 저서인 『교회 교의학』(Chruch Dogmatics)의 첫 권에서 그가 논증한 두 개의 논지에 잘 나타나있다.[51] 그 첫 번째 논지는 바르트의 삼중적 계시관이었다. 기초적으로 계시는 "하나님의 증시된 말씀"이며, 그것은 필수적으로 말씀이 성육신된 예수 그리스도라는 것이다. 두 번째로 계시는 "기록된 하나님의 말씀"으로서의 성경이라는 것이다. 그리고 세 번째 측면에서 계시는 "인간이 하나님의 말씀을 선포"하는 것이다.

바르트의 두 번째 논지는 이들 셋의 서로 간의 긴밀한 의존적 관계를 말한다. 기록된 말씀과 선포된 말씀은 그것들이 하나님의 증시를 증언한다

---

50) Bernard Ramm은 복음주의 내에서 바르트의 깃발을 높이 올리는 역할을 했다.
51) Karl Barth, *Church Dogmatics*, trans. G. W. Bromiley, 2nd ed. (Edinburgh: T. & T. Clark, 1975), 1(1):88-124.

는 데에 한해서만 계시이다. 즉 삼중적 계시의 둘째와 셋째는 첫째에 의존적인 측면에서만 계시라는 것이다. 즉 바르트에게 있어서 성경의 계시적 본질은 예수 안에 있는 하나님의 계시를 증언하는 기능에 의존적이라는 것이다.

우리가 익히 알고 있듯이, 복음주의자들은 바르트의 이러한 계시의 사건적 특성을 지나치게 강조하는 것에 분명히 반대할 것이다. 하지만 성경과 그리스도의 관계에 대한 바르트의 기술은 분명히 정확한 것이다. 벌카우어가 다음과 같이 주장하듯이 말이다.

> 만약 성경이 그리스도와 관련된 증언으로서 이해되지 않는다면 하나님의 영감으로 되었다는 측면의 성경의 모든 단어는 무의미한 것이다.[52]

성경에 기록된 말씀과 성육신의 말씀 간의 의존적 관계는 성경에 나타나는 계시 개념을 통해서 이해가 가능하다. 성경의 기록에서 "계시"는 주로 동사의 형태로 나오며, 감추어진 것이나 가려진 것을 찾아내거나 들추어내는 행위를 말한다.[53] 그것은 오직 부차적으로만, 행동이나 계시의 행위가 움직이지 않는 저장물로부터 무엇을 드러내는 것을 의미한다. 결론적으로 "하나님의 계시"는 자기증시의 신적 행위이며, 궁극적 진리인 하나님, 즉 하나님의 본질을 드러낸다.

물론 신적 자기증시의 완성은 미래의 종말에 놓여있는 것이 사실이다. 하지만 그럼에도 계시는 현재적 현실이다. 왜냐하면 하나님이 어떠한 분

---

52) G. C. Berkouwer, *Holy Scripture* (Grand Rapids, Mich.: Eerdmans, 1975), 166.
53) Beegle, "Scripture, Tradition and Infallibility," 19-21.

이신지가 종말에 밝혀지게 되는 것은 이미 역사 속에서 선취적으로 나타났기 때문이다. 기독교 신앙에 핵심은 이 계시의 초점인 "말씀이 육신이 된" 나사렛 예수를 고백하는 것이다. 예수로부터 그 의미를 도출해내는 한 모든 역사는 예수와 관련해서, 그리고 예수로 인해서 그 계시적 중요성을 가진다. 예수 안에 있는 신적 자기증시의 관점으로부터 이해된 역사의 사건들은 그리스도 안에서 계시된 하나님의 본질에 대한 통찰력을 또한 제공해준다. 트라우고트 홀즈(Traugott Holz)가 『신약주석사전』(Exegetical Dictionary of the New Testament)에서 결론내리듯이 말이다.

> 신약의 이해에 따르면 하나님은 역사 속에서 행하심으로 자신을 드러내신다…그렇기 때문에 신약에 따르면 하나님의 결정적 행위는 예수 그리스도의 역사에서 나타난다. 신약의 모든 단어들이 분명하게 말한다. 거기에 나오는 모든 실제적 사건들이 그리스도의 역사 속에 하나님의 실재가 **증시**되었다는 것 말이다.[54]

하나님의 역사적 계시가 행위에 해석을 더한 측면에서 우리에게 중재되었다는 신정통주의 사상가들 가운데 널리 받아들여지고 있는 이러한 주장을 최근에는 복음주의 사상가들도 많이 받아들이고 있다.[55] 이 이해는

---

54) Traugott Holz, "Apokalupsis," in *Exegetical Dictionary of the New Testament*, ed. Horst Balz and Gerhard Schneider (Grand Rapids, Mich." Eerdmans, 1990), 1:132.
55) 그 예로는, 다음을 보라. John Goldingay, *Approaches to Old Testament Interpretation* (Downers Grove, Ill.: InterVarsity Press, 1981), 74-77. 또한 다음을 보라. Packer, "Fundamentalism" and the Word of God," 92; George Eldon Ladd, "Revelation, History and the Bible," *Christianity Today* 1 (September 30, 1957):7; Daniel B. Stevick, *Beyond Fundamentalism* (Richmond, Va.: John Knox Press, 1964), 104-106. 신정통주의 입장을 위해서는 다음을 보라. John Baillie, *The Idea of Revelation in Recent Thought* (New York: Columbia Unity Press, 1956), 62-65.

신적 계시의 초점이 소위 "단순한 역사적 사실들"(historie)에 있는 것이 아니라 "해석된 사실들"(geschichte)에 있다는 것을 의미한다. 설명되지 않은 사건이 아닌 해석된 사건은 사건들의 흐름들 가운데에 있는 그 위치에서 계시적이다. 따라서 해석된 이야기를 통해서 우리는 하나님을 만나며 그것을 다시 이야기하고 삶에 적용하는 것이다. 이 만남에서 우리의 구원을 위해서 이 해석된 이야기를 능력 있게 하시는 성령이 임재하신다.

이러한 견지에서 우리는 "예증적 사건" 개념에 호소함으로써 "계시"의 개념에 접근할 수 있다.[56] 이 예증적 사건은 공동체에게 실재의 전체성을 바라보는 방식과 실재의 경험에 대한 이해를 만들고 형성하는 범위로까지 발전하여 공동체의 상상을 지배한다. 공동체는 사건의 기억을 보존하며 공동체가 당면한 후속의 역사적 상황의 측면에서 그 사건을 재해석하고, 그 사건 속에서 미래를 위한 계속되는 희망의 원천을 발견한다. 이러한 방식으로 전형적인 사건들은 지속적으로 계시의 원천이 되며, 각각의 계승되는 세대들은 그 사건들을 자신들 공동체의 과거 역사로 바라볼 것이다.

앞서 말한 결론들은 성경의 인간적 언어들이 어떻게 우리에게 하나님의 말씀이 될 수 있는지에 대한 앞으로의 논의를 위한 방법을 제공해준다. 그렇게 함으로써 성경과 하나님의 계시를 단순히 동일시하는 이해를 넘어 올바른 방법을 제시해줄 것이다. 즉 성경의 말들과 진정한 하나님의 말씀이 모두 일대일로 대응하여 일치한다고 믿는 지난 복음주의의 경향을 넘어설 수 있게 해줄 것이다.[57]

여기에 관한 일반적인 복음주의적 이해는 안타깝게도 신약성경 기자들

---

56) 한 예로, 다음을 보라. Richard J. Coleman, *Issues of Theological Conflict* (Grand Rapids, Mich.: Eerdmans, 1980), 109-10.
57) 이러한 경향은 William J. Abraham에 의해 비판받았던 것이다. William J. Abraham, *The Divine Inspiration of Holy Scripture* (Oxfor: Oxford University Press, 1981).

이 사용한 "하나님의 말씀"이라는 용어를 제대로 반영하지 못하고 있다. 복음주의 학자 폴 레인보우(Paul Rainbow)는 그의 성경본문연구에서, 비록 많은 복음주의자들이 그렇게 하는 경향이 있지만 신약성경 기자들은 "하나님의 말씀"이라는 용어를 유대 성경을 가리키는 말로 사용하지 않았다고 결론 내린다. 오히려 그들은 그 의미를 하나님으로부터 직접 선포되거나 선지자를 통해서 전달된 메시지들 그리고 모든 인간들 위에서 예수의 사역에 중심이 된 메시지들을 의미하는 것으로 제한했다.[58] 결국 신약 공동체에 따르면, "하나님의 말씀"은 성령이 예수님에 관한 복된 소식을 알리시는 것이며, 이 말씀은 교회가 성령의 능력 안에서 그리고 성령의 권위에 의해서 우리에게 말하는 것이다.

그렇다면 우리는 과연 성경을 무엇이라고 보아야 할까? 레인보우는 성경이 과거에 하나님의 언급에 대한 신뢰가치가 있는 기록이기 때문에, 그것은 "현재에도 하나님의 말씀을 교회가 선포하는지를 우리가 시험해볼 수 있는 절대적으로 확실한 기준을 제공한다"고 부언한다.[59]

레인보우의 결론이 오늘날의 많은 이들에게는 아마도 혁신적이겠지만 복음주의자들에게는 전혀 새로운 것만은 아니다. 이러한 견해는 이미 우리의 유산 속에 실제로 있는 이해이다. 그래서 블레쉬는 이렇게 기록한다.

> 청교도주의와 경건주의를 포함한 초기 개혁 정통주의에 대한 면밀한 연구는 하나님의 말씀과 성경의 말들과의 구별이 대단히 일반적인 것이었음을 말해준다.[60]

---

58) Paul Rainbow, "On Hearing the Word of God," Convocation address at North American Baptist Seminary, Sioux Falls, S.D., 1990.
59) Paul Rainbow, "On Hearing the Word of God," 14.
60) Donald G. Bloesch, *The Future of Evangelical Christianity* (Garden City, N.Y.: Doubleday,

그렇기 때문에 레인보우는 "하나님의 말씀", 즉 계시가 성경에 우선한다는 것이 대단히 중요하다고 주장한다. 역사적으로 하나님으로부터 인간을 향한 신적 소통의 시작은 성문서화 과정보다 앞선다. 그래서 논리적으로 그것은 우선권을 수반한다. 이러한 의미에서 성경은 계시의 실재를 전제한다.[61] 이것은 근본주의적 의미가 아니라, 바로 초대교부 시대로부터 종교개혁까지의 교회의 입장이었다고 주장하는 블레쉬의 말을 인용하면, "성경은 신적으로 지목된 통로, 거울 혹은 가시적 계시의 표식이다."[62]

하지만 다른 각도에서 보면, 계시와 성경은 서로 대등한 상관관계가 있다. 하나님의 자기증시는 그것이 성경으로 기록되기 이전에 단번에 발생하지 않았으며, 오히려 정경의 성경들의 발전 과정과 함께 일어났다. 하나님의 계시적 사역은 부분적으로는 성경의 형성 과정을 통해서 왔다. 때문에 신앙공동체는 성령의 손길의 인도 아래서, 초대의 하나님의 자기증시의 상황과 그보다 더 이른 사건들로 된 성문서의 전통 안에서, 세상 속에서 계속되는 하나님의 역사와 함께 씨름했다.

예를 들어, 초대 기독교인들은 예수의 주되심과 그들 가운데에 거부할 수 없는 성령의 임재 경험에 대한 근원적인 고백을 제기함으로써 유일신적 유산에 정면으로 도전해야만 했다. 그들의 성찰을 통한 최종 결론은 삼위일체론이었다.

하나님의 자기증시가 공동체의 삶에 의미하는 것과 그 공동체가 씨름하는 것은 하나님의 계시 사역의 일부이다. 하나님은 그들에게 언약으로 다가오셨으며, 그가 거룩하신 하나님이기 때문에 그들도 거룩하다고 일컬음을 받아야

1983), 118.
61) Barr, *The Scope and Authority of the Bible*, 16; Beegle, *Scripture, Tradition and Infallibility*, 307-8.
62) Bloesch, *The Future of Evangelical Christianity*, 118.

만 했다. 성경은 성경 인물들이 하나님의 언약의 동반자로서 성령의 인도하에 그들의 사명을 위한 신적 거룩함의 실제적 의미를 발견하기에 이르게 하는 과정에 통찰력을 제공해준다.

하지만 하나님의 궁극적 자기증시는 아직 미래에 놓여있다. 정경이 종결된 이후에도 교회는 성경이 믿음의 성장과 그리스도의 공동체로서 부름받은 삶을 살아가게 하는 것을 탐구하도록 지속적인 도전을 받는다.

하지만 방해하는 사건들이 하나의 결정적 차이를 가져오게 하였다. 교회는 오늘날 완성된 정경을 손에 든 채로 하나님의 신실한 백성이 되기를 추구한다. 우리는 성경의 형성 작업을 경험하지 못했다. 오히려 우리는 하나님의 백성으로서의 정체성의 지속성 혹은 그것의 현대적 표현을 추구한다. 왜냐하면 역사 속에 자신을 증시하신 하나님께 백성됨의 정체성과 존재가 귀속되기 때문에, 그것은 결국 성경에 또한 귀속되기 때문이다.

성경이 어떤 의미에서 계시를 전제한다는 사실을 발견한 것은 성경이 적어도 우리의 관점에서 보면 성경이 계시에 종속하는 것을 나타낸다.[63] 마치 성경이 성령의 사역에 하인인 것처럼 말이다. 즉 성경에 제시된 성령의 능력을 받은 메시지는 그것이 전달될 때 우선권을 가지고 전달된다는 것이다. 계시와 성령에 종속적 의미를 갖는 성경의 특성은 이제 다루게 될 성경의 권위에 착수하기 위한 상황을 조성한다.

이러한 계시에 대한 이해에 기초해서, 우리는 성령의 조명을 받은 성경이 "하나님의 계시"라고 할 수 있다. 성경은 우리에게 하나님의 말씀이다. 성경과 계시의 관계는 삼중적이다.

첫째, 성경은 파생적 의미에서 계시이다. 하나님의 역사적 계시에 대한 증언임과 동시에 그 기록이기 때문에 성경은 계시이다. 그것은 하나님이

---

[63] 이 주제가 발전된 것으로는 다음을 보라. Berkouwer, *Holy Scripture*, 195-212.

실제로 자신을 드러내신다는 것을 증명한다. 즉 하나님은 베일을 들어 올리신 것이다. 하나님은 더 이상 숨어계시지 않는다. 하나님은 오늘날도 항상 자신의 존재를 드러내고 계신다. 하나님은 예언적으로 해석되고 삶에 적용된 역사적 사건들 속에서 자신을 드러내셨을 뿐만 아니라 창조에 대한 당신의 의도 또한 드러내셨다. 성경은 기록된 증언이며 하나님의 자기 증시의 축적이다. 성경 속에서 우리는 역사적 사건들과 그들의 해석을 읽는다. 그러므로 성경은 신실하게 해석된 구속사를 현대 독자에게 전달해 준다.

이러한 의미에서 성경은 하나님의 진리이다. 실제로 인류에게 자신을 증시하시는 역사 속의 하나님의 사역에 대해 배울 수 있는 다른 책은 그 어디에도 없다. 성경 메시지를 제외하고는 하나님에 관해 유용한 메시지가 어디에도 없다. 이러한 의미에서 성경은 우리에게 하나님의 말씀이다.

둘째, 성경은 기능적 의미에서 계시이다. 그것은 계시적이다. 성경은 독자로 하여금 성경 자신을 넘어선 곳을 향하게 한다. 즉 성경은 독자로 하여금 계시된 하나님을 향하게 하며, 하나님이 어떻게 알려지셨는지를 향하게 한다. 실제로 성경의 메시지는 우리 안에서 구원과 성화를 주관하시는 성령의 수단이다. 성령은 우리의 마음이 이해하도록 조명하시며 우리가 존재의 의미를 깨닫게 되는 성경의 본문에 화답하게 하신다. 그리하여 앞에서 기록했듯이 항상 객관적인 말씀이었던 이러한 인간의 언어들이 우리의 주관적 경험을 통해 하나님의 말씀이 된다.

결론적으로, 몇몇 비복음주의자들이 우리를 그렇게 고발하듯이 우리는 성경 그 자체를 우상화하지 말아야 한다.[64] 성경은 그 자체가 목적이 아니다. 오

---

64) 성경 우상화에 대한 비난은 쉽게 수그러들지 않는다. 이러한 비판은 1982년 말에 다시 반복되었다. Sallie McFague, *Metaphorical Theology* (Philadelphia: Fortress, 1982), 4을 보라.

히려 우리는 하나님을 알아가는 성령의 감동으로서, 그리고 성령의 조명된 수단으로서 성경을 존중하고 있으며 또한 존중해야 한다. 살아계신 하나님과의 만남을 통하지 않고는 하나님의 실재를 알게 되는 다른 방법은 없다. 그리고 이 만남은 성경 메시지를 통해서만 가능하다. 이런 의미에서 성경은 우리에게 하나님의 말씀이다.

셋째, 성경은 중재자의 의미에서 계시이다. 그것은 하나님이 어떠한 분이실지에 대한 적절한 이해를 독자들에게 중재한다. 이처럼 성경은 하나님에 관한 말씀이기 때문에 우리에게 하나님의 말씀이다.

궁극적으로, 모든 성경의 중심 주제는 삼위일체 하나님이다. 성경의 각 장에서 그 삼위일체 하나님은 구원의 하나님이시며 그분의 본질은 사랑이라고 묘사된다. 성경은 역사 속의 하나님의 사역 이야기를 구원으로 끌어옴으로써 하나님의 성품이 이루어놓은 것을 묘사한다. 성령이 우리의 마음을 조명하여 성경 메시지를 붙잡게 하시기 때문에, 우리는 하나님이 사랑의 구원자라고 이해하게 된다. 성경이 이 깨달음을 우리에게 중재하기 때문에 이 책은 하나님의 계시이다. 실제로, 성경 외에 우리가 그것을 읽음으로써 하나님의 특성에 대해서 알 수 있는 다른 자료는 없다. 이런 의미에서 성경은 인류에게 하나님의 말씀이다.

이러한 삼중적 의미에서 성경이 계시이기 때문에 성령은 각 장을 통해 우리의 유일한 권위로 말씀하신다. 그 자체가 "계시"라는 측면으로 인해 오직 성경만이 하나님의 역사적 계시와 가장 밀접하게 관련이 있는 것이다. 오직 성경만이 핵심적인 계시적 역사 사건에 대한 기록을 가지고 있다. 게다가 그 기록들에 대한 예언적 해석과 그 사건들에 대한 적용을 가지고 있다. 즉 계시의 역사적 사건과 그에 대한 해석 그리고 그 적용이 함께 있는 책은 성경이 유일하다. 오직 성경만이 그리스도 안에 계시는 하나님께로 우리의 관심을 이끈다. 그럼으로써 우리로 하여금 인류의 구원자이신 하나님과 대면하게 한다. 존 베일리(John Baillie)는 이렇게 기록한다.

> 성경은 복음이 우리 가운데에서 교통하게 하는 수단이기 때문에 거룩하다.[65]

올바로 이해된 성경의 권위는 대단히 넓은 범위에까지 확장되어야 한다. 심지어 신자로서의 우리의 모든 삶을 포함하는 데까지 말이다. 복음주의자들은 우리가 흔히 부르는 "신앙과 실제의 문제들"에 대해 성경의 저자들이 권위 있는 답변을 지니고 있다고 하는 데에 기본적으로 동의한다. 성경의 권위적 위치는 우리 삶에서 한두 가지 사례를 적용해봄으로써 쉽게 유추해 낼 수 있을 것이다. 하지만 여기서 중요한 것은 이러한 성경의 권위적 위치는 우리 삶의 모든 것을 포함하는 데까지 확장되어야 한다는 것이다. 이러한 현상은 신앙적 고백의 본질 모두를 포함하는 어떤 기능을 하게 된다.

물론 우리가 시도는 하겠지만, 우리의 신앙적 지향성이 삶의 어느 정도의 변두리에까지 영향을 미치는지 정확하게 선을 긋는 데에는 결코 성공할 수 없을 것이다. 이는 신앙적 고백이 개인과 공동체의 모든 영역에 막대한 영향을 미치기 때문이다. 하지만 이것은 이 고백들이 얼마나 확고하던지 간에 우리의 전체 삶에 궁극적 권위가 될 것이라는 것을 의미한다. 결론적으로, 성경이 "신앙과 실제"에 권위가 있다고 고백하는 것은 성경이 삶의 모든 부분으로 스며들게 될 것을 의미한다.

우리 자신을 성경의 가르침 아래에 두는 것은 우리로 하여금 성경적 세계관을 고백하도록 약속한다. 이처럼 세상을 향하여 고백하기 위해 형성

---

65) John Baillie, *The Idea of Revelation in Recent Thought* (New York: Columbia University Press, 1956), 117.

된 성경적 세계관은 우리의 모든 삶에 실제로 녹아들어 우리의 태도와 행동을 모두 지배할 것이다. 그러므로 성경의 권위를 인정하는 것은 신앙과 실제의 측면에 있어서, 성령이 성경을 통해서 말씀하시는 것을 삶의 각 영역에 적용할 것을 요구한다. 예수님이 그의 청중들로 하여금 예수님의 말씀을 실천하라고 꾸짖으셨고(마 7:24-27), 이 책망은 다시 야고보에 의해서 말씀을 "듣는 자"가 될 뿐 아니라 "행하는 자"가 되어야 할 것을 우리들에게 요청한다(약 1:22-25).

그러므로 성경은 많은 신자들이 수용하고자 원하는 여러 가지 근대적 가르침들 중의 하나로서 권위가 있는 것이 아니다. 그럼에도 불구하고 더 분명한 의미에서 그 권위는 기독교인의 삶의 모든 차원에까지 확장된다. 리더보스(H. N. Ridderbos)는 이 흥미로운 관계를 이렇게 요약한다.

> 하나님이 성경을 통해 우리에게 말씀하시는 것은 우리를 학자로 만들기 위함이 아니라 기독교인으로 만들기 위함이다. 물론 우리들의 학문인 신학도 분명 우리를 기독교인들로 만들기 위함이다. 하지만 그렇다고 해서 지나치게 인문학적으로 치우거나, 지나치게 과학적 연구방법을 통해서나 혹은 어떤 초자연적인 방법을 통해서는 올바른 기독교인이 되기 어렵다. 이러한 것들은 성경이 우리에게 가르치려고 하는 진정한 목적이 아니다.
>
> 성경이 의도하는 것은 우리로 하여금 바로 자신의 위치에서 하나님을 위한 사람들이 되게 하는 것이다. 심지어 우리의 과학적 연구나 노고들까지도 말이다. 성경은 단순히 말씀의 경건주의적 차원이나 실존주의자적 차원에서 사람들의 **신앙적** 필요들에만 관련이 있는 것이 아니다. 그와는 대조적으로, 성경의 목적과 권위는 모든 **하나님의 관점** (*sub specie Dei*)-인류, 세상, 자연, 역사 그들의 기원과 그들의 목적, 그들

의 과거와 미래-을 우리가 이해하도록 가르쳐주는 데에 있다. 그러므로 성경은 회심의 책일 뿐 아니라, 역사의 책이며 창조의 책이다. 하지만 이것은 구원사의 책이다. 그리고 이러한 관점에서 이것은 성경의 권위를 나타내고 규정한다.[66]

이것은 우리로 하여금 출발점으로 다시 돌아가게 한다. 성경에 대한 복음주의적 결단은 매우 중요하다, 왜냐하면 성경이 복음주의적 풍토를 위한 기반을 형성하기 때문이다. 만약 복음주의의 중심에 그리스도인이 된다는 것의 특성에 대한 우리의 공통된 비전이 놓여 있다면, 그리고 만약 이 비전이 우리가 "주님을 경험"하는 이야기들의 특성과 관련되어 있다면 성경은 극명히 중요하다. 성경은 우리가 스스로가 누구인지를 이해할 수 있도록 그리고 우리가 경험하는 내러티브들을 조직할 수 있도록 범주를 제공한다. 그리고 이 범주들은 예수 그리스도 안에서 계시된 하나님을 따르는 신실한 사람들이 신앙공동체 안에서 어떻게 살아가야 하는지를 결정해준다.

다시 말해서, 성경의 메시지로부터 우리는 하나님의 백성으로서의 정체성을 부여받는다. 그리고 성경을 통해서 우리는 세상 속에서 신앙공동체가 된다는 것이 의미하는 것이 무엇인지를 배운다.

---

66) H. N. Ridderbos, "The Inspiration and Authority of Holy Scripture," in *The Authoritative Word*, ed. Donald K. McKim (Grand Rapids, Mich.: Eerdmans, 1983). 186.

제6장

신학의 통합적 주제 재조명

오늘날에 유용한 신학은 적당한 신학적 자료들, 이를테면 성경의 메시지, 교회의 신학적 유산, 그리고 동시대의 문화적 사고 형식을 차용해야 할 뿐 아니라, 적절한 "통합적 모티프"를 포함해야 한다. 신학의 통합적 모티프는 조직의 핵심적 체계로서 작용하는 개념이며, 그것을 주제로 해서 조직신학이 세워지는 것을 말한다. 그러한 모티프는 통합적이어야 한다. 왜냐하면, 체계의 심장부에 위치하기에 그것은 논의의 주제들을 선정하며 그 주제들에 대한 우리의 변증의 방식을 결정하기 때문이다. 우리는 이 통합적 모티프를 "지향적 개념"이라고도 명명할 수 있다. 이는 통합적 모티프가 다른 모든 신학적 개념들의 상대적 의미와 그 가치에 대해 각 주제별로 성찰을 제공할 것이기 때문이다.[1]

신학의 역사는 많은 통합적 모티프들의 창안을 증언해왔다. 한 예로, 중세의

---

1) 한 예로는, 다음을 보라. Gerhard Sauter and Alex Stock, *Arbeitswesen Systematischer Theologie: Eine Anleitung* (Munich: Kaiser, 1976), 18-19.

위대한 조직신학자 토마스 아퀴나스는 자신의 신학구조를 하나님의 비전(vision)의 개념으로 정리했다. 그는 인간의 가장 숭고한 능력이 하나님에 대한 지적 성찰이라고 주장했다. 그의 신학은 이생과 후생에서의 목적을 모두 만족시키고자 하는 하나의 시도였다.

한편 종교개혁자 루터는 일생 동안 그러한 방식의 조직신학을 한 번도 집필하지 않았다. 하지만 그럼에도 불구하고 그의 모든 작품은 "이신칭의"를 그의 중심 사상으로서의 통합적 모티프로 제시하고 있다. 루터의 신학은 근본적으로 하나님 앞에서 인간이 의롭게 서 있을 수 있는 길은 바로 죄인인 그가 믿음으로 말미암아 은혜로 인하여 하나님께 의인이라 칭함을 받는 것을 말한다.

또 다른 중요한 종교개혁자인 칼빈은 그의 모든 신학적 작품에서 "하나님의 영광"이라는 주제에 초점을 맞추고 있다. 칼빈에 의하면, 모든 역사와 영원 그 자체는 결국에는 창조 이전에 하나님이 계획시고 결정하신 결과들이다. 이 하나님의 결정은 당연히 모든 사건이 하나님의 영광을 이끈다는 것이다.

자신의 통합적 모티프에 그들의 사상을 관철시켰던 다른 신학자들의 예들도 있다. 존 웨슬리는 은혜의 개념에 사로잡혔다. 더 정확히 말하자면 은총(Responsible grace)에 사로잡혔다.[2] 프리드리히 슐라이에르마허는 인간의 종교적 경험으로부터 영감을 받았다. 그리고 칼 바르트는 인간을 향한 삼위일체 하나님의 증시 즉 계시의 본질을 그의 모티프로 삼았다.

이 시대에도 신학을 위한 통합적 모티프가 될 수 있는 몇몇 주제들이 제시되

---

2) 이 주제는 Randy L. Maddox에 의해 제안된 것이다. Randy L. Maddox, "Responsible Grace: The Systematic Perspective of Wesleyan Theology," *Wesleyan Theological Journal* 19 (Fall 1984): 12-18.

고 있다. 어떤 근본주의자들과 복음주의자들은 구원 역사의 세대주의적 이해[3] 혹은 성경관[4]으로 그들의 신학적 주제를 통합하려고 한다. 진보적 신학 부류에서는 화이트헤드(Whitehead)의 과정철학이 신학의 통합적 개념으로 영향력을 미치고 있다.[5] 최근 수십 년 동안 가장 널리 차용되었던 주제 중 하나가 해방이라는 것이다. 북미의 흑인 신학[6]과 남미의 해방 신학[7]에서 유래하여, 그것은 다른 그룹들의 사상가들에게도 널리 사용되었다. 관련된 운동으로서 여성 신학은 신학적 성찰을 위한 조직 원리로서 여성의 경험을 활용했다.[8] 더 최근에는 개인들의 인생사와 성경을 이야기로서 강조하는 내러티브 신학이 심지어 복음주의자들 사이에서도 주목을 받고 있다.[9]

하지만 이 주제들 중 그 어느 것도 21세기의 시대에 주요 신학계나 복음주의 내에서 하나님 나라의 개념보다 더 광범위하게 사용된 것은 없다. 결국 재조명된 복음주의 신학을 위한 최고의 통합적 모티프 역할을 할 주제는 무엇이냐고 우리가 질문할 때, 우리는 먼저 하나님 나라와 통치의 개념을 생각해야 한다. 그래서 우리의 첫 번째 질문은 과연 이 주제가 신학의 주요 관점에서 어떤 범위와 양식에까지 지속적으로 유효하다는 보장을 할 수 있는가이다.

---

3) Lewis Sperry Chafer, *Systematic Theology*, 8 vols. (Dallas: Dallas Seminary Press, 1947-48).
4) Millard J. Erickson, *Christian Theology*, 3 vols. (Grand Rapids, Mich.: Baker Book House, 1983-85).
5) Marjorie Hewitt Suchocki, *God, Christ, Church* (New York: Crossroad, 1984). 다음을 또한 보라. Jhon Cobb Jr., *A Christian Natural Theology* (Philadelphia: Westminster Press, 1965).
6) James H. Cone, *A Black Theology of Liberation* (Philadelphia: J. B. Lippincott, 1970).
7) Gustavo Gutierrez, *A Theology of Liberation* (Maryknoll, N.Y.: Orbis Books, 1980).
8) 한 예로는, 다음을 보라. Rosemary Radford Ruether, *Sexism and God-Talk* (Boston: Beacon, 1983).
9) George W. Stroup, *The Promise of Narrative Theology* (Atlanta: John Knox Press, 1973). 그리고 Michael Goldberg, *Theology and Narrative* (Nashville: Abingdon, 1982)와 Gabriel Fackere, *The Christian Story* (Grand Rapids, Mich.: Eerdmans, 1984)을 또한 보라.

1. 신학적 모티프로서의 하나님 나라

복음주의자들뿐 아니라 더 넓은 신학 영역에서도, 하나님 나라는 20세기 이전부터 이미 주요한 신학적 주제로 신학적 논쟁의 중심에 있었다. 하지만 21세기가 도래하면서, 하나님 나라의 주제는 신약학계와 조직신학계로부터 새로운 관심을 받음과 동시에 공격의 대상이 되기도 했다.[10] 이 개념은 직접적 영향과 간접적 영향을 모두 미쳤다. 이것이 몇몇 신학적 제안들을 위한 통합적 모티프를 형성하게 했다는 점에서 그것은 신학에 직접적인 영향을 미쳐왔다. 하지만 이것을 명백한 중심 주제로 사용하는 것을 넘어, 이 개념은 희망신학과 해방 신학을 포함한 다양한 현대 신학 운동에 대한 기초를 제공하였다. 실제로 적어도 최근까지는, 20세기 신학사는 하나님 나라 신학의 발전이었다고 조심스럽게 말할 수 있다.

하지만 이 하나님의 통치나 하나님 나라의 개념을 우리가 어떻게 이해해야 하는가? 비록 이것이 널리 사용되는 개념임에도 불구하고, 그 정확한 의미가 무엇이냐에 대해 신약학계와 조직신학계 모두에서 20세기 전체에 걸쳐 심도 있는 논쟁을 해오고 있다. 이러한 논쟁은 복음주의 신학을 위한 통합적 모티프로서의 하나님 나라 주제의 잠재적 사용을 위한 중요한 배경을 형성한다.

하나님 나라의 본질에 관련한 20세기의 논쟁은 주로 정통 기독교 자유주의 내에서 이것을 모티프로 사용한 것에 대한 반작용으로 일어났다. 이 사상은 "현대 신학의 아버지"라고 불리는 그 이전 세기의 프리드리히 슐라

---

10) 이 개념의 광범위한 영향에 대한 한 예로는, 세계교회협의회(World Council of Churches)의 총무로서 그것의 교리에 대한 논문을 출판한 다음의 책을 보라. Emilio Castro, *Freedom in Mission: The Perspectives of the Kingdom of God-An Ecumenical Inquiry* (Geneva: World Council of Churches, 1985).

이에르마허의 작품으로부터 확립된 사상이었다. 슐라이에르마허의 질문의 초점은 종교가 주로 "하나님 의식"과 관련한다는 것이었다. 왜냐하면 슐라이에르마허는 예수님이 온전한 신의식(God-consciousness)의 유익을 누리셨기 때문에 우리와 하나님과의 관계를 연결시켜주실 수 있었다고 주장한다. 슐라이에르마허는 이 공유된 신인식이 다시 우리를 교회, 즉 예수님을 따르는 사람들의 공동체로서 특징지어주며 그것으로 인해 하나님 나라로 더 가까이 연결된다고 생각했다.

신앙공동체와 함께 하나님 나라에 연결된 슐라이에르마허의 사상은 뒤따르는 사상가들에 의해 더욱 탄탄하게 확립되었다. 먼저 알브레히트 리츨(Albrecht Ritschl)은 슐라이에르마허 사상에 내포된 하나님 나라의 윤리적 개념을 발전시켰다. 리츨이 이해하는 "나라"는 예수님에 의해 선포된 사랑으로 이루어진 인간 집단의 한 단위의 나라로 이해한다.[11] 그러므로 기독교 신앙이란 인간과 하나님의 가장 숭고한 선이며 목적인, 그리스도 안에 계시된 이 나라를 붙잡는 것이다.[12] 이러한 측면에서 리츨은 하나님의 존재를 이 세상에서의 하나님 나라의 도래로 규정했다.

리츨의 사상은 아돌프 본 하르낙(Adolf von Harnack)에게서도 나타난다. 하르낙에 따르면, 교회사 전체에 걸쳐 복음은 그리스도를 로고스, 즉 말씀으로

---

11) Albrecht Ritschl의 하나님 나라에 대한 형식적 정의는 오히려 너무 길며 복잡한 감이 있다. "하나님 나라는 사랑의 동기로부터 야기된, 행동의 연속된 보답으로서, 이웃의 표지들을 보여줄 수 있는 모든 사람들이 하나로 묶이는 것이며, 더 나아가 그것은 모든 선한 사람들의 연합이 최고의 선에 적절히 종속되는 형태인 것이다." Albrecht Ritschl, *The Christian Doctrine of Justification and Reconciliation* (Clifton, N.J.: Reference books Publishers, 1966), 334-35.

12) Albrecht Ritschl, *The Christian Doctrine of Justification and Reconciliation*, 282. 여기서 Albrecht Ritschl은 하나님 나라를 하나님 자신의 영광과 하나님의 개인적 목적이라고 언급한다.

정의하는 등의 이방 철학의 껍데기와 중첩되었다.[13] 그럼에도 불구하고 예수님의 순수하고 단순한 메시지인 하나님 나라가 인류에게 알려진 가장 영광스러운 최고의 이상으로 인정되어 어느 곳에서나 복음은 생존해왔다고 그는 부언한다. 이러한 이상은 사람들이 서로 연합하게 되는 미래의 희망인데, 이것은 "법질서에 의해서가 아니라 사랑의 지배를 받고, 사람이 적을 관용으로 굴복시키는 곳이다."[14]

이러한 자유주의 신학의 하나님 나라 이해의 정점은 사회복음 운동에 나타나게 되었다. 사회복음 주창자들은 예수님이 하나님 나라를 사후의 세계나 그의 재림 이후에 오게 될 완벽한 질서의 세계라고 이해했다는 것을 부정한다. 예수님께 있어서 하나님 나라는 오히려 사랑과 정의로 함께 협력하며 살아가는 모든 인간의 지상에서의 삶이라는 것이다. 이러한 견지에서 사회복음주의자들은 이상적인 사회의 건설에 하나님이 함께하는 것을 모색했던 것이다.[15]

사회복음의 목표는 월터 라우쉔부쉬가 주장했던 지상 건설적인 운동이었다. 그의 책은 사회 복음의 차원에서 이해한 하나님 나라의 개념과 윤리적 삶의 목표를 복합적으로 적용해서 설명하고 있다. 예를 들면, 『기독교와 사회 위기』(Christianity and the Social Crisis, 1907)에서 그는 현재의 사회 위기 속에서 기독교인이 되는 것은 곧 영속적 빈곤이라고 하는 경제 구조 속에서 구원 혹은 개혁을 위해서 일하고 있는 것을 뜻한다고 주장했다. 사회복음의 중심주제의 전형을 들며 그는 기독교의 필수 과제는 "모든 인간이

---

13) Adolf Harnack, *What Is Christianity?* trans. Thomas Bailey Saunders (New York: G. P. Putnam's Sons, 1901), 216-20.
14) Adolf Harnack, *What Is Christianity?*, 122.
15) 사회복음운동에 대한 짧은 개요를 위해서는, 다음을 보라. William E. Hordern, *A Layman's Guide to Protestant Theology*, rev. ed. (New York: Macmillan, 1968), 85-86.

거듭나서 하나님의 뜻에 화합함으로써 인간 사회를 하나님 나라로 바꾸는 것"이라고 말했다.[16] 그는 악의 나라의 일환으로서 무간섭주의적(laissez-faire) 자본주의를 지적하면서, 기독교인들이 각 개인 영혼의 차원에서뿐 아니라 모든 연합 독립체와 사회구조의 차원에서 회개하고 구원을 받음으로써 새로운 부흥으로 이끌어야 한다고 호소했다.

라우셴부쉬는 후에 『사회질서의 기독교화』(*Christianizing the Social Order*, 1912)에서 "부흥", 즉 그가 구상하는 인간 사회에서 실현될 하나님 나라의 진보적 근사치를 위한 구체적인 사항들을 제안했다. 그리고 『사회복음을 위한 신학』(*A Theology for the Social Gospel*, 1917)의 "이 운동을 위해서 조직신학은 무엇이 되어야 하는지"라는 항목에서, 그는 하나님 나라라는 주제로 재조합하고자 모든 주요한 기독교 교리의 재정립을 시도하고 있다.

하지만 라우셴부쉬는 비록 하나님 나라에 대한 자유주의적 이해의 의미를 상술하기는 했지만 그 이론적인 기초는 성경의 종말론적 요소를 재발견한 것에 불과하기 때문에 그 의미가 퇴색되고 있다. 어떤 학자들은 세상에 대한 종말론적 조명이 신약성경의 중심 기능이라고 보기 시작했다. 그리고 그들은 동시에 그 하나님 나라의 성경적 묘사가 예수님에 의해 세워진 선한 의도를 가진 사람들에 의한 윤리적인 인간 사회는 아니라는 것을 깨달았다. 오히려 성경은 역사 속에 침투하는 하나님의 재앙적 행위에 대해 말하고 있다.

이러한 광범위한 변화의 시발점은 알브레히트 리츨의 사위인 요하네스 바이스(Johannes Weiss)가 쓴 『예수의 하나님 나라 선포』(*Jesus' Proclamation of the Kingdom of God*, 1892)라는 작은 책이었다. 권위 있는 그리스도의 직접적인 언급을 다룬 그의 연구로부터, 바이스는 예수의 마음에 있는 하나님 나

---

16) Walter Rauschenbusch, *Christianity and the Social Crisis* (New York: Macmillan, 1907), xi.

라는 전적으로 미래라고 결론 내렸다. 그래서 사람들은 바이스의 입장을 이름하여 "지속적 종말론"이라고 부르게 되었다. 더 나아가 예수님은 자신이 세울 나라가 사회라고 개념화하신 것이 아니며, 오히려 하나님이 역사에 종말론적으로 개입하시는 것이라고 주장했다. 따라서 예수님은 19세기 유럽의 자유주의적 윤리-도덕주의자들의 전통이 아닌 고대 종말론적 전통에 서 계셨다는 것이다.

바이스는 예수님이 결코 그의 제자들이나 그들을 따르는 더 큰 연맹에 의한 사회를 하나님 나라와 동일시하시지 않았다고 주장한다. 실제로 예수님은 참을성을 가지고 하나님 나라를 기다리지 않고 그것을 억지로 찾으려고 하는 모든 이를 꾸짖으셨다(마 11:12). 게다가 마태복음 13장은 수수께끼 같은 비유를 통해 인간 사회의 성장이 아닌, "방해받고 겉으로는 실패한 듯 보였던 설교가 마침내는 하나님의 개입으로 인해 그 보상과 징벌을 받는다"는 사실을 언급한다.[17] 바이스는 예수님의 "나라가 임하시오며"라는 기도를 통해, 하나님의 통치는 아직 미래이며 그날이 언제인지는 오직 하나님만이 아신다는 것이 주님의 생각이라고 더욱 확신하게 된다.

이러한 것들을 고려함으로써 바이스는 예수님이 자신의 사명에 대해서 이해하신 것에는 세 가지 측면이 있다고 주장한다.

첫째, 예수님은 자신이 사탄의 왕국에 대항하는 하나님의 영을 지닌 사람으로서, 예수님의 주되심의 위치로부터 현세의 통치를 위임받은 자라고 보았다.

둘째, 예수님은 자신의 임무가 하나님 나라의 복음을 선포하시는 분이라고 보았다. 하나님은 그의 하나님 나라를 세우실 것이며, 그렇기 때문에

---

[17] Johannes Weiss, *Jesus' Proclamation of the Kingdom of God*, trans. Richard H. Hiers and David L. Holland (Philadelphia: Fortress, 1971), 72.

백성들은 그것의 도래를 스스로 준비해야 한다는 것이다.

셋째, 예수님의 복음을 들은 자들이 회개의 열매를 보여주지 못할 때, 그리고 그들의 지도자들이 성령을 모독할 때 예수님의 세 번째 임무가 추가된다. 예수님은 그 백성들의 죄를 도말하기 위해 죽으셔야만 했다. 그 죽음으로써 예수님은 천국을 예비하시며, 예수님의 제자들은 계속해서 하나님 나라의 메시지를 선포할 것이고, 그래서 그들의 세대로 하여금 회개하게 하는 것이다. 결론적으로, 예수님은 하나님 나라를 기다릴 자신을 따르는 수많은 제자 무리들을 모으는 것이 자신의 당면한 임무라고 생각했던 것이다.

20세기 전반기 동안 바이스의 "예수님의 하나님 나라 이해"에 대한 대안이 나타났다. 그 중에 가장 두드러진 사람은 "실현된 종말론"으로 알려진 영국의 학자 도드(C. H. Dodd)였다. 도드는 예수님이 단지 하나님 나라의 전조였으며 예수님이 그것의 도래를 기다리셨다는 데에 반대했다. 오히려 예수님을 "하나님의 통치력이 드디어 유효하게 작동되었다"는 표식의 사건들이 자신을 둘러싸고 있는 것을 목격했던 하나님 나라의 창시자이셨다는 것이다.[18] 그러므로 예수의 메시지는 나라가 미래에 올 것이라는 의미가 아니라, 예수님의 사역을 통해서 종말론적 사건들이 이미 임하고 있다는 의미이다. 도드는 신약성경 전체의 요지가 이것을 반영한다고 부언한다. 신약성경의 모든 기자들은 구약의 종말론적 희망이 예수 그리스도 안에서 모두 실현되었다고 확신했다는 것이다. 하나님의 숨겨졌던 법칙들이 이제는 밝혀졌다는 것이다. 악은 멸망했으며, 죄는 심판 받았고, 하나님의 백성들을 위한 새로운 삶이 가능해졌으니 말이다.

지속적 종말론과 실현된 종말론은 하나님 나라의 시간에 관련해서 서

---

[18] C. H. Dodd, *The Parables of the Kingdom* (London: Nisbett, 1935), 44.

로 분명히 다르다. 하지만 그들의 차이는 그것의 본질에 관한 질문에까지도 확장된다. 지속적 종말론은 시간적 이원론을 강조한다. 그 나라는 이 세대를 끝내고 새로운 역사의 시대를 시작하는 역사적 사건이다. 반면 실현된 종말론은 실존적 이원론을 가정한다. 그 나라는 제자들이 현재 들어가는 존재적 영역이다.

20세기 중반 쯤, 바이스와 도드의 논쟁은 그 중간적 입장인 제3의 결론으로 종결되었다. 비록 두 차원이 어떻게 꼭 들어맞는지에 관해서는 아직 의견의 차이가 남아있긴 하지만 신약 학자들은 하나님 나라에 대한 예수의 생각은 현재이자 미래, 즉 "이미 그러나 아직 아닌"(already and not yet)이었으며, 그것은 사건임과 동시에 존재의 영역이었다는 데에 동의하기에 이르렀다.

조직신학자들은 하나님 나라 신학을 발전시키기 위해 그들의 동료 신약학자들의 발견을 차용했다. 이 하나님 나라 신학은 예수님이 세 가지를 통해 스스로 하나님 나라의 시작을 알리셨다고 주장한다. 첫째는 하나님의 왕권을 선포함으로써, 둘째는 악의 세력과의 결정적인 전투를 통해, 그리고 셋째는 인류를 위한 화합과 생명의 제공을 통해 예수님이 하나님 나라의 서막을 알리셨다는 것이다. 하지만 하나님 나라 신학은 그럼에도 불구하고 하나님 통치의 완성은 미래에 남아있다고 부언한다. "장차 올 시대"의 능력은 역사에 이미 침노하였기 때문에 그것은 현재이다. 하지만 이 세대의 끝날이 되기 전에는 그것이 완성되는 것은 우리가 아직 경험할 수 없을 것이다.

이러한 발전은 보다 넓은 신학적 세계의 평행선상에 있는 복음주의 신학에서도 그러한 유사한 점을 발견하게 되었다. 20세기는 천년왕국이라는 미래를 소개하는 세대주의가 심각하게 영향을 미쳤다. 하지만 20세기의 중반부가 지나면서 "이미 그러나 아직 아닌"의 합의점이 풀러신학교(Fuller

Seminary) 신약학자인 죠지 엘던 래드(George Eldon Ladd)에 의해서 보수진영에도 소개되었다. 다른 천년왕국 신념을 가지고 있던 복음주의 사상가들도 래드가 설득력 있게 제시했던 입장과 유사한 관점으로 수렴하고 있었는데, 이는 아마도 부분적으로는 래드의 영향 때문일 것이다. 따라서 무천년주의자[19]와 세대주의자는[20] 지금도 하나님 나라가 현재이자 미래라고 말한다.[21]

최근 "이미 그러나 아직 아닌"의 관점보다 더 깊이 있게 논의된 새로운 이해로 인해 그 오래된 합의점은 자리를 내주어야만 했다.[22] 어떤 사상가들은 오늘날의 "하나님 나라"라는 어구는 "능력의 하나님"[23]이나 하나님의 통치 활동 혹은 하나님의 자기증시를 의미한다고 주장한다.[24] 그것은 인간의 일에 대한 하나님의 최고의 개입이다. 결론적으로 그 나라의 도래는 현재에 새로운 삶의 방식을 창조한다.

하나님 나라에 대한 20세기의 논쟁들을 통해서 우리가 무엇을 결론내릴 수 있을까? 한편으로 신적 통치는 그리스도의 초림에 관련한다. 어떠한 의미에서는 이것은 백성들이 들어갈 수 있는 실제(reality)이다(막 9:47, 마 21:31-32). 그것은 하나님의 왕적 능력이다.[25] 따라서 그 나라는 사람들이

---

19) 한 예로, Anthony Hoekema, *The Bible and the Future* (Grand Rapids, Mich.: Eerdmans, 1979).
20) 한 예로, Craig A. Blaising and Darrell L. Bock, eds., *Dispensationalism, Israel and the Church* (Grand Rapids, Mich.: Zondervan, 1992).
21) 이러한 발전에 대한 더 충실한 논증을 위해서는, 다음을 보라. Stanley J. Grenz, *The Millennial Maze* (Downers Grove, Ill.: InterVarsity Press, 1992).
22) Marcus J. Berg, "Jesus and the Kingdom of God," *Christian Century* 102 (April 22, 1987): 378-80.
23) Bruce D. Chilton, *God in Strength: Jesus' Announcement of the Kingdom* (Freistadt, Germany: Verlag F. Plöchl, 1978), 287-88.
24) Bruce D. Chilton, introduction to *The Kingdom of God in the Teachings of Jesus*, ed. Bruce D. Chilton, Issues in Religion and Theology 5 (Philadelphia: Fortress, 1984), 25.
25) 다음을 보라. Joel Marcus, "Entering into the Kingly Power of God," *Journal of Biblical Lit-*

살도록 요청된 "존재의 영역"이다. 그것은 우리의 세상이 하나님 능력의 파입으로 인해 결합되는 것이다. 이를테면 하나님 안에서 그의 뜻을 행하는 것(마 6:10; 7:21-23)과 동시에 근본적인 결단(마 13:44-46)을 요구한다. 그 나라에 들어간다는 것은 "세상에 이미 시작된 하나님의 능력의 폭발적 증가"에 참여하는 것을 의미한다.[26] 다른 한편으로는, 신적 통치의 최종적 완성은 그리스도 재림의 영광에 둘러싸이는 것을 기다린다. 언젠가는 모든 피조물이 하나님의 의도에 순응하게 될 것이다. 오직 그때에만 이 세상의 나라가 진정한 하나님 나라가 될 것이며 진정으로 뜻이 하늘에서 이루어진 것같이 땅에서도 이루어질 것이다.

논의된 제안들의 고찰에서, 학자들은 신학의 중심 모티프로서 하나님 나라의 개념을 인정하는 것을 보였다. 이 주제는 현대 신학[27]에서 널리 차용된 개념이 됨으로써 그 유용성을 보였다. 비록 여성주의적 입장으로부터 합의점을 찾을 수 없는 비타협성 때문에 어느 정도의 공격을 받았지만 말이다.[28]

하나님 나라의 주제에 대한 신학적 차용은 근대 시대에만 국한된 것이 아니다. 교회는 그 전 역사에 걸쳐서 기독교인의 믿음에 그것이 얼마나 중요한지를 표현하는 데에 있어 이 개념을 강조했다. 하나님 나라 개념이 역사 속에서 왜 그리도 유명했는지를 이해하는 것은 그리 어렵지 않다. 왜냐하면 성경의 중심주제가 바로 하나님 나라이기 때문이다. 공관복음에 나

---

erature 107, no. 4 (1988): 663-75.
26) Joel Marcus, "Entering into the Kingly Power of God," 674.
27) 1960년대에 J. Moltmann과 W. Pannenberg가 하나님 나라 개념의 중요성에 초점을 맞추는 데에 큰 영향을 미쳤다. 다음을 보라. Jürgen Motmann, *Theology of Hope* (New York: Harper & Row, 1965); Wolfhart Pannenberg, *Theology and the Kingdom of God* (Philadelphia: Westminster Press, 1969).
28) 이에 대한 대응으로는, Mortimer Arias, *Announcing the Reign of God* (Philadelphia: Fortress, 1984), 특별히 xvi.을 보라.

타나는 예수님의 사역에 대한 묘사에서 하나님 나라가 분명히 중심적 역할을 하고 있다는 것을 찾을 수 있다. 이 같은 주제가 매우 분명하게 천명되지는 않았지만 구약에서부터 발전되어 신약의 다른 곳에서도 역시 활용되고 있다.

하지만 성경의 기자들이 이 개념을 정확히 어떤 의미로 사용하는 것일까? 그들이 "하나님 나라"를 통해서 의미하고자 하는 것은 무엇일까?

우리가 예상하듯이, 예수님이 "하나님 나라"라는 용어를 사용하시는 것은 구약성경 본문을 통해서 나왔다. 그것은 히브리어 어원 동사 말락(malak: "왕이 되다" 혹은 "통치하다")에서 찾을 수 있다. 이 용어의 같은 어원으로 세 개가 가장 중요하다.

믈루카(mᵉlûkâh)는 일반적으로 "왕권" 또는 "위엄", 즉 통치권의 특성을 말한다. 하지만 몇몇 경우에, 그것은 두 번째의 다른 의미를 전달하는데 그것은 물리적인 "영역"의 측면이다. 시편 기자는 하나님이 통치하실 범우주적 권리를 지니신다고 선포한다(시 22:28). 오바댜 선지자는 하나님이 이스라엘을 다스리시는 날을 보았다(옵 21).

말르쿳(malˈkût)은 두 번째 동족어로서 주로 "왕의 영예", "능력", "영토", 혹은 "존엄"을 의미한다. 하지만 그것은 또한 왕의 통치 혹은 심지어 통치 영역을 말하기 위해 사용되기도 한다. 사실 말르쿳은 구약성경의 초기와 후기에 걸쳐 흥미로운 의미의 발전을 겪게 된다. 초기의 작품에서 이 용어는 덜 일반적이었으며 주로 군주의 왕권을 말했다. 후기 작품에서는 이 의미의 사용이 계속되는 한편, "영역"이라는 개념이 추가 되었다. "야훼"와 함께 사용되면 하나님의 영토가 우주적(시 103:19)이며 영속적(시 145:13)이라는 것을 선언하기 위한 의미가 된다.

맘라카(mamlākāh)는 말락의 동족어로 가장 빈번하게 사용되는 단어이다. 다른 것들과 마찬가지로 이것은 "나라"와 "통치권"이라는 두 가지 기본적 의미를 전달한다. 전자의 한 예로는 "영역", 후자의 한 예로는 "통치할 권리"가 있다. 이것은 또한 야훼와 함께 사용된다. 다윗은 하나님의 권한이 범우주적이라는 것을 인정한다(대상 29:11). 다른 곳에서 아비야(*Abijah*)는 심지어 북쪽의 10개 부족도 하나님의 왕권 아래에 있었다고 주장한다(대하 13:8).

이 짤막한 단어 연구는 세 가지 결론을 제시한다.

첫째, 구약성경에서 군주의 통치 권한의 개념과 왕의 물리적 영토 영역의 개념이 큰 차이가 없다는 점에서 이것은 하나의 기본 개념의 두 기둥이라는 것이다.

둘째, 구약성경은 하나님의 통치 권한이 전 세계로 확장되는 것을 선포한다. 비록 모든 인류가 이 권한을 인정하지 않지만 말이다.

셋째, 이스라엘은 어떤 의미에서는 하나님 나라 자체이다. 그렇기 때문에 이스라엘은 하나님의 왕권을 인정한다. 하지만 언젠가는 모든 나라들이 이스라엘을 따라서 그렇게 고백하게 될 것이다.

신약성경의 하나님 나라 이해는 구약성경에서 제시한 것을 대단히 근접하게 따르고 있다. 헬라어로 바실레아(*basilea*)라고 하는 단어는 거의 대다수가 공관복음에서 등장한다. 신약의 처음 세 복음서는 구약에서 제시된 기본적인 경향을 그대로 드러내고 있다. 예수님은 때로는 그 나라가 현재적 실재라고 주장하신다(눅 17:20). 이는 예언의 시대가 성취되었고(마 11:2-56; 막 1:14-15; 눅 4:21) 사탄이 이미 패배했기 때문에(마 12:28~29; 눅 10:9, 18) 현재라는 것이다. 하지만 예수님은 동시에 그 나라가 미래라고 선포하신다(눅 21:31). 이 미래의 실재는 결코 가까이 있지 않다(막 1:14-15). 하나님 나라의 본질에 대한 예수의 이해에 의하면, 그것은 하나님이 통치하시는 영역임과 동시에 하나님의 위엄, 통치권, 혹은 통치할 권한이다.

신약성경 문서는 어딘가에서 이와 똑같은 사용의 형태를 분명히 보여준다. 시간성의 측면이 다양하게 기술되어 있다. 하나님 나라는 때로는 현재로, 그리고 때로는 미래로 이해되고 있다. 하나님 나라의 본질에 관하여도 마찬가지다. 어떤 때는 통치 영역으로서의 나라가 강조되기도 하고, 반면 다른 때에는 보여질 하나님의 통치권과 다스림이 강조되기도 한다.

그 나라 개념에 대한 신학적 이해를 위해서는 하나님의 통치권에 대해 원칙(de jure)과 사실(de facto)의 차원으로 구별하는 것이 도움이 될 것이다. 창조자로서 하나님은 원칙적으로 군주시다. 즉 권한에 의해서 왕권이 하나님께 귀속되는 것이다. 하나님이 모든 것을 창조하셨기 때문에, 하나님이 모든 피조물을 통치할 권한을 소유하신다. 같은 방식으로 전 우주가 원칙적으로 하나님 나라-하나님 영토 영역-이다. 원칙적으로 하나님의 왕권으로 설립된 그 영역에서 모든 권한이 행사되는 것이다.

하지만 원칙적으로 사실인 것은 아직까지 실제적으로 완전히 사실이 아니다. 인간은 하나님의 통치를 인정할 수 있는 특권을 부여받았으나 그것을 거부하고 반란적인 소굴을 만들었다. 또 어떤 이는 이 지역에서 왕이라 자처한다. 이 실제적 통치자는 창조자가 아닌 피조물로서, 하나님만이 본래부터 가지고 있는 통치권을 소유하지 못한 침해자이다.

예수님은 하나님의 통치권을 선포하려고 오셨다. 이러한 이유로 예수님께는 하나님 나라가 현재이다. 예수님의 삶, 죽음, 부활 그리고 승천은 통치권에 대한 하나님의 선포를 설명하는 것들이다. 그리고 예수님은 우주의 왕으로 임명되었다. 하나님의 통치권에 대한 이 설명은 모든 사람이 하나님을 통치자로 인정할 것을 요구한다. 몇몇은 그 요구에 순종하여 예수님을 주로 고백하고 하나님 나라에 들어간다. 마찬가지로 하나님 나라의 행동 원리가 이 세상 전체에 임재하여 인간 사회에 침투하려고 한다.

비록 그 나라가 여기에 있을지라도, 이 임재는 부분적이며 아직 완결이 아니다. 이러한 이유에서 그 나라의 종말론적 측면이 아직 미래에 남아 있는 것이다. 언젠가는 모든 사람이 예수님의 주되심을 인정할 것이다(빌 2:10-11). 마찬가지로 하나님 나라의 원칙이 언젠가는 우주적으로 실현되어 하나님이 직접 취임하시는 새로운 인간사회가 될 것이다. 그때에는 하나님이 실제적으로 온 우주의 왕으로 통치하시게 될 것이다. 원칙적으로 권한에 의해서 하나님의 소유인 것이 이 세상에서 실현될 것이다. 온 우주가 하나님 통치의 영역이 되는 것이다.

요약하면, 하나님 나라는 하나님이 세상에 주시는 평화, 의, 정의 그리고 사랑의 질서로 도래한다. 이 선물은 오직 종말의 때 곧 예수님의 재림으로 세상을 새롭게 하실 때에 도래한다. 하지만 그 나라의 권능은 이미 역사하고 있다. 왜냐하면 미래로부터 현재로 차츰 침식해 들어오고 있기 때문이다. 그러므로 우리는 대종말의 날 이전에 그 나라의 실재를 부분적으로나마 경험할 수 있다.

따라서 이것, 곧 상의 미래로서의 종말론적 하나님의 나라와 그것이 지금 여기에 임재하고 있다는 것이 중요한 신학적 주제, 즉 신학적 성찰을 위한 계몽적이며 통합적인 주제가 된다. 하나님의 통치를 향한 관점에서 우리는 기독교 신앙을 편리하고도 체계적이게 설명할 수 있는 것을 발전시킬 수 있다. 하나님의 통치의 개념은 중요한 기독교 교리인 신론, 인간론, 기독론, 성령론, 교회론 그리고 나머지 교리들을 이해하기 위한 확실한 초점을 제공해준다.

2. 통합적 모티프로서의 공동체

하나님 나라의 모티프가 적절함에도 불구하고 이 개념 하나만으로는 재조명된 복음주의 신학을 위한 통합적 구심점을 제공하기에 불충분하다.

하나님 나라 신학은 적어도 하나 이상의 결정적 결함을 가지고 있으며 이것이 항상 공격의 대상이 되곤 한다. 하나님 나라 신학은 자신의 통합적 모티프를 아직 규정하지 못한 채 그 개념을 차용하고 있다. 하나님 나라에 대한 초점은 그 대답을 간절히 바라는 근원적인 질문을 야기시킨다. 오고 있기는 하지만 우리들 가운데 이미 현재하고 있는 그 하나님 나라는 도대체 무엇인가? 하나님의 통치란 도대체 무엇을 의미하는가? 하나님의 통치권을 경험한다는 것은 또 무엇인가? 예수님의 기도 "나라가 임하시오며 뜻이…이루어지이다"가 가진 중요성은 무엇인가? 다시 말해서, 그 나라가 도래함으로써 세상이 변화됐을 때 과연 이 세상은 어떤 모습일까? 하나님 나라에 대한 구체적 내용이 규정되지 않았을 때, 이와 같은 결정적인 질문들이 답하지 못하는 상태로 남게 된다.

이러한 질문들에 대해 순전한 학문적 차원을 배제하고, 그 나라에 대한 개념을 규정하지 않은 채로 그대로 남겨두는 것은 몇몇 부정적인 실천적 결과들을 초래한다. 현대 서구 상황에서 내용 없는 하나님 나라 개념은 급기야 급진적이고 비성경적 개인주의를 강조하는 파괴적인 특성을 가진 것들 중 하나인, "우리 세대의 영"이라고 하는 신학을 초래하고야 말았다. 따라서 그 하나님 나라 신학은 그렇게 쉽게도, 근대 시대의 개인주의를 극도로 고무하며 뒷받침해주는 신학인 "개인주의적 신학"이 되고야 만다.

북미 사회는 실제로 개인주의에 흠뻑 젖어 있다. 근대 삶의 기풍은 그 자체가 자율성에 대한 맹종으로 향하게끔 되어 있다. 이러한 개념이 특별히 성경보다는 데카르트, 로크 그리고 흄으로부터의 유산인 현대 신학으로부터 나왔다는 것을 모른 채, 우리는 어떤 방해도 받지 않는 개인을 고무하며 찬양한다.

한 예로, 우리 스스로를 근본적으로 규정하는 데에 있어서 우리가 마음대로 결정한다는 경향을 통해 스스로를 고무하는 것이 아주 두드러지게 나타난다. 이러한 방식으로 우리는 우리 스스로를 개인적이고, 자율적이고, 자기결정적인 주체로 보고자 시도한다는 것을 드러낸다. 서구의 자율성에 대한 무조건적 신화는 추정하건대 독립적이며 어떤 전통이나 공동체에도 전혀 속하지 않는 것이다. 비록 자아가 어떤 공동체에 참여하기로 자원하여 선택했을지라도 말이다.[29] 그들의 연구논문인 『마음의 습관』(Habits of the Heart)에서, 로버트 벨라(Robert Bellah)와 그의 동료들에 따르면, 대부분의 북미인들에게 삶이란 "거의 스스로를 위해서만 존재하는 자신만의 사람이 되는 것이다."[30] 따라서 우리 사회는 "과거를 기꺼이 잘라 내버리고, 우리 스스로를 정의하기 위해서 우리가 규정하기 원하는 그룹을 스스로 선택하기를 독려하고 있다."[31] 벨라와 그의 동료들은 서구의 개인주의가 지향하는 방해받지 않는 자아를 공허한 자아, 곧 "합리성과 경쟁이 있는 비인간적인 세계에서 성공하기 위해 집과 교회를 떠나야 하는 중산층 개인의 상승 이동의 상황에서 생겨난 개념"으로 묘사한다.[32]

서구 사상을 따르는 이러한 무연고적인 자율적 자아는 개인주의적 인간에게 필수적 기초를 제공한다. 뿐만 아니라 이러한 무연고적 자율적 자아는 사회질서에도 모든 것을 사회 원자론으로 바라보게 하는 기초를 제공한다. 한 예로, 정치 질서(political order)의 근대적 개념은 "사회 계약"에 기초하고 있다. 이 이론에 의하면, 자율적 자아들은 그 상태를 유지하기 위해서 함께 모인다. 그들은 개인적 유익을 목적으로 전체에게 특정한 개

---

29) 한 예로, 다음을 보라. Robert N. Bellah et al., *Habits of the Heart: Individualism and Commitment in American Life* (Berkeley: University of California Press, 1985), 65.
30) Robert N. Bellah et al., *Habits of the Heart: Individualism and Commitment in American Life*, 82.
31) Robert N. Bellah et al., *Habits of the Heart: Individualism and Commitment in American Life*, 154.
32) Robert N. Bellah et al., *Habits of the Heart: Individualism and Commitment in American Life*, 152-53.

인적 특권들을 포기하기로 서로 계약한다. 이 계약 모델은 개개인 신자들의 자발적 연합에 의해 그 정체성이 회중 가운데 있음으로 인해 형성되는 것이 아니다. 오히려 그들이 함께하기 전에 이미 그 정체성이 정해져있기 때문에 교회론적으로 정반대의 위치에 있다.

무모한 것 같은 반대적 상황의 이 용맹한 시도에도 불구하고, 19세기 자유주의는 개인주의적 신학의 위험에 먹잇감이 되고야 말았다. 자유주의는 실제로 하나님 나라를-지향하는 신학이었다. 하나님 나라를 예수에 의해 발견된 선한 의도의 사람들로 이루어진 도덕적 사회의 차원으로 정의함으로써, 이 신학은 하나님 나라의 사회적 차원에 그 초점을 맞춘다. 그럼에도 불구하고 자유주의는 개인주의라는 웅덩이에 빠져 허우적댔다. 왜냐하면 자유주의 신학은 그의 신학을 개인의 하나님 인식에서 출발했던 슐라이에르마허의 유업을 도저히 뛰어넘을 수 없었기 때문이었다. 결론적으로 자유주의 신학에서 말하는 선한 의지를 가진 사람들에 의한 사회는 단지 개인주의의 집합체로 귀결될 수밖에는 없었다.

레너드 스위트(Leonard Sweet)는 개혁 교회들 내에서 계속되고 있는 자유주의 운동을 슬퍼하며, 다음과 같이 기록한다,

> 전통은 삶의 기억 없이는 오랫동안 살아남을 수 없다. 교인들이 그들의 과거의 삶을 전수해주기를 실패함으로써, 대다수의 개혁주의는 현재 공동체의 일치성을 잘라내고 그 생존의 위기에 처해있다…하지만 "공동체"를 낳고자 했던 자유주의의 노고는 그 주위에 함께 세울 아무런 전통이 없는 연유와 그 시대로 인해 실패하고 말았다. 사람이 공동체에서 삶으로써 한 언어를 배우는 것처럼-기독교 방식으로 살고 생각하는 의미에서-신앙의 언어 또한 마찬가지로 기독교 공동체 안에서의 삶을 통해 배울 수 있다. 교회 내에서 이 신앙의 언어에 대해 문맹

인 것과 교리적 문제에 관해서 신실하게 일치하지 못하는 이유는 안타깝게도 바로 기독교 공동체를 경시함으로 말미암은 과거의 **소멸**에 기인한 것이다.[33]

자유주의가 야기한 20세기의 이러한 상황은 고전적 자유주의의 반대에도 불구하고 좀처럼 나아질 기미가 보이지 않았다. 자유주의에서 문제점을 보였던 개인주의적 경향성을 수정하기는커녕, 오히려 종말론 재발견을 위한 신학적 작업을 함으로써 이들은 문제를 더 악화시키기만 했다. 실제로 자유주의자들은 하나님 나라에 대한 자유주의적 이해를 순전히 자유주의적인 해석이라고 치부하며 그 비판에 있어서 대단한 관대함을 보였다. 주석가들이 발견한, 종말론적 세계관에 기초한 하나님 나라는 현재 질서를 무너뜨리고 새로운 질서가 도래하는 하나님의 재앙적 행위이다.

하지만 서구 개인주의 상황에서 볼 때 종말론적 새 질서는 사회적 차원의 필요를 위한 그 어떤 설득력 있는 주장도 할 수 없다. 하나님의 종말론적 통치로 인해, 하나님 나라는 단순히 개인이 개인으로서 참여할 수 있는 현실이 되기 때문이다. 따라서 20세기의 신학은 개인주의를 추종하는 현대 신학이 지배하게 되었다.

그러나 현대 서구시대를 특징지었던 개인주의에 대한 환상이 시들해지는 징후들이 더러 있다. 이러한 징후들은 인문과학분야에서 틀림없이 관찰 가능한 것인데, 이는 공동체 개념에 대한 관심의 고조를 나타낸다. 이 공동체 개념을 강력하게 주장하는 것은 몇몇 동기들에 기인한 것이다.[34]

---

33) Leonard I. Sweet, "The 1960s: The Crisis of Liberal Christianity and the Public Emergence of Evangelicalism," in *Evangelicalism and Modern America*, ed. George M. Marsden (Grand Rapids, Mich.: Eerdmans, 1984), 43.
34) 참고할 만한 개요를 위해서는, 다음을 보라. L. Gregory Jones, "Why There Is No One

하지만 기본적으로 이 관심은 근대의 중심 양상, 특히 그 급진적 개인주의에 대한 거부감이 증가하는 것이다. 오늘날 많은 사상가들은 우리의 인간현상 이해가 그 개인과 그 사회적 자원 간의 좀 더 적절한 균형을 반영해야 한다는 것을 깨닫고 있다. 다니엘 헬피니악(Daniel A. Helminiak)은 다음과 같은 주장을 한다.

> 인간현상은 항상 사회와 개인 모두에 자발적이며 불가분하게 마련이다…자신이 속해 있는 사회단체로부터 동떨어져 있는 사람은 아무도 없으며, 그 단체를 구성하고 있는 개인들과 동떨어져서 존재하는 단체도 없다.[35]

인간현상에 관한 사회적 차원의 중요성에 대해 오늘날의 인식은 지난 반세기 동안 계속해서 발전해왔다. 그래서 그것은 소위 **공동체주의**(communalism) 혹은 **문화교양주의**(culturallism)라고 불리는, 개인과 사회 간의 새로운 관계 모델로의 발전을 야기했다.[36] 새로운 공동체주의의 선도자들은 20세기 초기의 가장 저명한 사상가들 몇몇도 더러 포함된다.[37]

공동체를 강조하자는 학계의 목소리 가운데에 몇몇 철학자들이 있었다. 이들 중 대표적인 이들로는 세기가 바뀌는 시기의 사상가였던 찰스 피

Debate Between 'Communitarians' and 'Liberals': An Essay on the Importance of Community," *Perspectives in Religious Studies* 17 (Spring 1990):53-70.
35) Daniel A. Helminiak, "Human Solidarity and Collective Union in Christ," *Anglican Theological Review* 70 (January 1988):37.
36) "문화주의"(culturalism)라는 말은 이 운동에 대한 비평가들이 선호하는 표현이다. Robert J. McShea, *Morality and Human Nature: A New Route to Ethical Theory* (Philadelphia: Temple University Press, 1990), 89-148.
37) 인류의 결속(human solidarity)에 대한 현상학적 분석들의 개요를 위해서는 다음을 보라. Helminiak, "Human Solidarity and Collective Union," 37-44.

어스(Charles Peirce 1839-1914)와 요시야 로이스(Josiah Royce, 1855-1916)가 있다.[38] 『기독교의 문제』(The Problem of Christianity)에서 로이스는 하나의 넓은 "해석의 공동체"라는 개념을 연구했다. 하지만 이것은 현재의 실재라기보다는 우리가 충실해야(loyal) 하는 위업의 차원에서 말하는 것이다. 동시대의 작가인 로버트 벨라를 염두에 두면서, 그는 공동체를 종교적 용어를 사용하며 설명한다. 그는 공동체가 기억, 희망, 신앙 그리고 구속의 은혜를 공유한 집단이라고 설명한다.[39]

그러나 아마도 사회과학자들은 그 어떤 철학자들보다도 더 큰 영향력을 미쳐왔을 것이다. 공동체를 강조하는 새로운 사조로 인해 프랑스의 사회학자 에밀 뒤르켐(Emile Durkheim, 1858-1917)의 작품 등이 나오게 되었다. 뒤르켐은 집단이 개인의 이상의 기원임을 강조하였으며, 그리고 집단 생활에 선행하기보다 분업이 사회 가운데서만 일어난다는 것을 논증하였다. 그는 주장하기를, 사회적 결속력은 "집단적 대표", 곧 그룹 기반의 상징에 의해 촉진되는데, 개인은 이것에 자신을 일치시킨다. 따라서 사회적 다양화의 전제조건은 "의식적인 집단", 즉 주어진 공유하는 의미와 가치의 연대성이다.[40] 종교의 기능도 마찬가지로 어떤 사람들의 상징들과 관련이 있다. 그러한 상징들을 제공함으로써 종교는 사회적 연대를 창조하고 유지하는 것이다.

죠지 허버트 미드(George Herbert Mead, 1863-1931)의 주장도 대단히 중요하

---

[38] Royce의 중요성에 대한 최근의 개요로는 다음을 보라. Frank M. Oppenheim, "Roycean Response to the Challenge of Individualism," in *Beyond Individualism: Toward a Retrieval of Moral Discourse in America*, ed. Donald L. Gelpi (Notre Dame, Ind.: University of Notre Dame Press, 1989), 87-119.
[39] 짧은 개관을 위해서는 다음을 보라. "Josiah Royce," in *Dictionary of Philosophy and Religion*, ed. William L. Reese (Atlantic Highlands, N.J.: Humanities Press, 1980), 498-99.
[40] Emile Durkheim, *The Division of Labor in Society*, trans. George Simpson (New York: Macmillan, 1964), 277.

다. 미드가 한 공헌의 핵심은 그의 주장처럼 개인적 문제가 아니라 개인 간의 관계적 문제가 중요하다는 것이다. 이러한 논지들로부터 그는 지성이 개인적일 뿐 아니라 사회적 현상이라고 추론했다.[41] 같은 방식으로, 미드는 인격의 성숙이나 개인의 정체성, 즉 자아는 사회적으로 형성된다고 논증한다.[42] 이러한 성찰은 그로 하여금 개인은 독자적(*sui generis*)이지 않다는 결론에 이르게 했다. 인간의 발전은 사회적 상호작용의 결과물이다. 왜냐하면 마음을 위해서는 사회 집단에 참여함으로써만 비판적 성찰과 자기 감각이 가능해지기 때문이다.

이러한 선구자적 연구들이 20세기 후반의 공동체주의 사상가들의 사상에 기초를 제공했다. 이들 공동체주의 사상가들은 근대 개인주의를 비판하며 공동체 개념에 호소했다. 그들은 개인의 형성에 있어서 사회적 차원의 중요성에도 불구하고 삶의 사회적 차원을 간과한 것이 바로 서구의 급진적 개인주의의 근본적인 결점이라고 주장한다. 그들은 무연고적 자아에 대한 신념이 우리 가운데 너무 널리 퍼져있기 때문에, 우리의 가장 깊은 신앙과 가치, 즉 "우리 세상"을 전통과 공동체 안에서 그리고 그것들을 통해서, 우리가 스스로의 진정한 모습을 보지 못한다고 말한다. 우리 가운데 깊이 침투해 있는 개인주의는 단순한 오류라고 비평가들은 논증한다. 그래서 벨라와 그의 동료들은 다음과 같이 지적한다.

> 우리는 급진적 개인주의의 언어를 **채용**할 때 미처 보지 못하는 진실들이 있다. 우리는 다른 사람과 기관들로부터 독립적이지 않으며 오히려 그것들을 통해서 우리 스스로를 발견할 수 있다. 우리는 홀로서

---

[41] George Herbert Mead, *Mind, Self and Society*, ed. Charles W. Morris (1934; reprint ed. Chicago: University of Chicago Press, 1974), 123.

[42] Mead의 논증에 대해서는, 다음을 보라. George Herbert Mead, *Mind, Self and Society*, 138-58.

는 결코 우리의 깊은 내면의 밑바닥에 도달할 수 없다. 우리는 일, 사랑, 배움에 있어서 다른 이들과 얼굴을 맞대고 몸을 부대끼면서 우리가 누구인지를 발견한다. 우리의 모든 활동은 관계, 집단, 연합, 그리고 공동체를 경험하게 된다. 그리고 그 활동들은 **제도의 구조**에 의해 질서 있게 되며, 문화적 의미의 양식에 의해 해석되게 된다…결국 우리는 단순히 우리 스스로에게만 목적이 있는 것이 아니다. 우리는 개인으로서의 목적뿐 아니라 사회로서의 목적 또한 갖는다. 우리는 더 큰 전체의 일부분이다. 우리는 결코 그 전체를 떠나서는 우리의 **이미지**를 상상할 수도 그리고 잊어버릴 수도 없다.[43]

급진적 개인주의에 반하여, 공동체주의자들은 사회적 단위, 곧 공동체가 인간의 삶의 결정적 국면에 매우 중요하다고 강조한다. 가령 공동체는 인식론(인식의 과정)에 필수적이다. 공동체주의자들은 자기성찰과 자율적 주체에 초점을 맞춘 근대의 인식론적 패러다임을 우리는 더 이상 견지할 수가 없다고 주장했다. 오히려 앎의 과정의 핵심은 공동체에 의해 개인에게 중재된 인지의 틀이다. 현대 사회 이론가들은 이처럼 개인주의를 비판한다. 그리고 이들은 근대주의의 밑바탕에 깔려 있는 개인주의적 합리주의를, 지식과 신앙이 사회적으로 그리고 언어적으로 형성된다는 이해로 대치하고자 한다.[44]

이와 비슷하게, 공동체주의자들은 공동체가 정체성 형성에 결정적이라고 주장한다. 개인주의 비평가들은 개인의 정체감은 개인적인 이야기를

---

43) Bellah et al., *Habits of the Heart*, 84.
44) 이 의견은 최근 George A. Lindbeck에 의해서 기술된 것이다. George A. Lindbeck, "Confession and Community: An Israel-like View of the Church," *Christian Century* 107 (May 9, 1990): 495.

말하는 것을 통해 발전한다고 논증한다. 따라서 삶을 통해 그 가운데서 우리 스스로를 발견한다는 것은 우리의 삶에 특별한 의미를 갖는 이야기를 발견하는 것을 말한다.[45]

이와 같은 논지가 대단히 설득력이 있다는 것은 우리가 겪는 "삶의 단계" 혹은 삶의 위기에 대한 인기를 통해 잘 알 수 있다. 사람들은 임의적으로 겪는 수많은 경험들 가운데에서 일관성 있는 의미를 제공해 주는 삶의 이야기에 대단한 관심을 가진다. 공동체주의자들은 한 사람의 삶의 이야기는 항상 그 사람이 속해 있는 공동체의 이야기에 포함된다고 선언한다.[46] 왜냐하면 공동체에 의해 중재된 전통은 개인이 아닌 합리성의 운반자이기 때문이다. 전해져 내려오는 이야기는 공동체에 의해 개인들에게 중재된다. 그리고 그것은 전통의 미덕, 공동의 이익과 궁극적 의미를 위해서 한 세대로부터 다음 세대로, 집단에서 개인으로 전가된다.[47] 결국 "생명의 과정"의 개념이 유의미하려면, 우리는 그것을 더 큰 세대적, 역사적 그리고 종교적인 공동체 상황 안에 놓아야만 한다.[48]

현대 공동체주의자들은 비록 공동체가 인식론과 정체성 형성에 기초적인 예를 제공할 수는 있지만 그보다 더 중요한 것은 공동체가 개인의 특성, 미덕과 가치를 유지하도록 해준다는 것이 더 중요하다고 주장한다. 그리고 공동체는 세계관 문제에 관련한 공공 담론에 참여하기 위한 필수적 기반을 제공한다. 결국 공동체는 개인의 정체성 형성에 통합적일 뿐 아니라 광범위한 사회의 복지를 위해서도 매우 중요하다. 공동체주의자들은

---

[45] Bellah et al., *Habits of the Heart*, 81.
[46] 한 예로는, 다음을 보라. Alisdair MacIntyre, *After Virtue*, 2nd ed. (Notre Dame, Ind.: University of Notre Dame Press, 1984), 221.
[47] 한 예로, Lindbeck, "Confession and Community," 495.
[48] Bellah et al., *Habits of the Heart*, 81-82.

사회가 단순히 개인의 집합체가 아니라고 주장한다. 오히려 사회에 근본적인 것은 바로 한 세대에서 다른 세대로 전통을 전달해주는 공동체 그 자체이다. 벨라와 그의 동료들은 이 새로운 사고를 이렇게 표현한다.

> 간단히 말해서, 우리는 최소한의 정부를 만들기 위해 의식적 계약을 한 것을 제외하고는 공통으로 가진 것이 아무것도 없는 사적인 개인들의 집합이 아니다. 그리고 역사상 우리가 단순한 개인들의 집합이었던 적도 없다. 우리 인생은 우리 대부분이 미처 알아차리지 못하는 수 없이 많은 의미를 가진다. 비록 천년은 아닐지라도 수세기에 걸친 전통 때문이다. 그것은 우리가 누구인지를 알게 해주며, 서로를 어떻게 대해야 하는지를 알게 하는 데에 도움을 주는 전통들이다.[49]

하지만 벨라와 그의 동료들은 중요한 경고를 한다. 우리는 "공동체"와 어떤 이들이 교묘하게 사용하는 용어인 "생활 양식 집단"을 혼동해서는 안 된다는 것이다.[50] "생활 양식 집단"은 단지 취향, 특히 레저와 소비 생활과 특정한 삶의 방식을 공유하는 개별적인 사람들의 모임이라고 그들은 기록한다. 다시 말하면, "생활 방식 집단"은 단지 공유된 관심과 활동에 의해 연합된 집단이라는 말이다. 반면에 공동체는 공적 삶과 사적 삶의 상호의존성을 찬양하는 하나의 포괄적인 전체가 되기를 시도하는 것이다.

하지만 사회생활을 단지 개인적 필요의 충족을 위한 장치로 보았던 옛 방식의 미국적 사고와 혼돈해서는 안 된다. 이러한 관점은 현대 심리학에서 말하는 "치료적" 개념의 "이익 공동체"에서 찾아볼 수 있다. 이 "이익 공

---

49) Bellah et al., *Habits of the Heart*, 282.
50) Bellah et al., *Habits of the Heart*, 72.

동체"는 개인적 유익을 극대화하기 위해 서로 연합하는 자기 이익을 추구하는 개인들의 집단을 말한다.[51]

이러한 잘못된 견해에 빠지지 않게 하기 위해서, 벨라와 그의 동료들은 우리에게 유용한 출발점을 제공한다. 그들은 다음과 같이 말한다.

> 공동체는 함께 토론과 결정에 참여하며…공동체를 규정함과 동시에 그것에 의해 길들여지는 어떤 **관례**를 공유하는 사회적으로 상호의존적인 사람들의 집단이다.[52]

이러한 공동체는 과거 지향적이며 미래 지향적이고 또한 현재 지향적이다. 그리고 이 3중적 지향성은 그 구성원들의 "자아"를 형성한다.

공동체의 과거 지향성은 우리로 하여금, "기억의 공동체"라는 말을 한 요시야 로이스의 말을 연상하게 한다. 실제로 공동체는 그 과거에 의해 구성된 중요한 의미를 지니는 역사를 가지고 있다. 결국 공동체는 자신의 과거를 잊지 않는다. 과거를 살아 있게 하기 위해 공동체는 자신을 구성하는 과거의 이야기를 다시 이야기한다. 그럼으로써 그 공동체의 의미를 구체화하고 전형화한 사람들의 예를 제공한다. 게다가 공동체는 말함으로써 과거의 고통과 심지어 악행들의 이야기까지도 나눈다.[53]

그러나 한 공동체는 단순히 그 회원들을 과거에만 귀속시키지 않는다. 공동체의 시선은 미래를 향해 있기도 하다. 그럼으로써 그것은 희망의 공동체가 되는 것이다. 공동체는 자신이 지속되길 바라며 미래에 더 나은 공

---

51) Bellah et al., *Habits of the Heart*, 134.
52) Bellah et al., *Habits of the Heart*, 333.
53) Bellah et al., *Habits of the Heart*, 152-55.

동체로 발전하길 기대한다. 이러한 희망을 통해 공동체는 아직 현실로 오지 않은 이상을 향하여 자신들이 앞으로 나아가고 있다는 것을 느낀다.

공동체는 과거와 미래를 바라봄으로써 현재의 삶을 위한 최적의 유리한 지점을 제공한다. 공동체는 그 회원들이 더 큰 전체의 사람들과 그들의 개인적 포부를 연결할 수 있도록 하기 위해 의미의 상황을 제공한다. 그리고 공동체는 그들의 노력이 그 전체에 기여하는 것을 볼 수 있게 한다.

공동체는 사람들과 집단들에 삶, 시간과 공간 등의 질적 의미를 주는 것에 관심이 있다. 공동체는 시간을 단지 질적으로 무의미한 감격의 계속적 흐름으로 보지 않는다. 공동체는 날, 주, 분기, 연마다 신성한 의미를 부여하여 개인이 전체로서 감격을 갖는 시간을 제공한다.[54] 공동체는 또한 "언약의 관습"을 영속시킨다. 이러한 것들은 그 공동체의 생명을 유지하게 하는 공동체적 삶의 방식과 충성 그리고 책임의 양식을 규정한다.[55]

인간 과학은 근대의 급진적 개인주의를 넘어 인간 현상의 사회적 차원과 개인적 차원 사이의 균형 있는 이해를 추구하여 이동하고 있다. 이러한 발전은 재조명된 복음주의 신학도 그에 상응하는 이동이 필요함을 제안한다. 우리는 하나님 나라 신학의 통찰력을 뒤로하지 않으면서, 전형적인 과거 지향적 신학인 하나님 나라 신학에만 초점을 맞추는 것을 뛰어 넘어야만 한다. 재조명된 복음주의가 하나님 통치의 본질을 제대로 설명하고자 한다면, "공동체"적 모티프에 하나님 나라 신학을 통합해야 한다. 이렇게 함으로써, 하나님 나라의 개념이 그 적당한 내용으로 채워지게 될 것이다.

사회과학에서 말하는 공동체 개념에 대한 강조는 매우 설득력이 있다. 따라서 신학의 문화적 기둥은 이 개념을 조직신학에 중요한 주제로 사용

---

54) Bellah et al., *Habits of the Heart*, 282.
55) Bellah et al., *Habits of the Heart*, 152-54.

할 것을 독려하고 있다. 하지만 더 중요한 것은 공동체 개념의 **성경적** 근거와의 결합이다.

공동체 개념이 신학의 통합적 모티프로서 중요한 이유는 세계와 인간 현상의 본질에 관한 동시대적 사고에 그것이 적합하기 때문만이 아니라, 더 중요한 점은 공동체가 바로 성경메시지의 핵심이기 때문이다. 성경의 이야기의 막을 올리는 태초 에덴동산의 이야기에서부터 그 막을 내리는 흰 옷 입은 군중들이 새 땅에서 사는 환상에까지, 성경의 드라마는 공동체를 이야기한다.

그러나 우리가 과연 하나님이 건설하고자 하시는 공동체의 진정한 본질을 정확히 기술할 수 있을까? 성경은 전반적으로 하나님의 계획이 지향하는 것은 말씀의 지고한 지각을 지닌 공동체의 실현이라고 말한다. 이 공동체는 그 구성원의 구주이신 하나님 앞에서 기뻐하며 속죄받은 창조물과 함께 살아가는 구원받은 사람들의 공동체를 의미한다.

성경 이야기들 속에서 공동체의 비전에 관한 언급은 이미 과거에서부터 시작된다. 창세기 2장의 이야기 속에 이미 하나님의 공동체에 대한 의도가 이렇게 나타나 있다.

> 여호와 하나님이 이르시되 사람이 혼자 사는 것이 좋지 아니하니
> (창 2:18).

역사를 통한 신적 활동이 그렇듯 창조자는 에덴동산의 첫 인간의 고독성을 언급하며 공동체를 실현하고자 하신다.

공동체를 설립하고자 하는 신적 의도의 핵심에는 항상 그의 백성 가운데에 임재하시는 하나님이 있다. 하나님의 임재는 성경의 일관된 주제이다. 주님은 동산에서 아담과 하와와 함께하셨다. 다양한 시대와 상황 속에

서 족장들은 하나님의 임재를 경험했으며, 그 인격적 만남을 기념하기 위해서 표식이나 제단 혹은 기념비를 세웠다(예, 창 28:13-17).

하나님은 공동체를 설립하고자 하는 의도를 가지고 계셨다. 하나님은 이스라엘을 선택하셨으며 그의 백성인 이스라엘과 함께 거하셨다. 그리고 이스라엘은 하나님과의 언약 관계에 들어가게 되었다. 출애굽 경험을 통해 하나님의 의도는 분명하게 나타났다. 이집트의 속박으로부터 이스라엘을 구원하신 하나님의 우선적인 목표는 시내 산에 백성들을 모으는 것이었다. 하나님이 친히 오셔서 거하실 자신의 백성을 구성하기 위해, 하나님은 이스라엘 민족을 자신이 임재하실 그곳으로 불러낸 것이다(출 20:2-3).

광야에서 체류하는 동안, 하나님은 성막에서 그들 가운데에 거하시는 자신의 거처로 만들고자 하셨다. 그분의 집도 그들의 것과 마찬가지로 장막의 형태로 말이다. 이스라엘 가운데 하나님의 임재는 너무도 중요했다. 그래서 하나님이 이스라엘의 죄로 인하여 성막을 짓지 말라고 했을 때 모세는 이렇게 대답한다.

> 주께서 친히 가지 아니하시려거든 우리를 이곳에서 올려 보내지 마옵소서(출 33:15).[56]

후에 이스라엘이 약속의 땅에서 고정된 주거 형태의 집을 지었을 때 하나님도 예루살렘에 성전을 지으심으로 집에서 자신의 영광을 나타내셨다.

구약의 경험은 임마누엘(우리와 함께하시는 하나님)로서의 예수그리스도

---

[56] 이 사건의 중요성에 대한 논증을 위해서는 다음을 보라. Edmund P. Clowney, "The Biblical Theology of the Church," in *The Church in the Bible and the World*, ed. D. A. Carson (Grand Rapids, Mich.: Baker Book House, 1987), 25-26.

의 중요성을 위한 상황을 형성한다(마 1:22-23). 예수님 안에서 신적 말씀은 우리 가운데 "거하시는"(tabernacled) 육체가 된다(요 1:14). 그 안에서 하나님은 인류와 함께 있다. 예수님은 그와 아버지가 그의 제자들과 함께할 것을 약속한다. 그는 그의 제자들 가운데 임재하실 또 다른 보혜사에 대해서 언급했다(요 14:23, 26).

예수님의 약속은 구약적 희망의 상황에서 이해된, 성령의 사역을 위한 기초를 형성한다. 오순절 성령의 강림 이후로, 성령은 예수님을 따르는 자들에게 항상 함께하실 것이라는 확신을 주신다. 성령은 하나님의 성전인 그들을 개인과 단체로 구성하신다. 성취된 그리스도의 사역과 계속되는 성령의 사역으로 인해, 하나님 자신이 그의 백성들 가운데 실제로 거하시는 것이다. 그 임재에 대한 우리의 경험은 비록 부분적일지라도 말이다.

하지만 하나님의 큰 계획의 진정한 완성은 아직 미래에 놓여있다. 성경 이야기는 오순절과 함께 끝나는 것이 아니다. 그렇다고 성경 이야기가 그리스도의 제자들이 현재 누리고 있고, 진정하지만 아직은 부분적으로 경험하는 하나님 임재와 함께 끝나는 것도 아니다. 성경의 드라마는 과거로부터 미래까지 도달한다. 그것은 새 하늘과 새 땅의 비전과 함께 그 절정에 도달한다.

미래의 새 창조는 이미 한 구약 선지자로부터 예견되고, 계시록의 마지막 장에서 더 충실하게 발전되었다. 영감 받은 선지자가 현재를 넘어 어떤 시대를 보았다. 그때는 인간 역사에 신적 계획이 완성된 시대다. 그 선지자는 새로운 예루살렘으로서의 새 질서를 묘사했다(계 21:9-21). 그 도시에서, 새 땅의 백성들은 평화롭게 함께 살 것이다. 자연은 다시 모든 지구의 거주자들을 위해서 그 목적인 자양분 공급을 완수할 것이다(계 22:1-4). 하지만 가장 영광스러운 것은, 하나님이 인간과 함께 거하신다는 것이다. 그럼으로써 창조를 위한 하나님의 궁극적 계획이 완성되게 되는 것이다.

> 내가 들으니 보좌에서 큰 음성이 나서 이르되 보라 하나님의 장막이 사람들과 함께 있으매 하나님이 그들과 함께 계시리니 그들은 하나님의 백성이 되고 하나님은 친히 그들과 함께 계셔서…하나님과 그 어린 양의 보좌가 그 가운데에 있으리니 그의 종들이 그를 섬기며 그의 얼굴을 볼 터이요 그의 이름도 그들의 이마에 있으리라(계 21:3; 22:3-4).

그러므로 새 질서의 미래는 온전한 의미에서의 공동체일 것이다. 종말론적 실제에 참여하는 자들은 서로 협동하며, 창조와 함께 그리고 가장 중요하게는 하나님과 함께 살 것이다.

요한이 환상을 통해 본 미래의 영원한 세상은 화목, 연합 그리고 조화의 새 공동체일 것이다. 이 사실은 성경의 핵심적 관심사가 바로 공동체의 설립이라는 것을 다시금 확인시켜준다. 하나님의 궁극적 의도는 이 세상과 시간을 초월하는 끝없는 "영원한 삶"이라는 고립된 개인적 영역으로 개개인 신자들을 옮기는 것이 아니다. 오히려 하나님의 계획은 인간 공동체에 초점을 맞추고 있다. 따라서 다가올 영원한 세상의 새로운 사회에 잠재적 참가자들인 인간들에 그 초점이 있는 것이다. 실제로 성경은 개인적 차원보다는 사회적 차원에서 우리의 영원한 집의 모습을 끊임없이 그린다. 그것은 대단한 성(城)이며, 많은 거주지를 아우르고, 수많은 거주자들로 구성되어 있다. 따라서 그것은 사회적 실재이다. 폴 핸슨(Paul Hanson)은 성경의 공동체에 대한 연구에서 이렇게 기록한다.

> 성경은 하나님의 미래 통치가 인간적 세상을 제외한 하나님의 선택된 더없는 축복의 연합적 차원이라고 말하는 것이 아니다. 성경은 하나님의 미래 통치를 인간들 가운데서 모든 상처가 치료되고 규범으로서

의 의가 회복되는 정의와 평화의 통치라고 말한다.[57]

공동체에 관한 성경의 견해는 명백하다. 구속사에 있어서 삼위일체 하나님의 사역의 최종 목적은-구속받은 백성들이 새 땅에서 거하며, 하나님과 화목을 즐기고, 서로 화목하며 모든 창조물과 서로 조화를 누리는-종말론적 공동체를 설립하는 것이다. 결국 하나님이 역사 속에 개입하여 행하시는 곳의 중심에는 항상 공동체의 설립을 향한 그분의 목적이 놓여있다.

하나님이 의도하는 사회적 본질은 그리스도의 사건, 즉 구속사에 초점이 맞춰져있는 것과 마찬가지이다. 예수님은 우리가 되어야 할 존재를 계시하는 본보기적인 인간으로서 오셨다. 예수님은 우리와 하나님 그리고 우리와 다른 이들과의 관계에 초점을 맞춤으로써 당신의 신적 계획을 드러내셨다(네 하나님을 사랑하고, 네 이웃을 네 몸과 같이 사랑하라고 하심-역주). 예수님은 또한 히브리인들의 그리고 더 확장하면 모든 인류의 희망과 염원을 완수하는 사회적 모습의 메시아로서 오셨다. 그와 마찬가지로 예수님의 의도는 그 자신을 위한 개인적 소명을 완수하는 것이 아니라 인류를 위한 하나님의 뜻에 순종하기 위한 것이었다. 따라서 예수님은 자신의 죽음에서 모든 이의 죄를 스스로 대신 지셨으며, 우리를 중재하여 그와 함께 연합을 통해서 영생으로 인도하기 위해 무덤에서 일어나셨다.

성령의 사역도 예수 그리스도의 사역과 마찬가지로 가시적인 공동체의 설립을 위한 것이다. 오순절 성령의 강림은 유대인과 이방인들이 서로 연합한 새로운 사람들로 구성된 하나의 그리스도의 몸된 단체를 설립하기 위함이었다(엡 2:11-22). 현시대 동안 성령은 모든 계층, 즉 모든 나라와 모든 사회경제적 지위, 그리고 남자와 여자로 구성된 사람들을 초월하여 사

---

57) Paul D. Hanson, *The People Called* (San Francisco: Harper & Row, 1986), 510.

람들을 하나로 묶으신다(갈 3:28).

그리스도의 성취된 사역과 성령의 현재의 사역은 인간사 이후에 도래하는 온전한 종말론적 공동체가 이미 우리들 가운데 현재 실제로 있지만 아직은 부분적이라는 것을 의미한다. 이 종말론적 공동체의 현재적 실재는 여러 방식으로 경험될 수도 있겠지만 사실은 예수님을 따르는 사람들의 공동체에게 그 초점이 맞추어져 있다. 기독교 교회는 예수님의 삶과 죽음 그리고 부활을 통해서 하나님에 의해 형성된 분명한 몸이며[58] 신앙의 공동체는 시간과 공간의 범위를 초월한다.

바울과 같은 신약의 기자들은 기독교인이 된다는 것은 근본적으로 그리스도와 하나가 된다는 것을 의미한다고 선언한다. 이 그리스도와의 연합은 일련의 교리들에 머리로 찬성하는 것뿐 아니라, 예수님 자신의 삶에서 특징적으로 보였던 가치 있고 의미 있는 신앙과 태도 그리고 행동에 우리도 동참하는 것을 포함한다. 이 기독교 신앙에 동참하는 과정이 공동체에게 있어서 매우 중요하다. 믿는 공동체는 말과 행동을 다시 전함으로써, 세대에서 세대로, 지역에서 지역으로 그 구원의 이야기를 전파한다. 그렇게 함으로써 공동체는 우리 개인의 정체성, 가치 그리고 세계관의 형성을 위한 틀을 우리 신자들에게 중재한다.

기독교인들은 그리스도에 대한 충성심과 신앙공동체의 상황 안에 놓이게 되며, 그것을 통해 이들은 모두 예수님과 하나가 되었다는 표식인 공동체의 삶을 누린다. 이러한 삶을 살면서 우리는 진정한 신앙공동체가 되기를 추구한다. 진정한 신앙공동체란 우리가 예배 활동을 하며, 서로 덕을 세우고, 세상에 복음을 전하는 공동체이다. 예배의 측면에서 볼 때, 예배

---

[58] 한 예로는, 다음을 보라. James William McClendon, *Ethics*, vol. 1 of *Systematic Theology* (Nashville: Aningdon, 1986), 1:212-19.

는 우리가 하나님의 백성이 되게 하신 그리스도 한 분을 믿는 공동체라는 것에 관심을 집중시킨다. 함께하는 예배 활동을 통해서 공동체는 하나님의 활동의 가장 중심에 있는 그리스도 사건, 즉 죄의 속박으로부터 인류를 구원하는 우리의 영적 존재를 위한 예수 그리스도의 근본적 사건을 기념하기 위해서 모인다.

서로 덕을 세운다는 측면은, 우리는 서로를 대할 때 상호 화목하여 연합된 사람들이라는 것을 의미한다. 따라서 공동체는 우리 서로가 하나라는 것을 느끼게 한다. 우리는 서로 동정하며 연민의 감정을 갖게 된다. 우리는 서로를 도고(일반적으로 교회에서 "중보"라고 표현함-역주)하며, 서로를 돌봐주고, 서로의 필요를 채워준다. 삭막한 세상에 살고 있는 제자도(discipleship)의 삶은 상호 관계의 중요성을 더욱 더 요구한다. 우리는 세상에서 하나님의 활동에 대한 같은 비전을 공유한 사람들과 그 신적 활동에 참여하기로 헌신한 사람들의 도움을 더 절대적으로 필요로 한다.

하지만 진정한 신앙을 갖지 않은 공동체는 살기 위해 부름을 받았다고 하는 세상을 감독하는 데 실패할 수 있다. 신앙공동체의 생존에 필수적인 것은 하나님과 화합하며 서로 간에 화합하고 다른 피조물들과 화합하는 전체 인간이 가족이라는 세계관이다. 즉 우리 공동체 구성원을 넘어서 다른 사람들을 향해 우리의 에너지를 쏟는다. 불쌍한 사람들의 상처를 치료하고 복음을 선포하기를 추구한다. 그리고 세상 앞에서 하나님의 통치권이 유일한 희망인 것과, 궁극에 이르지 못함에도 불구하고 그들을 유혹하는 무수한 경쟁적 충성들에 대한 확실하고 유일한 대안이 바로 하나님의 통치권이라는 것을 선포한다.

믿음의 공동체의 삶에서 구속의 이야기를 전달하는 중심에는 성경, 즉 교회의 책이 있다. 우리가 스스로를 성경 속의 신앙공동체의 확장으로 보기 **때문에**, 성경은 현 대의 믿음의 공동체의 삶과 신앙의 중심에 있게 된다. 이 책은 우리의 영적 자서전으로서 가장 큰 영향을 미치고 있다.[59] 이는 공동체의 발생과 그 순례, 그리고 고대 신앙공동체의 비전에 우리가 동참하고 있기 때문이다. 결국 우리는 신앙공동체가 된다는 것은 무엇을 의미하는지를 규명하기 위해서 그리고 오늘날의 신앙공동체가 된다는 것의 의미가 무엇인지를 규명하기 위해서 성경을 연구한다.

성경은 신앙공동체와 관련하여 교회의 의식들을 언급한다. 이들 의식은 특별히 세례와 성찬을 말한다. 이 두 성례전은 구속의 이야기를 재연한다. 먼저 세례는 예수의 수난과 부활의 사건을 기념하는 것이며, 성찬은 전체 공동체에 의해 공유된 그리스도와의 연합의 경험에 대한 증언을 함유하는 것이다.

세례는 기독교 공동체에 참여하는 입회식이다. 이 시행을 통해 새 신자는 그리스도의 생애, 죽음 그리고 부활의 이야기를 공유하며 이 진리에 의해 다스림을 받는 공동체로 들어가게 된다.[60] 그러므로 교회에 참예하는 기쁨을 누리는 시작으로서 교회는 당연히 세례가 새 탄생과 새 정체성을 상징하는 것으로 본다. 왜냐하면 세례는 이제는 그 신자가 하나님의 가족에 속한다는 상태의 변화를 나타내기 때문이다. 더 이상 우리는 옛 삶의 범주에 따라서 우리의 삶을 정의할 필요가 없는 것이다.

오히려 우리는 스스로를, 죄의 권세와 그 삯으로부터 하나님의 백성 가운데로 옮겨진, 우리의 구원자이신 주님과의 화해와 우리 서로의 화해를 즐기는 사람으로 본다. 우리의 세례에 의해 상징화된 새 정체성은 윤리적 요구를 수반한다. 우리는 하나님이 값없이 우리에게 주신 새 정체성을 가

---

59) Hanson, *The People Called*, 537.
60) 이 사상을 더 알아보기 위해서는 다음을 보라. L. Gregory Jones, *Transformed Judgment: Toward a Trinitarian Account of the Moral Life* (Notre Dame, Ind.: University of Notre Dame Press, 1990), 137-39.

진 사람으로서 현재의 삶을 살아야한다. 우리는 하나님의 공동체이기 때문에, 하나님의 사람다워야 한다는 말이다.

세례에 의해서 처음으로 선언된 것이 이제는 성찬이라고 하는 교회의 다른 의식에 의해서 반복적으로 집행된다. 이 성례전에 참여함으로써 우리는 그리스도 안에 있는 정체성을 기억하며 하나님과의 언약과 우리 서로 간의 언약을 기억하고, 그에 대한 결과로 우리가 "주님을 위해" 윤리적 삶을 살아야한다는 것을 기억한다.

3. 결론: 하나님 나라와 공동체

복음주의 신학의 재조명을 추구함에 있어서, 우리는 기독교 공동체의 한 쌍의 모티프인 하나님의 통치와 하나님의 공동체를 근거하여 기독교 신앙에 대해서 논의함이 좋다는 것을 보였다. 이 땅을 통해서 하나님 나라 혹은 하나님의 뜻이 현재한다는 하나의 목적을 성경이 가리키고 있다는 것 때문에 성경은 역사를 대단히 중요하게 본다. 이 목적이 주님의 기도에서 청원의 핵심이다.

> 나라가 임하시오며 뜻이 하늘에서 이루어진 것 같이 땅에서도 이루어지이다(마 6:10).

신학을 위한 통합적 모티프로서 공동체 개념을 도입하는 것은 하나님 나라 개념을 거부해야 한다는 것을 의미하지는 않는다. 이것은 20세기의 논쟁으로부터 **후퇴**한 것이 아니라 오히려 신학을 위한 통합적 모티프로서의 "공동체"를 포함함으로써 옛 패러다임을 **뛰어넘는** 것을 의미한다. 공동체 개념은 하나님 나라 개념의 단점에 적절한 내용으로 채워준다. 하나님의 통치가 현재할 때, 즉 하나님의 뜻이 이루어질 때 공동체는 도래한다. 또는 반대 방향에서 본다면 공동체의 위기 속에서 하나님의 통치가 임하며 하나님의 뜻이 이루어진다.

실제로 그 신앙공동체가 세상에 존재하기 때문에 그것은 하나님 나라의 실험실이다. 우리는 하나님의 새로운 질서를 향한 비전이 실현되기를 추구한다. 그래서 우리는 피조물들에 대한 하나님의 활동으로부터 추론하여 공동체의 새로운 질서를 위한 자질을 반영하고자 한다. 하나님의 은혜와 하나님의 놀라운 화해를 경험했던 속박으로부터 구원받은 사람으로서, 우리는 자유하게 하시는 하나님의 본질을 마음껏 보여주며, 그럼으로써 하나님의 통치가 도래하여 나타나는 사건들의 모습을 증언한다.

그러므로 하나님 나라는 구속하며 화해하고 피조물을 하나님의 의도된 이상(ideal)으로 변화시키시며 세상을 하나님의 영역으로 조성하시는, 하나님의 통치가 현재한 모습이다. 그것은 새 질서의 패러다임과 그 질서를 운영하는 능력이기 때문에 역사와 역사 속에서의 일들을 초월한다. 피터 핫슨(Peter Hodgson)의 말을 빌리면 그것은 "이 세상에서 효과적으로 구속적 **행동**을 하시는 하나님의 방법"[61]이다. 하지만 이 성경의 비전은 그 범위에 있어서 공동체적 혹은 사회적이다. 하나님 나라는 공동체를 통해서 나타난다. 공동체는 화합이 일어나는 새로운 사회라면 어디든지 존재한다. 그들은 역사 속에서 하나님과의 언약 관계 속으로 들어간 사람들이며, 상호적 돌봄을 통해서, 그리고 세상에서의 사명과 세상을 위한 사명을 통해서, 그리스도 안에서 계시된 하나님께 예배를 드림으로써 언약적 삶을 지속적으로 살아가는 사람들이다.

---

61) Peter C. Hodgson, "Ecclesia of Freedom," *Theology Today* 44 (April 1987): 226.

제7장

교회론 재조명

이 책의 서문에서 언급했던 얘기로 돌아가 보자. 1991년 2월, 가을에 있을 신앙, 미국 북침례교 총무는 직제 그리고 정체성에 대한 교단 회의에서 다룰 주제들 목록을 메모장에 나열했다. 그 목록은 참으로 기가 막히게도 매우 중요한 주제 몇몇을 배제시켰다. 하나님의 삼위일체, 그리스도의 두 본성, 죄의 전가, 성경론 그리고 그리스도의 재림과 관련한 사건들에 관한 당혹스러운 질문은 단 한 개도 없었다. 게다가 논의되어야 할 질문들은 교회 회원, 세례, 안수 그리고 조직 구조와 관련된 것들로 모두 교회론에 초점을 맞춘 것들이었다.

이러한 문제들은 이전 세대들이 이미 추정적으로 예견했던 것들이다. 다른 교단적 전통들을 가진 이들도, 이 침례교 지도자들이 정확히 지적했던 이러한 문제들과 유사한 문제들을 다루고 있는 자신들을 발견할 것이다. 한 예로, 다시 한 번 이슈가 된 것이 교회 회원(church membership)의 본질 문제이다. 오늘날 복음주의자들은 교회에 참여하는 것과 세례 사이의 관계뿐 아니라, 회중들이 계속해서 형식적인 등록을 해야 하는지에 대해서도 확신하지 못하고 있다. 교인자격에 대한 전통적 이해를 의문시하는 것은, 현대의 "수평이동" 현상에서 분명히 나타난다. 많은 사람들이 더 이상 스스로를 특정한 회중의 영속적 일원으로 생각하지 않으며, 이 교회에서 저 교회로 변덕스럽게 옮겨 다닌다.

많은 회중들에게 또한 이슈가 되는 것은 교회정치이다. 지난 구식 구조들은 무너지고 있다. 교회 제직회에 참석수가 점점 줄어드는 것은 점점 더 많은 사람들이 형식적인 의사결정에 불참하고 있다는 말이다. 하지만 그럼에도 불구하고 많은 불참자들은 사실 그 회의 이후에도 의사결정자가 된다. 이들은 "교회"가 하기로 결정한 것에 대한 후원에 참여의 가부를 함으로써, 즉 그들의 헌금을 통해 "투표"하는 셈이 된다.

예배의 형식도 마찬가지로 결정적인 이슈가 되어왔다. 이것은 사람들이 그들의 교회에 대한 막대한 기대와 함께 나타나는 현상이다. 많은 사람들은 지역교회가 그 고객에게 예배를 제공하기 위해서 존재한다고 믿게 되었으며, 교회가 그 기대에 부응하고 실패할 경우에는 날카로운 비판을 받게 되었다. 한 예로, 현대에 일어나고 있는 "부흥집회"에 많은 영향을 받은 몇몇 사람들은, 교회가 치유의 장소가 되기를 기대한다. 그래서 그들은 기대했던 "능력의 증거들"을 발견하지 못하면 당혹스러움을 표한다.

이러한 동요의 한 가운데에서, 많은 교단을 대표하는 지도자들에게 성경적 교회론에 대한 새로운 강조가 요청된다. 캐나다기독교개혁교회(Canadian Christian Reformed Church)의 앤드류 쿠이벤호벤(Andrew Kuyvenhoven)은 그가 교단의 정체성을 향한 현재의 무관심과 관련하여 기록할 때 많은 관련 목회자들에게 이렇게 말한다.

> 이러한 새로운 교단들의 역경 중 가장 고통스러운 부정적 모습은 바로 교회에 관한 성경적 가르침에 대해 신학적으로 무관심하다는 것이

다. 우리는 단지 대단히 어설프게 정의된 교회론을 가지고 있을 뿐이다. 복음주의자들은 예수에 대한 개인적 관계가 유일하게 중요한 것이라고 믿는 경향이 있다. 그들의 회의에서 그들은 교회에 등록하는 것으로 그 사람을 구원할 수 없다고 말해왔으며, 세례로도 구원받을 수 없고, 성만찬은 마법이 아니며, 그 어떤 교회 예배의 규칙보다도 개인의 양심이 더 중요하다고 말해왔다. 그들에게 교회는 개인적 성장을 위해서나 사명을 위한 수단으로서 존재하는 것이다.[1]

마찬가지로 깨어있는 복음주의 신학자들은 오늘날 이러한 잘못된 교회론이 판치는 것은 복음주의자들 가운데 교회론에 대한 신중한 작업이 부재함의 결과라고 지적한다. 언젠가부터 교회론은 복음주의 신학의 의붓자식처럼 무시되어 왔다. 이것을 인식한 몇몇 신학자들[2]은 그 교리적 기초에서부터 교회론을 간과했다고 이 운동을 꾸짖어왔다.

이러한 간과는 20세기의 하반기에 도래했던 복음주의 연맹의 본질을 볼 때 쉽게 이해할 수 있을 것이다.

> 다양한 부류의 복음주의를 한데 결합한 교리적 윤리적 관심은 교회론 그 **자체**에는 거의 관련이 없었다. 물론 교회에 대한 유용하고 도발적인 글들을 쓴 많은 복음주의자들이 있었지만, 전체적으로 볼 때 복음주의 자체가 그들로 하여금 그렇게 비판하도록 유도하지는 않았다. 즉 복음주의라는 운동은 교회론보다는 기독론, 구원론 그리고 성경론

---

1) Andrew Kuyvenhoven, "Denominationalism: From Fanaticism to Indifference," *Faith Today* 9 (July-August 1991): 13.
2) 한 예로, Donald G. Bloesch, *The Evangelical Renaissance* (Grand Rapids, Mich.: Eerdmans, 1973), 41.

으로 훨씬 잘 정의되는 운동이다.[3]

이와 더불어, 칼슨(Carson)이 지적하듯이 교회론은 복음주의자들 가운데에서도 많은 영역에서 불일치가 지배적이기 때문에, 그들은 실제로 "너무 많은 교회론을 만들어 왔을" 것이다.[4] 따라서 문제는 복음주의자들이 공통된 교회론을 가지고 있지 않다는 것이 아니라 오히려 복음주의 연맹의 본질 자체가 교회론을 대수롭지 않게 여겨왔으며 그 창립 때부터 그것을 간과해왔다는 것이다. 따라서 클라크 피녹이 복음주의가 "기독교의 교회적 본질"을 무시해왔다고 지적한 것은 옳다.[5] 그리고 나단 해츠(Nathan Hatch)가 "교회에 대한 제대로 된 견해"의 회복을 요청하는 것 또한 올바르다 하겠다.[6]

교회와 관련한 현대 복음주의의 동요는 멜빈 팅커(Melvin Tinker)라는 한 영국 복음주의자의 글에서 확인할 수 있다. 비록 복음주의자들은 교회 개념에 대한 신학화에 있어서 명료성이 부족한 것은 사실이다. 또한 이들의 애매한 교회 이해에 일부 약점이 존재하는 것 또한 사실이다. 하지만 그럼에도 불구하고 이들은 "더 실천적인 관점으로부터…교회론에 대해 숙고하는데 많은 시간을 들여왔다"고 멜빈 팅커는 기록한다.[7] 결과적으로 현재의 상황은 우리로 하여금 더 확고하고 체계적인 신학적 개념으로 우리의 교회론에 대해서 다시금 숙고해볼 기회를 제공한다.

지난 6장에서의 결론들도 같은 방향을 가리켰다. 하나님 나라에 대한

---

3) Donald A. Carson, "Evangelicals, Ecumenism and the Church," in *Evangelical Affirmations*, ed. Kenneth S. Kantzer and Carl F. H. Henry (Grand Rapids, Mich.: Zondervan, 1990), 355.
4) Donald A. Carson, "Evangelicals, Ecumenism and the Church," 357.
5) Clark H. Pinnock and Delwin Brown, *Theological Crossfire: An Evangelical-Liberal Dialogue* (Grand Rapids, Mich.: Zondervan, 1990), 198.
6) Nathan O. Hatch, "Response to Carl F. H. Henry," in *Evangelical Affirmations*, 98-99.
7) Melvin Tinker, "Towards an Evangelical Ecclesiology," *Churchman* 105, no. 1 (1991): 19.

강조는 공동체에 대한 탐구를 통해서 확장되어야 한다는 것이었다. 그러한 확장에 수반된 함의들 중에, 교회론의 재확립만큼 더 필수적이고 더 영향력을 미치는 것은 없다. 그러므로 복음주의 신학을 재조명하는 것은 복음주의 사상가들로 하여금 새로운 세기의 도전에 맞서기 위해서 교회의 본질과 교회의 작업을 다시금 정의할 적절한 환경을 제공한다.

하지만 여기서 중요한 질문은 그러한 교회론을 다시 정의하는 데에 있어서 어떤 형식을 택할 것인가이다. 이러한 문제를 제대로 파악하기 위해서 우리는 우리의 목전에서 현대의 교회가 면전하는 위기를 먼저 똑바로 볼 수 있어야 한다.

1. 현대 교회에 있는 위기

현대의 복음주의 운동은 복음주의자로서 세상을 살아가는 것이 무엇이냐는 정체성의 위기를 겪고 있다. 현대의 개인주의적 경향을 간과한 지난 교회론은 사회주의적 경향이 있었기 때문에 우리로 하여금 올바른 재조명된 정체성을 정립하지 못하는 환경을 조성했다.

정체성의 위기라는 고질병이 지금껏 복음주의 운동을 둘러싸고 있었다. 하지만 이러한 상황은 특별히 우리에게만 해당되는 것은 아니다. 주류 개신교는 몇 년 동안 정체성의 불확실성이라는 병을 앓아왔는데, 이것은 계속되는 교인의 감소에서 증명된다. 심지어는 개신교들보다 더 많은 수의 사회주의적 단체들조차도 이전에 갖던 안정성이 흔들리는 것을 느껴왔다. 한 예로, 최근 메노교(Mennonite, 유럽에 있는 재세례파 즉 침례교의 분파-

역주)도 그들의 전통적 교회론의 손실로 인해 분투하고 있음을 호소한다.[8] 마찬가지로 로마가톨릭 주교들도 "진보적" 사고[9]의 맹공과 교회의 공식적 선언에 대한 교회 지도자들 및 평신도의 만연한 묵살 아래에 교회의 권위가 무너지고 있다고 호소한다.

최근 복음주의자들 가운데에는 교회의 본질과 신앙생활에 대한 기존의 이해에 대한 불만이 점차 증가하고 있다. 그 수가 증가함에 따라 기독교인들은 복음주의적 중립을 떠나기 시작하여 교회론적으로 좌파나 우파로 이동하고 있다.

좌파로 강력하게 움직이게 하는 것은 반복적으로 신앙의 물을 휘젓는 은사주의운동의 물결이다. 이 운동은 그 근본적인 교회관의 부재와 함께 정의되지 않은 유동적 교회론을 반영한다. 새로운 영을 붙잡은 사람들에게 교회적 구조나 교회 소속이나 성례전의 참여 혹은 같은 마음을 가진 기독교인들과의 교제는 "성령으로 충만한" 신자들의 같은 경험을 한 사람으로서의 친밀감보다 덜 중요한 것이다. 은사주의자들은 전통적 복음주의의 "단조로움"에 점점 더 실증 내왔다.

우파 세력은 전통적 혹은 예전적(liturgical) 교회들로 다시 돌아가는 교회들이다. 최근 몇몇 저명한 복음주의자들과 심지어 많은 평신도 복음주의자들은 로마의 길을 향하여 걷거나 콘스탄티노플로 향하는 고속도로를 따라, 캔터베리 순례(Canterbury Trail)를 떠났다. 전통과 예전(liturgy)을 통해 고교회파(high church)의 교회관을 재발견함으로써, 이들 탐구자들은 과

---

8) 그 예로는, 다음을 보라. John E. Toews, "The Nature of the Church," *Direction* 18 (Fall 1989):3-5; Marvin Hein, "Retrieving the Conference 'Glue,'" *Direction* 11 (July 1982): 12-13.
9) 한 예로는, 다음을 보라. Avery Dulles, "A Half Century of Ecclesiology," *Theological Studies* 50 (1989): 419-42.

거에 복음주의에서 급조한(ad hoc) 교회론으로 인해 느꼈던 부족함을, 계속 다시 채우길 희망한다.

이들 두 교회론들은 복음주의자들로 하여금 그들에게는 새로운 형식들을 끌어오게 함으로써 서로 정반대의 방향으로 이동하게 한다. 하지만 고교회파의 예전주의와 은사주의적 비형식주의는 모두 특정한 요소들을 공유한다. 이러한 공통된 특징들 중 하나는 교회의 건강에 해롭고 성가시다는 것이다. 좌파와 우파 세력 모두 현대 서구 문화의 급진적 개인주의에 쉽게(readily) 빠지게 되었으며, 이것이 바로 오랜 자기희생적 결의를 통해 세워 놓았던 종교개혁 전통의 확고한 교회론을 꾸준히 약화시키고 있는 한 요소가 되어왔던 것이다.

오늘날 우리의 사회는 결의, 즉 개인적 관계에 대한 계약들에 있어서 과거에 대한 장기적 비전을 잃어버렸다. 오늘날 사람들은 개인적 편의를 위해서 단기적 협정을 맺는다. "내가 얻을 수 있는 것"이라는 개인적 이익에 기초한 이들의 협의는 깨지기 쉬우며 불리한 환경에 의해 쉽게 결렬되거나 그들이 예상했던 유용성의 단물이 다 빠졌을 때는 해산되기 쉽다.

영속성으로부터 멀어져 편의성을 향한 문화적 변화는 신앙생활에까지 이어지게 되었다. 『마음의 습관』(*Habits of the Heart*)에서 로버트 벨라 등은 사람들의 종교에 대한 태도에서 나타나는 개인주의가 현저함을 기록한다.

> 대부분의 미국인들은 신앙을 일종의 개인적인 것이라고 본다. 이들에게 어느 조직체에 꼭 가담해야 한다는 것은 그리 중요하지 않다. 비록 많은 미국인들에게 지역교회가 중요하기는 하지만 이것은 종교를 무엇으로 이해하느냐와는 별개의 문제이며, 이들의 종교에 대한 이해는 개인과 지역교회를 초월하는 의미를 가진다. 이들에게 있어서 신앙생활은 근대적 삶이 나눈 분리된 영역들 중 하나이다. 그리고 대개

는 그것을 이해한다고 주장하는 "전문가들"에게 떠넘겨진 것이다.[10]

도날드 블레쉬도 이와 유사한 기록을 하는데, 복음주의자들이 신앙의 육성보다 신앙의 결정에 우선권을 두기 때문에 복음주의에서 교회론에 대한 "끔찍한 무지"는 개인의 결정을 강조하는 것에 부분적으로 기인한다고 주장한다.[11]

개인주의라는 잣대 아래에서 개인의 결의의 큰 약화를 초래했다. 이것은 교회와 교단에 대한 충성심의 충격적 붕괴에서 급기야 분명히 드러났다. 그리고 이것이 점점 더 복음주의 운동을 특징짓는 것이 되어버리고 말았다. 자신들의 지역교회나 교단에 대한 충성심이 하락하는 것은 자신들의 교회 혹은 교단들에서 부족하다고 생각되는 것들이 충족될 것을 약속하는 옛 전통들이나 새로운 실험들로 탈출하도록 활짝 문을 열어 놓는 하나의 계기가 되었다.

하지만 이러한 개인주의라는 현대 문화의 아이콘과 교회들 사이에서 아주 옛 것 혹은 아주 새로운 것으로 갑자기 튕겨 나가려는 현상에 관해서는 좀 더 명확한 논의가 필요하다. 최근 복음주의자들 가운데 전통을 지향하는 교회들이 표면적으로 급증하는 것은 우리를 둘러싸고 있는 사회의 경향에 대한 반작용으로 나타나는 것이다. 고교회파에 속한 성공회와 로마가톨릭 혹은 동방정교를 포용함으로써, 복음주의 기독교인들은 오늘날에도 수세기에 걸친 교회적 실재와 자신들이 연결되어 있다는 의미를 얻는다. 그럼으로써 개인주의와 협력하여 기존의 결의를 파괴하고 그 뿌리

---

10) Robert N. Bellah et al., *Habits of the Heart: Individualism and Commitment in American Life* (Berkeley: University of California Press, 1985), 226.
11) Donald G. Bloesch, *The Future of Evangelical Christianity* (Garden City, N.Y.: Doubleday, 1983), 127.

를 없애려고 하는 것에 그들은 항거하는 것이다.

하지만 또 다른 차원에서 보면, 우파로 유입되는 것은 좌파로 전환되는 것만큼이나 결의로부터 실제로 멀어져 개인주의로 이동하는 것이라고 말할 수 있다. 그들이 개인적으로 직접 동참하여, 그 협동적 삶으로부터 자신의 개인적 소유권(personal ownership)을 직접 취득해야 한다는 견해는 회원권을 가진 이들에게 대단한 책임감을 부과한다. 만약 사람들이 교회라면, 계속되는 회중의 삶은, 전례적 교회들과 새로운 은사주의적 단체들이 종종 허락하지 않는 리더 중심적 정치체제의 방식으로 각 회원들이 동참할 것을 요구한다.

우라적 경향으로 이동하는 전통주의와 좌파적 경향으로 이동하는 유동성이 현대 문화에 대한 반작용이든 지표이든 간에 그것과는 상관없이, 그들은 복음주의 교회론에 대한 불만을 표시하는 것이다. 둘 모두는 개인적 신앙생활과 신앙공동체와의 관계의 이해에 대한 마음에 깊이 새겨진 갈망을 표시하며 복음주의적 중도에서 경시하는 경향이 있었던 공동체의 예배생활에 참여하는 의미의 재발견을 위한 깊은 갈망을 표시한다. 실제로 오늘날의 많은 기독교인들이 가장 갈망하는 것은 아마도 어떻게 더 큰 전체에 자신들을 맞출 수 있는지를 아는 것과 그들의 창조자와 구원자를 진심으로 경배하는 것에 어떻게 참여하는가 하는 것이다.

지루한 것 대신에 더 큰 무엇인가에 참여하는 의미를 향한 현재의 갈망(우파적 갈망-역주)과 교회의 예배생활에서 하나님의 임재의 의미에 대한 현재의 갈망(좌파적 갈망-역주)은 오늘날 복음주의에게 성령이 말씀하시는 가장 중요한 말씀일 것이다. 현대의 조류와 역류가 가리키는 것은 지난 교회론적 양식이 기독교인들에게 하나님을 찾으려고 하는 방향과 세상에서 하나님의 가족이 되기를 탐구하는 방향을 제공할 능력을 잃었다는 것이다.

사람들이 아직 온전히 찾지 못하는, 협동성의 강한 의미와 하나님의 임재에 대한 고양된 인식은 교회의 본질에 대한 더 넓은 이해를 재조명하는 것, 즉 교회론의 재조명으로부터 떨어져서는 회복될 수 없다. 우리는 단순히 과거의 교회론으로 복귀할 수는 없다. 그렇다고 환경에 따라 우리의 피부색을 바꾸는 신학적 카멜레온이 되어야 하는 것은 아니다. 우리 작업은 우리 시대가 요구하는 것을 성경에 입각한 우리의 전승으로부터 최선의 것을 가져오려고 하는 것이다. 우리는 이들 자료들을 사용하여 성경적이며 복음주의적이고 현대적인 교회론을 조성하려고 시도해야만 한다.

2. 교회론에 있어서의 근원적 모티프

우리는 무슨 기초 위에서 교회론을 재구성하는 작업에 착수할 수 있는가? 무엇이 예수 그리스도의 교회로서 우리가 누구인가에 대한 새로운 조명을 위한 기반을 제공할 수 있는가?

비록 몇몇은 교회의 사명과 함께 시작하기를 선호하지만[12] 대부분의 복음주의 신학자들은 교회의 본질에 초점을 맞춘 이론적 기반 위에 신앙생활과 관련한 더 실천적 질문들에 대한 반응들을 발전시킨다. 물론 후자는 전개에 있어서는 적절한 방법이다. 하지만 이 방법을 따르는 사상가들 가운데에 교회의 근본적 의미를 어떻게 제시해야 할 것인지에 관해서는 만장일치를 보지 못했다. 그럼에도 불구하고 네 가지 뚜렷한 모티프들이 단독적으로 혹은 두 개 이상의 결합으로, 교회론에 관한 복음주의적 작품들

---

12) 한 예로는, 다음을 보라. Dale Moody, *The Word of Truth* (Grand Rapids, Mich.: Eerdmans, 1981), 427-33.

에서 널리 차용되었다.[13]

몇몇 신학자들은 신약의 이해를 규범으로 삼음으로써 교회론을 위한 근원적 모티프를 제공하기위해 어원학적으로 헬라어 에클레시아(*ekklesia*)를 번역한 말인 "교회"를 조사한다.[14] 이 용어가 동사 칼레오(*kaleo*: 부르다)로부터 나왔으며 거기에 전치사 에크(*ek*:~로부터)가 더해진 형태이기 때문에 그들은 에클레시아를 "부르심을 받은 자들"이라는 의미라고 결론 내린다.

비록 일반적으로는 어원학을 통해 신학적 개념을 정립하는 것이 그 단어의 과거의 의미와 오늘날의 의미의 필연적 차이때문에 단점을 갖기도 한다. 하지만 교회론을 위한 기반으로서 이 용어를 사용하는 것은 몇 가지 큰 장점을 갖는다.

한 예로, 에클레시아가 70인역에서는 카할(*Qahal*: 집회)로 번역되기 때문에 이 단어는 구약과의 연결점을 제공한다. 그런 다음 카할이 야훼와 함께 사용될 때 특별한 중요성을 수반한다. 하나님의 백성으로서 이스라엘은 "회중" 혹은 "주님의 집회"를 세웠다(신 23:1-8; 대상 28:8). 이러한 구약의 개념이 예수님이 그의 교회, 즉 그의 회중을 세울 것이라고 하셨던 선언의 배경을 형성했을 것이다(마 16:18; 18:17).

에클레시아는 또한 세속적 로마 세계와의 연결점을 제공한다. 이 연결은 신약 그 자체에서 이 용어가 이따금씩 그 일반적인 의미를 지니는 곳에

---

13) 이러한 모티프들을 조합한 예들로는 다음을 보라. Tinker, "Towards an Evangelical Ecclesiology," 20-27; Donald Allister, "Ecclesiology: A Reformed Understanding of the Church," *Churchman* 103, no. 3 (1989): 250-52. 신약에서 교회에 대한 몇몇 은유들과 에클레시아와의 조합에 대한 성경 연구를 위해서는 다음을 보라. P. T. O'Brien, "The Church as a Heavenly and Eschatological Entity," in *The Church in the Bible and the World*, ed. D. A. Carson (Grand Rapids, Mich.: Baker book House, 1987), 88-119.

14) 그 예로는, Millard J. Erickson, *Christian Theology* (Grand Rapids, Mich.: Baker Book House, 1983-85), 3:1031와 Robert P. Lightner, *Evangelical Theology* (Grand Rapids, Mich.: Baker Book House, 1986), 227-28을 보라.

서 찾아볼 수 있다. 따라서 에클레시아는 특별한 목적을 위해서 함께 부름을 받은 사람들의 단체, 즉 사람들의 집회를 일컫는다(행 19:32, 39, 41). 로마 사회에서 공동체의 일부 지목된 시민들은 시정을 돌보기 위해 함께 부름을 받아 이름하여 에클레시아를 형성할 수 있다.

그러므로 에클레시아라는 용어는 초대 교인들의 자의식을 가리킨다. 그들은 스스로를 하나님이 이스라엘 민족과 함께 광야에서 시작하셨던 공동체의 연속이라고 보았다. 그들은 성령의 능력으로 그리스도를 통하여 하나님께 소속되는 목적을 위하여 복음 선포를 위해 함께 부름을 받은 집단이었다. 실제로 성경적 뿌리에 대한 이러한 개념은 너무 강하고 일반적이었다. 그래서 이러한 자기인식은 신약 전체에 걸쳐 신앙공동체를 위한 일치점을 형성한다. 이처럼 폴 핸슨(Paul Hanson)은 공동체에 대한 그의 성경적 개념 연구로부터 다음과 같이 결론 내린다.

> 성경에서 신앙공동체는 **부름을 받은** 사람들이다. 그것은 다양한 족속으로부터 자유함을 위해 **부름 받은** 백성들이며, 하나님의 공의와 동정이라는 공통 결합 위에 세워진 정체성의 의미로 **부름 받은** 백성들이다. 그리고 이들은 모든 역사를 통합하며, **샬롬**(shalom)의 보편적 질서 안에 있는 모든 피조물의 회복을 향한, 창조적이고 구속적인 목적에 참여하고 예배하는 주님의 소명에 **부름 받은** 백성들이다.[15]

기독교 공동체를 기술하는 것으로서 에클레시아를 선택한 것은 교회론에 중요한 함의를 수반한다. 이것이 시사하는 것은 신약의 기독교인들이 교회를 위계적 조직이나 건물로 본 것이 아니라 사람들, 즉 그리스도를 통

---

15) Paul D. Hanson, *The People Called* (San Francisco: Harper & Row, 1986), 467.

하여 성령에 의해 하나님께 속하기 위해 한데 모인 사람들로 보았다는 것이다. 이러한 이해가 복음주의적 이해의 요체가 되어왔을 뿐 아니라, 최근 주류 교회들 가운데에서 널리 일치를 보이고 있는 것이기도 하다.[16] 초교파 문서 『세례, 성만찬, 그리고 사역』(Baptism, Eucharist and Ministry)은 이렇게 주장한다.

> 성령은 그리스도를 따르는 사람들을 하나의 본체로 연합시키시며, 그들을 증인들로 세상에 보내신다. 교회에 소속된다는 것은 성령 안에서 예수 그리스도를 통하여 하나님과 교제하며 사는 것을 의미한다.[17]

신학자들이 교회론을 세우는 데에 사용하는 두 번째 성경적 기초는 교회와 관련한 다양한 신약의 은유들로부터 나온다. 가장 빈번하게 사용되는 것은 삼위일체의 각 위격과 관련된 세 가지 종류의 은유들이다.[18]

신약성경은 교회를 하나님의 백성(고후 6:16)이자 하나님의 민족이며 거룩한 제사장(벧전 2:9)이라고 말한다. 이러한 은유는 에클레시아에 대한 구약의 뿌리와 쉽게 연결된다. 이스라엘이 하나님의 백성으로 선택받았던 것처럼, 지금은 신약교회가 이러한 관계의 유익을 누리는 것이다. 하지만

---

[16] 하나님 백성의 교회관에 대한 성경적 기초의 발전을 위해서는 다음을 보라. George J. Brooke, "Laos: A Biblical Perspective for a Theology of 'The People of God,'" *Modern Churchman* 32, no. 3 (1990):32-40.

[17] *Baptism, Eucharist and Ministry*, Faith and Order Paper 111 (Geneva: World Council of Churches, 1982), 20.

[18] Kenneth Cauthen의 *Systematic Theolgy* (Lewiston, N.Y.: Edwin Mellon, 1986), 296에 따르면, 기독교 사상사에서 세 가지 주요한 모티프로서, 그들의 중요성과 이러한 은유들 선택의 함축적 삼위일체론은 Lesslie Newbigin의 책 *The Household of Faith* (New York: Friendship, 1954)까지 거슬러 올라간다. 이들을 그의 교회관에 접목시켰던 Millard Erickson, *Christian Theology*, 3:1034-41은 이 사상의 출처를 Arthur W. Wainwright, *The Trinity in the New Testament* (London: SPCK, 1962)라고 밝힌다.

하나의 중요한 차이점이 있다. 더 이상 하나님의 백성은 특정한 민족적 그룹인 아브라함의 육체적 자손들에 소속된 것에 기초한 어떤 신분이 아니다. 오늘날에는 전 세계로부터 백성들이 하나님께 속하기 위해 한데 부르심을 받는다. 왜냐하면 교회는 "각 족속과 방언과 백성과 나라"(계 5:9)의 사람들로 구성된 국제적인 교제이기 때문이다.

"백성"과 "민족"이 신분에 초점을 맞춘 반면, "제사장직"은 기능을 내포한다. 이 용어는 구약과 대조되는 한편, 구약에 역시 뿌리를 두고 있다. 고대 이스라엘에서는 특정한 사람들이 정해진 제사장적 기능을 수행했으며, 이것은 비록 그 정도는 다르지만 신약시대에도 계속되었다. 하지만 이스라엘에서는 사람들 가운데에서 오직 소수만이 제사장의 역할을 위해 선택받은 반면, 교회에서는 모든 하나님의 백성들이 제사장적 직제에 소속되며 제사장직의 사역은 모두에 의해 공유된다.[19] 『세례, 성만찬, 그리고 사역』의 저자들은 이 문제에 대해서 현대에 수렴된 의견을 표현한다.

> 예수 그리스도가 새로운 언약의 유일한 제사장이다…교회 역시 하나의 전체로서 제사장으로 묘사될 수 있다. 모든 일원은 그들 자신을 "산 제물로서" 드리기 위해, 그리고 교회와 세계의 구원을 도고하기 위해 부르심을 받았다.[20]

---

[19] 사제직 사상에 대한 짧은 논증을 위해서는 다음을 보라. Alex T. M. Cheung, "The Priest as the Redeemed Man: A Biblical-Theological Study of the Priesthood," *Journal of the Evangelical Theological Society* 29 (September 1986):265-75.

[20] *Baptism, Eucharist and Ministry*, 23. 역사적으로, 교회관 혹은 교회론은 기독교인들 가운데서 통일을 설명하는 것이 되기보다는 논쟁을 불러일으키는 원천이 되어왔다. 다행히도 20세기는 지난 경향을 뒤집어 엎는 기록을 세우게 되었다. 지난 수십 년 동안 다양한 교단의 사상가들이 교회관의 특정한 측면들에 관련해 일치점에 도달했다.
1958년에 이미 Walter Marshall Horton은 여섯 개의 중요한 항목이 널리 받아들여졌다고 기록했다. 교회의 기원은 구약시대에 백성들에 대한 하나님의 부르심에 놓여 있다. 그럼에도

또한 신약성경은 교회를 머리되신 그리스도(골 1:18)의 몸(엡 1:22-23; 고전 12:27)이라고 말한다. 이러한 묘사는 구약성경에서의 인간 (해부학적) 구조에서는 많이 발견되지 않는 것이다. 머리와 몸의 관계성과 인간의 몸에 나타난 유기체적 통일성은 모두 교회의 참 모습이 무엇이 되어야 하는가를 말해준다.[21] 그리스도의 몸으로서 교회는 오직 그의 뜻을 행하기 위해서 존재한다. 주님의 명령을 따름으로써 그의 뜻을 수행하는 도구가 되어야 하는 것이다. 이러한 방식에서 교회는 세상 속에서의 그리스도의 임재이다. 그리고 인간의 몸과 같이 교회는 다양성으로 이루어진 통일체이다(고전 12:1-31을 보라). 모두가 같은 기능을 하지는 않지만 모두가 같은 목적을 가지며, 모든 일원은 다른 사람들 모두를 걱정해야 하며 전체를 섬기기 위해서 그들의 은사를 사용해야 한다.

신약성경에 따르면 교회는 성령의 전이다(엡 2:19-22; 벧전 2:9). 이러한 은유 역시 구약으로부터 나온 것이다. 이스라엘에서 성전은 하나님이 땅에 거하시는 장소라는 특정한 목적을 위해서 세워졌다(대상 6:1-2). 하지만 오

불구하고 결정적인 형성적 행위(formative act)는 그리스도의 죽음과 부활이었다. 교회는 성령의 공동체이다. 그래서 그것이 비록 신적 공동체이기는 하지만 교회는 인간 공동체이기도 하다. 교회는 하나님 나라와 관련되어 있지만, 그것과 동일하지는 않다. 그래서 결국 교회는 세상 속에서의 사명일 뿐 아니라 그 사명을 완수하기 위해 설립된 사역(ministry)이며 은혜의 적절한 수단이다.

이러한 견해들이 일반적으로 받아들여짐에도 불구하고, 호튼은 네 가지의 미결 문제들을 기록했다. 진정한 교회는 어디에 있으며 그 경계선은 무엇인가? 교회를 조직하기 위한 올바른 형태는 무엇인가? 교회의 연속성이 어떻게 보존되어야 하는가, 가령 교훈적 권위의 연속성 혹은 신앙과 메시지의 연속성으로 보존되어야 하는가? 그리고 교회의 근본적인 본질은 무엇인가, 객관적 협동(objective-corporate)인가, 아니면 주관적 개인(subjective-individual)인가? Walter Marshal Horton, *Christian Theology: An Ecumenical Approach* (New York: Harper & Brothers, 1958), 202-43.

21) 몸 모티프와 관련한 최근의 논증에 대한 개요로는, 다음을 보라. Andrew Perriman, "'His Body Which Is the Church…': Coming to Terms with Metaphor," *Evangelical Quaterly* 62, no. 2 (1990): 123-42.

늘날의 하나님의 임재에 대한 초점은 그의 백성들 간의 교제이다. 성령의 임재는 중대한 윤리적 결과를 수반한다. 그것이 의미하는 것은 기독교인들이 거룩한 삶을 살아야 한다는 것이다(고전 6:19-20).

일부 사상가들은 교회론의 기초를 위해 신약성경의 가르침에 직접 호소하는 것 대신, 조직신학적인 접근을 택한다. 몇몇은 교회의 지각된 표명들로부터 출발한다. 즉 보편적이고 불가시적인 교회와 지역적이고 개인적인 혹은 가시적인 교회와의 고전적인 구분으로부터 출발한다는 것이다.[22] 복음주의 내에서 그리고 전체로서의 교회에서의 그 긴 족보에도 불구하고, 이러한 구분은 오늘날 점점 더 불거지고 있다. 칼슨(D. A. Carson)이 기록하듯이 그것은 "근본적인 실수이거나, 혹은 별로 중요하지 않은 것 중에서 나름대로 최선의 것을 선택한 것에 불과하다."[23]

아마도 교회에 대한 고전적인 이중적 구별보다 더 유용한 것은 삼중적 표현일 것이다. 그것은 교회를 신비적 교회, 보편적 교회 그리고 지역교회로 구분하여 표현하는 것이다. "신비적 교회"는 모든 시대의 모든 신자를 포함하며(히 12:22-23) 시간을 초월하는 통일성을 가지는 것이다. "보편적 교회"는 어떤 주어진 기간에 땅에 있었던 모든 신자들로 구성된 교회이며, 공간을 초월한 통일성을 강조하는 개념이다. 그리고 당연히 "지역교회"는 특정한 장소에 모인 신자의 가시적 집단이다.

복음주의 내에서 침례교도들은 신약이 가장 강조하는 것이 바로 이 지역교회라고 주장하는 것에 기초하여, 지역교회의 중요성을 가장 강조했던 교단으로 잘 알려져 왔다. 하지만 최근 지역교회는 다른 교단의 복음주의

---

22) 한 예로, 다음을 보라. Augustus Hopkins Strong, *Systematic Theology* (Philadelphia: Griffith & Rowland, 1909), 3:887-91.
23) Carson, "Evangelicals, Ecumenism and the Church," 367.

자들 가운데에서도 그 높은 위상이 받아들여져 왔다. 『전망들』(Perspectives)의 한 글에서, 개혁 교회 목사 알란 잰슨(Allan Janssen)은 "**모든** 교회는 지역 교회여야 한다"고 담대하게 주장했다.[24] 교회를 사건적 특성으로 보았던 종교개혁의 이해로부터 건설하여, 그는 "지역 개념으로부터 가현적 도피"를 했다며 그의 동료들을 책망한다. 그리고 그는 그의 독자들에게 지역교회에서 함께 만나는 사람들과 그들이 섬기기로 부르심을 받은 지역 상황, 둘 모두를 심각하게 다룰 것을 요청한다.

지역교회에 대한 강조는 분명히 옳다. 하지만 신자의 가시적 교제에 대한 중요성을 부각시키면서도, 우리가 감히 잊지 말아야 할 것은 각 지역교회는 공통된 전체를 나타냄과 거기에 참여함으로부터 그것의 중요성을 얻는다는 것이다.[25] 그것은 다름 아닌 예수 그리스도의 하나 된 교회의 가시적 표현이며, 따라서 예수 그리스도의 교회의 축소판인 것이다.

지역교회에 대한 증가하는 교회학적 강조에도 불구하고 복음주의 내에서의 지배적인 생각은 반대방향으로 이동한다. 복음주의 교회론에 내포된 것은 선택받은 불가시적 집단으로서의 보편적 교회에 대한 강조이다. 그래서 비록 의도적이지는 않았을지라도 결국 많은 복음주의자들은 지역교회에 대한 관심이 거의 없다. 이미 1968년 클라아스 루니아(Klaas Runia)는 스탠포드 레이드(W. Standford Reid)를 인용하면서 이러한 경향을 보였다. 그는 복음주의자들 가운데에 현재 지성적인 방황의 원인들 가운데에 가장 큰 것은 많은 복음주의자들이 "가시적 조직의 교회를 상대적으로 중요하지 않

---

24) Allan Janssen, "The Local God," *Perspectives* 6 (May 1991): 14-16.
25) 한 예로, Karl L. Schmidt의 결론을 보라. Karl L. Schmidt, "Ecclesia," in *Theological Dictionary of the New Testament*, ed. Gerhard Kittel and Gerhard Friedrich, trans. Geoffrey W. Bromiley (Grand Rapids, Mich.: Eerdmans, 1964-76), 3:504, 534.

은 것으로 여기는 경향" 때문이라고 하며 잘못된 교회론을 지적한다.[26]

전형적 복음주의가 지역교회를 덜 강조하는 데는 몇 가지 이유가 있다.

첫째, 이 운동 내에 있었던 지난 세대주의의 영향이다. 달라스신학교의 신학자 로버트 라이트너(Robert Lightner)가 이러한 사고를 가진 사람의 한 예인데, 그는 이렇게 선언한다.

> 지역교회의 등록 회원이냐에 대한 고려와는 상관없이 구속받은 집단을 교회라고 부른다.[27]

라이트너에게는, 불가시적 교회인 보편적 교인자격은 오직 성령세례를 통해 성취된 그리스도와의 연합을 통해서 오는 것이다. 결국 물세례는 단지 "지역교회의 의식"에 지나지 않은 것이다. 그것은 단순히 "그리스도와의 연합이 그의 죽음, 장사, 그리고 부활 안에서 공적으로 선포되는 것을 의미하는 것이다."[28]

마이클 윌리암스(Michael D. Williams)는 「그레이스 신학 논단」(Grace Theological Journal)에 발표한 글을 통해 지역교회를 훼손해가면서까지 불가시적 교회를 고양시키는 세대주의자들의 경향을 슬퍼한다. 그는 주장하기를 세대주의자들이 강조하는 개인적 신자와 교회의 신비적 초월적 본질은 신자가 가시적 교회에 포함되어야 하는 "중요성을 간과"해 왔다. 결국 "그리스도의 몸의 결합적 연합인 교회, 즉 신자들의 몸인 너와 내가 연합되어

---

26) Klaas Runia, *Reformation Today* (London: Banner of Truth Trust, 1968), 33-34. Runia는 W. Stanford Reid, "Evangelical Defeat by Default," *Christianity Today* 6 (January 5, 1962): 28 [332]을 인용한다.
27) Lightner, *Evangelic Theology*, 228.
28) Lightner, *Evangelic Theology*, 232.

교회가 된다는 것은,…세대주의 신학에서는 그 중요성이 무시되는 경향이 있어왔다."[29]

둘째, 그러나 복음주의 내에서 보이지 않는 교회의 고양에 대한 더 큰 책임을 져야 할 또 다른 신학적 요소가 있다. 메노교(Mennonite) 신학자 노르만 크라우스가 주장하는 것처럼, 복음주의 교회론은 신적 선택과 진정한 믿음의 불가시성에 대한 칼빈주의 관점의 정의와 전제에 기초해 있다. 결국 크라우스는 교회에 대한 복음주의의 결핍된 이해를 부적절한 구원론에 연결시킨다. 복음주의자들은 구원을 사회적 차원을 배제하고 그리스도에 대한 믿음의 신학적 확언으로 정의함으로써 그것을 개인화한다. 그 간소화된 구원론의 결과로 복음주의는 제자들의 교회를 뒷받침해주는 교회론이 빈약한 것이라고 그는 결론 내린다.[30]

크라우스의 비평은 지난 교회론에 대한 복음주의 비평가들의 목소리를 다시 듣는 것이다. 한 예로, 클라크 피녹은 복음주의의 교회론 정의에 대한 문제점을 불완전한 구원론에 연결시킨다. 그는 자신이 일원인 이 운동을 걱정하며 다음과 같이 기록한다.

> 우리가 주는 인상은, 우리의 모든 관심이 각 죄인의 의인화에만 있고 그들의 성화나 교회의 교훈 혹은 세상의 성화에는 없다는 것이다.[31]

---

29) Michael D. Williams, "Where's the church? The Church as the Unfinished Business of Dispensational Theology," *Grace Theological Journal* 10, no. 2 (1989): 167.
30) C. Norman Kraus, "Anabaptism and Evangelicalism," in *Evangelicalism and Anabaptism*, ed. C. Norman Kraus (Scottdale, Pa.: Herald, 1979), 177-78.
31) Pinnock and Brown, *Theological Crossfire*, 148. 복음주의 교회관에 대해 Pinnock의 비판에도 불구하고, 이 책은 교회론에 대한 독립된 항목(section)이 없기 때문에, 이 문제에 대해 새로운 관심은 거의 발전시키지 못하고 있다.

셋째, 복음주의 교회론이 불완전한 또 다른 원인은, 실천적이긴 하지만 지성적이거나 신학적이지 못하다는 것이다. 20세기 중반에 도래한 후기근본주의적 복음주의 연맹은 그 필요성에 의해 초교파적이었다. 그들이 스스로 발견한 극명한 작업들을 위한 협조를 위해, 한데 모인 우리의 복음주의 선조들은 자유주의와 신정통주의의 도전에 직면하여 정통주의를 수호하는 것과 더불어 복음주의 내에서 발생하는 과감한 새로운 공격들에 대응하면서 다양한 교단적 배경을 가지고 있는 사람들을 이 연맹에 참가시킬 필요가 있었다. 이러한 목적에서 그들은 19세기의 자선사업단체들의 모델을 따랐으며 선교단체 조직들을 우후죽순처럼 설립했다.

이들은 복음주의 자체를 와해할 우려가 되는 교단적 정치의 불편한 문제들을 피해가려는 그들의 의도를 용이하게 했다. 하지만 그들의 창시자들의 초기 의도와는 반대로, 초교파적 자선단체들을 향한 이러한 운동은 교단에 대한 충성심을 떨어뜨리는 작용을 했으며 심지어는 유사교회 혹은 유사교단의 기능을 하는 몇몇 새로운 단체들이 생기게 했다.

신자의 넓은 연맹을 증진시키려는 그 목적과 그 신생 선교단체 조직들과 함께 신복음주의는 새로운 교회론을 요구했다. 이들의 교회론은 가시적 교회들을 초월하는 개인 신자들에 의한 영적 통합체에 초점을 맞추었다. 그리스도는 모든 교단에 충성된 추종자들을 가질 수 있으며 이러한 충성된 추종자들이 진정한 교회, 즉 궁극적 중요성을 지닌 유일한 교회(ecclesia)를 구성한다고 복음주의자들은 주장한다.

그래도 긍정적인 현상들이 조금씩 보이고 있다. 교회의 가시적 표현에 대한 비난과 함께 불가시적 교회에 대한 지나친 강조가 복음주의 범주 내에서 점점 사라지기 시작했다는 것이다. 점점 더 복음주의 사상가들은, "영적 통일체일 뿐 아니라 가시적 통일체" 이해된, "교회의 통일성을 위한 열정적 관심"에 대한 블레쉬의 요청에 같은 목소리를 내고 있다.[32] 오직 이러한 관심만이 지난 교회론을 넘어 세상에서의 정당한 위치를 회복하는 교회를 향한 목적에 부합할 수 있다.

교회론에 대한 복음주의의 반응은 항상 불가시적 교회를 더 중요시함으로써 불가시적 교회와 가시적 교회를 구분해왔다. 하지만 교회론에 대한 더 넓은 신학적 측면에서 볼 때는 또 다른 접근 방법이 있었는데, 이는 그 조직신학적 기초로서 교회의 표지에 접근하는 방법이었다. 종교개혁으로 인해 야기되었던 서구 교회의 조직적 통일성의 붕괴 이후로, 이러한 접근은 진정한 교회의 본질과 관련한 질문들과 밀접하게 연결되어왔다.

때때로 신학자들은 사도신경의 표현을 근거로 교회의 본질이 사도성, 보편성, 통일성 그리고 거룩성이라는 4가지 특성 혹은 "표지들"이라고 기술해왔다.[33] 비록 개신교와 가톨릭이 이들 징표들과 관련해 기본적으로 동의를 하긴 하지만 두 주요 교회 전통은 이들을 매우 다른 방식으로 해석한다.

헨드리쿠스 벌코프(Hendrickus Berkhof)는 로마 가톨릭 교회가 내부적인 반종교개혁(Counter-Reformation)을 시행하면서 이 표지들을 다시 정의하게 되었다고 기록한다. 벌코프에 따르면, 가톨릭은 반종교개혁을 통해 결국 네 가지 표지를 "규범적 지향점"으로 보았던 옛 관점을 넘어서, "진정한 교회는 스스로를 구별하는 것을 통해서 모두가 볼 수 있는 것으로서 이단들과 구별된 가시적 유형적 형질"로 보게 되었다.[34] 더 나아가 로마가톨릭

---

32) Bloesch, *The Future of Evangelical Christianity*, 129.
33) 최근 몇몇 복음주의 신학자들은 네 가지의 전통적 교회의 표지로 복귀해야 할 것을 요청했다. 그 예로 다음을 보라. Robert E. Webber, *Common Roots: A Call to Evangelical Maturity* (Grand Rapids, Mich.: Zondervan, 1979), 55-71; Bloesch, *The Future of Evangelical Theology*, 127.
34) Hendrickus Berkhof, *Christian Faith*, trans. Sierd Woudstra (Grand Rapids, Mich.: Eerdmans, 1979), 409-10.

전통에서는, 그리고 이른바 "고교회파적" 교회론을 따르는 특정한 다른 교회단체들에서는 사도성을 사도적 계승에 초점을 맞춰왔으며, 이것을 교회의 영속성을 보장하는 것으로 이해했다. 그러므로 진정한 보편적 교회는 1세기 교회로부터 사도적 계승에 의해 안수를 받은 주교들의 단체이다. 그래서 진정한 교회란 그의 안수를 시간적으로 거꾸로 거슬러 올라가면 사도들까지 올라가게 되는, 주교가 목회하는 교회를 말한다. 결국 지역교회는 진정한 교회의 주교의 지도 아래에 있는 한, 그리고 그들과의 교재 안에서 서 있는 한, 보편적 교회에 참여하는 것이다.

교회가 외면적으로는 네 가지 표지를 따를 수도 있다. 하지만 이 표지들은 교회와 그리스도와의 필수적인 관계에 대한 이해가 부족하다. 그래서 종교개혁자들은 그들의 초점을 전통적 지표들로부터 "말씀과 성례전"으로 옮겨야만 했다. 벌코프는 이것을 다음과 같이 설명한다.

> 성경과 일치하는 순수한 복음의 선포와 성례전의 올바른 시행을 하는 교회는…이 인간의 인위적인 장치들에 방해받지 않고, 예수 그리스도와의 긴밀한 결속을 보장할 것이다.[35]

비록 교회에 관한 이러한 고교회적인 이해나 "말씀과 성례전" 중심의 이해 각각을 옹호하는 복음주의자들도 있다. 하지만 그럼에도 불구하고 우리의 운동에서 많은 사상가들은 다른 대안을 선택한다. 이는 진정한 교회는 본질적으로 하나님과의 언약에 자발적으로 서 있는 사람들이기 때문이다. 로버트 핸디(Robert T. Handy)에 따르면, 이러한 견해를 고안해냈던 사람들이 주장했던 교회는 "교구적이거나, 감독적이거나, 지역적이거나, 국

---

[35] Hendrickus Berkhof, *Christian Faith*, trans. Sierd Woudstra, 409.

지적인 것이 아닌, 언약 안에 표현된…상호 협약적 행위에 의해 모인 회중적인 것이다."[36] 신자들은 그리스도 안에서 하나님의 백성으로서 함께 가기 위해 모인다. 이것이 바로 교회이다.

언약 개념은 자랑스러운 성경적 족보라는 유익이 있다. 언약에 대한 성경적 개념의 핵심에는 근본적인 양식(pattern)이 있다. 이는 폴 핸슨(Paul Hanson)이 발견한 "모든 세대에 하나님의 백성의 공동체 건설을 강조하는 것", 즉 "하나님이 시작하시고 인간이 거기에 대응하는 형태"이다. 핸슨은 다음과 같이 부언한다.

> 이 양식은 "나는 너의 하나님이 되고 너는 나의 백성이 되리라"라는 언약이 되풀이되는 성경적 형식으로 표현된다.[37]

언약이 교회의 기초라는 이해로의 이동은, 곧 급진적인 새로운 정치적 조직체를 야기했다. 이는 이름하여 회중교회주의라는 것이다. 이 새로운 교회관은 지난 중세와 종교개혁 세계관 간의 몇몇 차이점들을 날카롭게 지적했다. 한 가지 중요한 혁신은 바로 신자와 교회 사이의 구원론적 관계에 대한 회중교회주의자들의 이해에 놓여있다. 교회가 그 회원들의 언약을 통해서 형성되었다고 주장하면서, 회중교회주의자들은 개인 위에 협동을 우선시했던 옛 순서를 뒤집었다. 개별 기독교인이 교회의 산물이 되기보다는, 오히려 신자들이 함께 모여서 형성된 것이 교회라고 회중교회주의자들은 주장한다. 이것이 의미하는 것은 구원의 순서에 있어서 교회가

---

36) Robert Theodore Handy, "The Philadelphia Tradition," in *Baptist Concepts of the Church*, ed. Winthrop Still Hudson (Philadelphia: Judson, 1959), 36.
37) Hanson, *The People Called*, 469.

아닌 신자가 먼저라는 것이다.

뒤따르는 또 다른 혁신은, 영국 청교도 운동에 참여함을 통해 물려받은 "언약 사상"에 대한 회중교회주의자들의 강조로부터 나온 것이다. 초기 회중교회주의자들에게 언약의 형성이 의미했던 것은 진정한 교회의 본질적인 것으로서 "징계"에는 반드시 "말씀과 성례전"이 더해져야 한다는 것이다. 하지만 징계를 교회의 표지에 포함하는 것은 그들로 하여금 교회의 순수성을 더 강조하게 했다.

아마도 이것은 회중교회주의에서 가장 급진적인 혁신이었을 것이다. 그리고 이것이 바로 교회의 본질 영역으로까지 들어오게 되었다. 특정한 회중교회주의 사상가들은 언약을 교회의 기저로서 높이 강조하는 것이 무엇을 함축하는지를 깨닫게 되었다. 그것은 바로 교회가 오직 지역 회중 안에서만 존재한다는 것이었다.[38] 게다가 이러한 가시적 교회로의 근본적 변화는 언약 사상의 필연적인 결과로 일어난 것이었다. 만약 교회가 언약에 의해 조성되었다면, 언약의 공동체가 없는 곳, 즉 지역 회중으로 한데 모이는 신자가 한명도 없는 곳에서는 교회가 없는 것이다. 그래서 언약은 그 본질에 의해서 지역적이며, 특정한 가시적 신자들의 단체 가운데 맺어진 동의로 존재하는 것이다.[39]

---

[38] 지역교회에 대한 이러한 강조에 대한 자극과 결과로, 뉴햄프셔 신앙고백서(The New Hampshire Confession of Faith)는 보편교회의 개념에 대한 언급을 생략하고 말았다. 이것의 중요성을 Hudson이 기록했다. Winthrop Still Hudson, "By way of Perspective," in *Baptist Concepts of the Church*, 27.

[39] 청교도들의 언약 중심적(covenant-based) 교회관은 초기 영국 침례교들로 하여금 견진성사(the initiatory sacrament)에 급진적인 입장을 취하게 했다. 침례교도들은 신약에 근거하여, 세례가 신자들로 하여금 예수그리스도와의 교제에 참여하게 되는 언약이라고 결론 내렸다. 하지만 이것은 언약의 표지가 오직 신자들만을 위한 것일 수 있다는 것을 의미했으며, 이것은 단순히 유아침례를 통해서는 세례 받은 공동체와 그리고 하나님과의 개인적 언약을 표현하는 것이 불가능하다는 것을 의미한다.

비록 신약이 교회의 표지의 문제에 대한 명쾌한 답변을 하지는 않지만, 그와 관련된 몇 가지 주제들을 제공한다. 우리가 이미 보았듯이 초대 교인들의 마음속에는 신자들인 그들 스스로가 바로 교회를 구성하는 것이었다. 이러한 이해는 그들이 자신들의 자기 정체성을 표현하기 위해 선택했던 용어에서 분명히 나타난다(에클레시아). 그것은 신약의 대부분의 책에서 나타나는 교회의 모습에서도 분명히 나타난다. 한 예로, 베드로는 교회를 각 "산 돌"(living stones)로 지어진 성전이라고 보았으며(벧전 2:5), 바울은 교회를 각 지체들로 구성된 하나의 몸이라고 보았다(고전 12:12, 27).[40]

신약은 전체로서의 백성을 강조하는 한편, 지도자들의 중요한 근원적 역할을 보여준다. 마태복음과 사도행전은 베드로의 우선성과 12사도의 중요성을 분명하게 강조한다. 예수님이 베드로를 사도들 가운데 첫 번째로 세우셨으며 로마 주교의 영속적 우선성을 설립하셨다는 것을 보이기 위해 로마가톨릭이 마태복음 16:15-19을 사용하는 것은 당연히 부적절한 것이다. 그럼에도 불구하고 이 본문이 가리키는 것은 초대교회의 설립에 베드로의 미래 역할을 예수님이 예견하셨다는 것이다. 베드로와 다른 사도들은 예루살렘 공동체 초창기에 대단한 지도력을 보였으며, 이 도시를 넘어 다른 지역에 복음을 선포하는 데에도 선봉으로 나섰다.

바울의 교회들도 그들의 지도자들에게 우선권을 부여했다. 바울 스스로가 사도들과 선지자들을 은사를 받은 사람들의 목록에 첫 번째로 위치시켰다(고전 12:27-28). 비록 바울이 이러한 가르침과 함께 공동체 내에서

---

40) 사람들로 구성되었다는 교회의 존재(being)에 대한 신약성경의 강조는, 침례교 범주에서 분명하게 강조했던, 예를 들면, 교회를 단순히 구원받은 개인들의 집합이라고 생각했던 Francis Wayland처럼, 개인주의와 혼동해서는 결코 안된다. Norman H. Maring, "The Individualism of Francis Wayland," in *Baptist Concepts of the Church*, 147. 1세기 기독교인들은 그와 반대로 자신들을 협동적 전체의 개인적 회원들로 이해했다. 따라서 그들의 교회관은 개인과 단체 사이의 건강한 균형을 보여주었던 것이다.

은사를 받은 모든 사람들의 동등한 중요성을 조심스럽게 균형 맞추면서 말이다. 에베소인들에게 보낸 서신서는 지도자들과 그들의 중요성에 대한 주제를 요약하고 있다. 모든 지체를 교화하는 목적으로 그리스도께서는 교회에 지도자들, 즉 사도들, 선지자들, 복음 전하는 자들, 목사들과 교사들을 보내셨다(엡 4:11-13). 이러한 바울의 리더들에 대한 강조는 목회서신서에서 요약된 장로들의 역할에서 그 정점에 이르렀다. 그 중요성 때문에 감독은 신자들이 염원할 만한 가치 있는 목표이며(딤전 3:1), 모든 직분자가 될 사람들은 엄격한 영적 요건들을 통과해야 한다(딤전 3:2-13).

신약성경은 리더들의 우선성을 제시하면서 지도력의 표지로서 섬김과 겸손을 동등하게 강조한다. 리더들은 자신들의 지위를 결코 다른 사람들보다 우월하다거나 자만심을 가지게 하는 것으로 보아서는 안 된다. 오히려 그들은 백성들을 섬기기 위해 하나님께 부름을 받았다(예, 막 10:41-45). 지도자들은 양치기로서 돌봐야 하며 본보기가 되어야 하는 것이지, 결코 군주가 되어서는 안 된다(벧전 5:1-5).

언약 교회관은 우리로 하여금 에클레시아의 개념으로 돌아가게 한다. 언약이 의미하는 교회의 본질은 궁극적으로 그 백성들과 함께 놓여있다. 하지만 에클레시아는 단순히 사람들의 평범한 집합체가 아니다. 오히려 교회는 언약 안에 서 있기 위해서 복음의 선포에 의해 세상으로부터 부름을 받았기 때문에, 그것은 특별한 인식을 가진 사람들로 구성된 것이다. 틸라드(J. M. R. Tillard)가 다음과 같이 기록하듯이 말이다.

> 이 *koinonia*(교제)는 친구들의 모임이 아니다. 그것은 그리스도 안에서 함께 하나님과 화목한 남녀들이다.[41]

---

41) J. M. R. Tillard, "What Is the Church of God?" *Mid-stream* 23 (October 1984): 367.

그 참여자 모두가 그리스도에 대한 충성을 고백하기 때문에 그 공동체는 그의 주되심 아래서 하나의 몸으로 서 있다는 것을 인식한다. 그래서 그것은 그리스도를 통한 하나님과의 언약 공동체이다. 그와 동시에 회원들의 그리스도에 대한 상호고백은 그들이 서로 교제 안에서 서 있다는 특별한 인식을 의미한다. 그리고 그리스도의 제자가 되겠다는 그들의 공유된 결의는 서로에 대한 결의를 수반한다. 그러므로 교회를 구성하는 언약은 하나님의 백성으로서 함께 걸어가기로 상호 동의하는 것이다. 그리고 상호적 언약 때문에 각 회원은 교화와 격려 그리고 도움을 통해서 다른 모두들 안에서 그리스도를 더욱더 많이 고백하게 하는 책임을 느낀다. 즉 교회는 그리스도 때문에 하나님과 언약을 맺은, 서로 언약을 맺은 신자들의 공동체이다.

교회는 언약으로 들어간 백성들에 의해 구성되는 것이라는 회중교회주의적 확언의 기초적 정확성에도 불구하고, 우리는 교회가 어느 주어진 기간의 그 회원들 전체를 초월한다는 사실을 잊어서는 안 된다. 언약을 통해서 우리는 역사 속에 이미 부여된 교제로 들어간다. 이러한 깨달음은 신자가 논리적으로 교회에 우선한다는 어떠한 주장도 상대화한다. 그 어느 것의 우선성에 초점을 맞추기보다는 우리는 교회와 신자가 상호의존적이라고 선언해야 한다. 상호 언약 안에서 신자들이 함께 모여 그것을 구성하기 때문에 교회는 개인들의 언약 공동체인 것이다. 그와 동시에 교회는 그 복음의 선포를 통하여 언약 공동체로 들어오는 개인들 안에 믿음의 시작과 과정을 가능하게 하는 도구이다. 그래서 그 공동체는 그 현재의 회원을 초월하는 역사와 전통의 유익을 누린다.

3. 교회론의 핵심

이러한 넓은 측면에서 조사된 교회론적 관점은 분명 유용성을 제공한다. 하지만 그럼에도 불구하고 재조명된 교회론을 위한 기반이 되기에는 아직 불완전하다. 비록 그들이 유용하긴 하지만 만약 우리가 오늘날을 위한 진정한 새로운 조명을 제시하려 한다면, 우리는 이들의 모형에만 의존해서는 안 된다. 전(前) 장에서 결론으로 제시했던 것처럼 시작에 있어서 두 가지 추가 요소가 우리의 건설적 계획에 도움을 제공한다. 이 추가 요소는 우리가 성경, 전승 그리고 현대의 사상으로부터 채굴할 수 있는 두 가지 주제이다. 하나님 나라와 공동체라는 두 모티프들은 모두 언약 공동체에 관한 개혁주의 주장의 핵심과 관련되어 있다.

우리가 만약 20세기의 성경학자들과 신학자들의 노고에 영감을 주었던 다른 모든 것들 가운데에서 한 개의 주제만을 골라야만 한다면, 그 주제는 의심의 여지없이 하나님 나라이다. 예수님의 하나님 나라 선포는 그의 사역의 핵심에 위치한다는, 19세기 후반에 요하네스 바이스의 저명한 발견과 함께 출발하여 신약 연구와 신약신학의 위대한 지성들은 신약 주제의 본질과 중요성에 대해 노심초사해왔다. 실제로 하나님 나라 신학의 봉기 결과로, 성경적이라고 주장하는 모든 교회관은 오늘날의 교회와 하나님 통치와의 관계 문제를 설명해야만 했다.[42]

비록 하나님 나라의 재발견이 19세기 후반과 20세기에 두드러지게 나타나는 현상이긴 하지만 교회와 하나님 나라의 관계성은 신학사에서 실제로 오래된 주제이다. 어거스틴은 그의 걸작 『신의 도성』(City of God)에서

---

42) 그러므로 한 예로, Erickson은 교회와 하나님 나라 사이의 관계를, 네 가지 특별한 문제들 중 첫 번째로, 혹은 교회론에 대한 글에서 서두를 장식해야 할 특별한 관심을 요하는 특정 영역들 중 첫 번째로 순서를 매긴다. Erickson, *Christian Theology*, 3:1041.

이 문제로 씨름했다. 하지만 어거스틴의 입장이 오해한 것은 중세 교회관의 특징인, 땅에서의 하나님 나라의 실재와 가시적 교회를 실제로 동일시하는 기초를 형성했다. 중세 로마가톨릭주의는 한 사람이 가시적 교회에 참여하는 것은 그가 하나님 나라에 있는 것과 동일하다고 주장했다. 이 주장은 성례전 체계와 제명권과 더불어 교회 계급과 성직에 엄청난 권력을 부여했다.

결국 종교개혁자들은 하나님 나라와 그리스도의 영적 몸인 불가시적 교회를 동일시하는 경향이 있었다. 심지어 19세기의 자유주의 사상에서도 이 사상은 계속되었으며, 신학자들은 하나님 나라와 예수님의 제자들을 밀접하게 관련시켰다.

그러나 19세기와 20세기에, 교회와 하나님 나라 사이의 관계에 대한 질문에 완전히 상반된 반응이 복음주의 범주 내에 뿌리내렸는데, 이는 일반적으로 세대주의가 도래한 것의 영향에 기인한 것이다. 이 신학은 하나님 나라와 교회 사이의 엄격한, 심지어는 형이상학적인 이분법, 즉 모든 지구상의 교회를 메시아가 1000년 동안 통치하는 미래의 일정한 기간으로 보는 견해를 소개했다. 고전적 세대주의자들이 주장하는 것은 천년왕국의 도래 기간은 하나님의 지상백성인 이스라엘에게 주어질 것이며, 반면에 교회는 하나님의 영적 천국 백성이며 이 현재시대에 하나님 사역의 초점이다. 어거스틴주의자들의 대안처럼, 세대주의자들의 괴리는, 교회와 하나님 나라 사이의 복합적 관계의 실재 내에 있는 것을 지나치게 단순화한 것이다. 그럼에도 불구하고 세대주의는 교회론에 종말론적 차원을 재소개함으로써 교회론의 중요한 목적을 제공했다.

결국 우리는 교회론을 분석함에 있어서 감히 교회와 하나님 나라를 동일시하지도, 그리고 급진적으로 양분하지도 말아야 한다. 오히려 교회를 하나님 나라의 **산물**로 보는 것이 최선이다. 레네 파딜라(René Padilla)는 다음과 같이 기록한다.

> 교회는 하나님 나라가 아니라, 하나님 나라의 **구체적** 결과이다.[43]

그것은 예수의 하나님 통치에 대한 선언에 대해 순종적 응답에 의해 생산된다. 결국 그것은 선행적인 표현과 하나님 통치의 표지가 되어야 하는 것이다.

여기서 우리는 복음주의자들로서 재세례파 전통으로부터 배우는 것이 좋을 것이다. 메노교 학자 노르만 크라우스에 따르면, 초대 재세례파들(Anabaptists)은 교회를 "하나님 나라의 권위에 복종하는 영역"이라고 보았다. 그들에게 교회는 다음과 같이 기술된다.

> 이 세상에서 경험된 "성령의 평화, 정의, 그리고 기쁨" 안에 있는, "하늘에서와 같이 땅에서…" 하나님의 뜻을 진정성 있게 성찰하는 영역이다.[44]

교회를 하나님 나라와 단순히 동일시할 수는 없다. 하나님 나라의 개념은 왕권, 즉 하나님의 통치권을 포함한다. 이 권한이 창조자로서의 하나님의 통수권과 동일하게 이해되기 때문에, 하나님의 고유 권한으로서의 하나님 나라는 교회의 존재와 독립적인 것이다. 따라서 하나님 나라는 교회

---

43) C. René Padilla, "The Mission of the church in the Light of the Kingdom of God," *Transformation* 1 (April-June 1984): 17.
44) C. Norman Kraus, "A Mennonite Critique," in *The Vareity of American Evangelicalism*, ed. Donald W. Dayton and Robert K. Johnston (Downers Grove, Ill.: InterVarsity Press, 1991), 191-92.

보다 선재하며 그 영역에 있어서 항상 더 광범위하다. 더 나아가 **하나님 나라**는 그 모든 차원에서의 하나님의 영토를 말하는 데, 이 영토는 하늘보좌뿐 아니라 창조된 전 우주를 포함하는 것이다. 반대로 **교회**는 그리스도를 통해 부름 받은 백성 안에 있는 하나님의 프로그램을 말한다. 비록 그것이 핵심적인 면이기는 하지만 엄밀한 의미에서 그것은 하나님의 통치를 확립하는 더 넓은 신적 목적의 한 차원이다.

하나님의 통치를 향한 프로그램의 한 차원으로서 교회는 하나님 나라에 종속적이다. 이 의존성은 교회가 하나님 나라의 메시지의 자연적 결과라는 사실로부터 유래한 것이다. 예수님에 의해 선포되고 설명된 하나님의 통치권이 교회를 생산하며, 예수님의 주되심 메시지의 선포는 순종하는 인간의 응답을 상기시키기 때문에, 그 결과로 협동적 신앙공동체를 세우는 것이다. 다시 말해서, 교회는 하나님 나라의 메시지를 선포함을 통해 부름을 받는다. 마찬가지로 교회가 하나님 나라에 종속적이며, 따라서 하나님 나라 메시지를 선포하는 임무가 위임되며 하나님 통치를 인정한 사람들 집단의 성장이 위임된 것이다. 어느 날 전(全) 우주를 통해 완성되고 보편화될 것이라는 하나님의 통치를 말과 행동으로써, 선언하기 때문에 교회는 종말론적 공동체이다.

교회를 하나님의 통치에 연결시키는 것이 의미하는 것은 교회관은 피할 수 없이 미래적 지향성을 가진다는 것이다. 그래서 이 종말론적 지향성이 우리의 교회론 이해를 형성해야 한다. 그리스도의 몸이자 성령의 전인 하나님의 백성은 단순히 둘러싸인 세상의 사악함으로부터 독립되거나 혹은 떨어져서, 구원의 영지 혹은 경건의 빈민가가 되기 위해서 부름 받은 것이 아니다. 오히려 신자들은 하나님과의 언약관계와 서로와의 언약관계로 들어가, "종말론적 공동체"가 되기 위해 부름 받았다. 그리고 교제는 하나님의 통치를 나타내는 원리들을 제공하는 순례를 위한 과정이다. 그들은 세계의 미래를 위해서 교회를 구성한다.

이러한 종말론에 기초한 이해가 요구하는 것은, 우리가 교회의 소위 "과정 모델"이라는 것을 발전시키는 것이다. 궁극적으로 우리의 협동적 삶은 개별 기독교인의 삶과 마찬가지로 그것의 과거나 현재가 아니라 미래에 의해서 조성된다. 교회가 무엇이냐 하는 것은 교회가 무엇이 되어야 할 운명인가에 의해 결정된다. 그래서 교회는 인류를 위해 하나님이 의도하시는 궁극적 목적, 즉 하나님의 완성된 통치에 참여한다. 여기에 반한 신플라톤적 모델은 교회를 하나님의 계획에 천국의 전형으로 선재하는 것으로서 조성된 것으로 본다. 그래서 이러한 종말론적 과정 모델은 그것의 신플라톤적 대안에 반대하는 기초를 형성한다.

이러한 두 교회관은 각각 세상에서의 교회의 목적에 대한 우리의 이해를 위한 함의를 수반한다. 신플라톤적 모델에서 교회의 목적은 그 천국의 모형을 모방하는 것이다. 한 예로, 세상의 창조 이전에 하나님이 누가 선택을 받을지 결정하셨다는 논지로부터 세워진 몇몇 칼빈주의 교회관은 역사 속에서 교회의 사명은 불가시적인 선택받은 집단을 가시적이게 만드는 것이라고 주장한다. 그러므로 교회의 사명은 모든 선택받은 자들 즉 영원 전부터 하나님에 의해 선택받은 모든 사람들을 그 경계 안으로 데려오는 것이다.

반대로, 종말론적 과정 모델은 교회가 하나님 나라의 집단으로서의 목적에 의해서 구성된다고 주장한다. 그러므로 교회의 임무는 선택받은 자들을 울타리 안으로 데려오는 것에만 제한되는 것이 아니다. 오히려 그것의 임무는 최종 역사에 완성될 영광스러운 교제를 현재에 실현하는 것, 즉 세상으로 하여금 종말론적 실재의 표지로서 보게 하기 위해 모델링하는 것이다. 이러한 이유에서 교회는 예수님을 주님이라고 마음속 깊이 선언하는 모든 사람들을 그 경계에 포함한다. 그래서 교회는 사회 속에서 예언자적 목소리가 되기 위해 분투하며, 하나님의 지침서인 "사랑, 평화, 공의 그리고 정의" 아래서 살아가는 것이 무엇을 의미하는지를 말과 행동으로 선포하기 위해 분투한다.

교회를 오고 있는 하나님 나라의 방식으로 보는 방식은 최근 몇 년 동안 넓은 지지를 받아왔다. 그것이 새로 발견한 중요성은 교회를 하나님 나라의 "표지와 예전"으로 묘사했던 제2 바티칸 공의회에서 제정한 교회에 대한 교리헌장에서 절정에 달했다. 심지어 정통주의 신학자들도 오늘날 이 개념을 차용한다. 예전의 실제(liturgical practice)와 정통주의 신학(orthodox theology)을 묘사하면서, 페트로스 바실리아디스(Petros Vassiliadis)는 교회에 대해서 다음과 같이 주장한다.

> 그녀가 현재 무엇인지 혹은 그녀에게 과거에 주어진 교훈이 무엇인지로부터 그녀의 정체성을 그리는 것이 아니다. 교회는 그녀가 앞으로 무엇이 **될 것인가로부터** 자신의 정체성을 그린다. 예를 들면, **종말**로부터 말이다.

그러므로 종말론은 "교회를 시작하는 1차적인 면을 구성한다." 따라서 교회는 "오직 하나님 나라로 가는 길을 준비할 뿐이다." 즉 교회는 "도래할 하나님 나라의 모방상(*eikon*)이다."[45]

교회를 종말론적 모델로 보는 옛 접근들을 통한 발전이 어느 정도 유용할 수는 있지만, 그것만으로는 온전한 그림을 그리지 못한다. 교회와 하나님 나라의 관계에 대한 초점은, 하나님이 성취하고자 하는 종말론적 공

---

45) Petros Vassiliadis, "Orthodox Theology Facing the Twenty-first Century," *Greek Orthodox Theological Review* 35, no. 2 (1990): 149-50.

동체의 실제적 본질에 대한 질문에 아직 대답해주지 못하고 있다. 그러므로 재조명된 복음주의 신학을 발전시키는 데 있어서, 우리는 이미 언급된 것들에 또 다른 견해를 추가해야만 한다. 교회는 삼위일체 하나님의 본질을 나타내기 위해 부름 받은 사랑의 공동체이다.[46] 그러므로 궁극적으로 우리의 교회관은 교회와 하나님의 실재와의 관계로부터 그 출발점을 잡아야만 한다. 따라서 신론 혹은 신학은 교회관을 위한 최종적 기저를 제공한다.

세상 속에서의 하나님의 계획은 죄와 궁핍함에 빠져 있는 개별 인간들을 향한 것이라는, 복음주의자들의 주장은 옳다. 이것이 옳긴 하지만 불행하게도 이러한 강조는, 비록 그것이 옳은 것이지만, 열에 아홉은 대개 불충분한 교회관에 이르게 되는데, 이 교회론은 그릇된 신학으로부터 비롯되는 결핍된 구원론을 반영한다. 교회는 단순히 실족한 자들을 구령하는 사명을 위해 모인 구원받은 개인들의 무리가 아니다. 왜냐하면 하나님의 계획은 한 개인의 구원을 뛰어넘는 것이기 때문이다. 이 신적 계획은 사회적 상호작용을 포함하기 위해 개인을 뛰어넘는다. 그리고 그것은 모든 창조물을 포함하기 위해 한 인간의 영역을 넘어 이동한다. 하나님의 관심은 단지 구속받은 개인들을 양산하는 것이 아니다. 오히려 하나님은 하나님과 화목을 이룬 협동적 단체인 "하나의 새로운 인류"를 낳고자 하시며(엡 2:14-19), 우리가 구속받은 새 창조에 살면서, 창조자와 구원자이신 하나님

---

[46] 비록 현저하지는 않지만, 이 주제는 최근에 몇몇 예비 탐색(preliminary explorations)의 주제가 되어왔다. 자유 교회(free church)적 관점으로부터의 논증의 한 예로, 다음을 보라. Miroslv Volf, "Kirche 민 Gemeinschaft: Ekklesiologische Überlegungen aus freikirchlicher Perspektive," *Evangelische Tehologie* 49, no. 1 (1989):70-76. 로마가톨릭의 교회관 역시 이 방향으로 옮겨가고 있다. 한 예로, 다음을 보라. Kilian McDonnell, "Vatican II (1962-1964), Puebla (1979), Synod (1985): *Koinonia/Communio* as an Integral Ecclesiology," *Journal of Ecumenical Studies* 25 (Summer 1988): 414.

의 임재와 교제를 즐기기를 원하신다.

이러한 하나님 계획의 집단적이고 우주적인 차원은 온전한 성경적 구원관을 반영하며, 이것은 죄의 본질과 소외의 본질의 온전한 성경적 그림과 관련된 것이다. 우리는 하나님께 죄인이며 하나님으로부터 소외되었다. 하지만 이 죄와 소외는 우리들 서로와 그리고 다른 피조물과의 관계에서 또한 경험되는 것들이다. 결국 하나님의 구원 계획은 "하나님의 평화"를 성취하기 위함일 뿐 아니라, 우리들 스스로와 서로 간에 그리고 자연과의 모든 관계를 치유하는 것에까지 확장된다.

화해 공동체의 창조에 대한 하나님의 관심은 신적 본질 자체로부터 나온다. 개혁신학은 전통적으로 하나님의 영광을 창조와 구원의 사역을 위한 최종 원리이자 목적이라는 데에 초점을 맞춰왔다. 물론 이것은 적절한 것이다. 하지만 신학자들이 신적 영광에 대한 그들의 이해의 틀을 짜는 방법은 별 큰 도움이 되지 않는 경우들이 종종 있다. 그것은 우리들에게 하나님이 모든 찬양과 명예를 요구하시는 우주적 초이기주의자라는 인상을 남겨주기 쉽다. 이러한 방식에서는, 하나님은 성경이 제시하는 이상적 인간상과는 정반대의 모습이다. 만약 하나님 스스로의 모든 행위들이 자신의 기쁨을 향한 것이라면, 어떻게 하나님이 우리의 모든 행위를 요구하면서도 우리가 겸손하기를 요구할 수 있겠는가? 그렇다면, 하나님의 형상을 닮았다는 우리가 무슨 수로 신적의도를 완수할 수가 있겠는가?

하나님의 영광은 실제로 그의 모든 행위의 최종 목적일 것이다. 하지만 만약 그것을 적절히 이해하고자 한다면, 이 주제는 삼위일체적 의미로 이해해야 한다. 이 의미는 홀로 존재하는 주체보다 삼위의 하나님으로서 존재하시는 하나님의 실재로부터 비롯되는 것이다. 간단히 말해서, 하나님의 구원의 목적은, 하나님의 최고의 창조물인 인류가 영원한 신성(divine nature)을 나타내게 하는 데에 있다. 즉 우리를 하나님 형상의 실제성에 가져다 놓는 것이다. 그래서 하나님의 형상은 궁극적으로 사랑에 있다.

사랑이 하나님의 속성 중 최고에 위치한다는 데에 반대하는 신학자는 아무도 없을 것이다. 하지만 이 확언을 더 깊이 있게 취급해야한다. 사랑은 하나님의 속성의 핵심이다. 그것은 세상에 대한 하나님의 관계를 묘사할 뿐 아니라, 세상으로부터 분리된 하나님의 영원한 신적 본질을 묘사한다. 기독교의 삼위일치론은 어떻게 이것이 사실이 될 수 있는지 이해하는 데에 열쇠를 제공한다.

사랑은 주체와 객체를 모두 요하는 관계적 용어이다. 누군가가 다른 누군가를 사랑한다. 하나님이 홀로 하는 행위의 주체였다면, 하나님은 사랑하는 객체로서 세상을 요구했을 것이다. 하지만 삼위일체가 주장하는 것은 하나님은 영원토록 아버지, 아들 그리고 성령이라는 것이다. 신적 실재는 신격(Godhead) 안에 다수성을 수반한다. 어거스틴이 지지했던 이 교리의 고전적 형식은 한 발짝 더 나아간다. 삼위일체를 위한 기반은 제 삼위인 성령 안에서 구체화된 성부와 성자 사이의 영원한 사랑 관계에 놓여있다.[47] 그러므로 비록 성부 성자 성령이 서로는 구별되지만 그들이 공유하는 사랑으로 인해 연합된 영원한 사랑의 공동체가 바로 하나님이시다.

영원토록 하나님은 사랑의 공동체라는 확언으로부터 교회론을 위한 중요하고 광범위한 함의가 뒤따른다. 하나님의 구원론적 목적은 인간으로 하여금 인간 서로의 관계와 인간과 자연과의 관계에서 창조자의 실재를 반영하는 화해된 창조를 성취함으로써 그 자신의 삼위일체적 본질을 영광스럽게 하는 것이다. 우리가 사랑 안에 존재함으로써 우리는 하나님의 모습을 나타내는 것이다.

신적 형상을 반영하는 주요수단은 교회이다. 우리는 현재의 단절 속에

---

[47] Augustine *On the Trinity* 15.17.27-29,31; 15.19.37.

서 사람들의 연합을 통해, 하나님의 실체 자체, 즉 종말론적인 이상적 사랑의 공동체를 예증하기 위해서 부름을 받았다. 즉 교회는 사랑의 공동체가 되어야하며, 하나님의 영의 능력을 통해 그들 가운데 임재한 사랑에 의해 함께 묶인 개인들의 교제가 되어야 한다.

교회의 사명은 그 일원들에게까지 확장되며 모든 신자들을 서로에게 그리고 공유하는 전체로 묶는다. 사람으로서 우리는 하나님의 형상을 나타내기 위해, 즉 삼위일체 하나님의 삶의 양식을 살기 위해 부름을 받았다. 하지만 이 형상의 예증은 오직 공동체, 특별히 그리스도 예수의 주되심을 인정하는 사람들의 공동체의 상황에서만 일어날 수 있다. 우리는 이 신적 형상을 나타내는 임무에 그리스도의 공동체에 의존적인데, 이는 단순하게도 기독교 공동체가 삼위일체 하나님의 자기계시를 소유했기 때문이다. 우리는 공동체의 책인 성경을 통해 삼위일체 하나님의 삶을 만나게 되고 배우게 된다. 하지만 더 나아가 하나님도 하나의 연대적 실재(a social reality)이기 때문에 우리는 오직 관계 안에서 그리고 공동체 안에서만, 신적 본질을 올바로 나타낼 수 있다.[48] 그리고 그 계속되는 삶을 통해서, 신자의 공동체는 성령의 지도 아래서 성경을 통해 그 회원들에게 제자도의 삶을 위한 인식적 틀과 실천적 교훈을 제공한다.

하나님은 영광스럽게 우리로 하여금 삼위일체적 삶의 신비에 함께 참여하게 하셨다. 우리가 이 공동체적 삶에 참여하는 한, 우리는 하나님의 형상 안에 있는 것이다. 그러므로 공동체는 제자도의 삶에서 우리가 성장하는 것에 매우 중요할 뿐 아니라, 우리의 개인적 그리고 협동적 정체성에 대한 우리의 이해

---

48) 하나님 형상 개념에 대한 사회적 삼위일체의 함의의 논증을 위해서는, 다음을 보라. Cornelius Plantinga Jr., "Images of God," in *Christian Faith and Practice in the Modern World*, ed. Mark A. Noll and David F. Wells (Grand Rapids, Mich.: Eerdmans, 1988), 59-67.

모두를 위해서도 대단히 중요하다.

그러나 사랑의 공동체로 교회가 부름을 받은 목적은 그리 평범하지 않다. 회심을 통해 성령은 우리로 하여금 하나님의 자녀가 되게 하신다. 이것이 의미하는 것은 우리가 성부와 성자 사이에 공유된 사랑의 관계에 참여자라는 것이다. 결국 우리가 서로 공유한 교제는 단지 일반적 경험이나 일반적 내러티브일 뿐 아니라 대단히 중요하고 특별한 것이다. 우리의 교제는 다름 아닌 성부와 성자 사이의 신적 친교에 참여하는 것이다. 우리를 대신한 그리스도의 공로와 우리 안에서의 성령의 사역 때문에 우리는 하나님의 가족에 공동양자들이며 성부와 성자 사이에 누리는 관계, 즉 성령 안에 공동참여자들이다. 여기에 틸라드(Tillard)는 올바르게 선포한다.

> 교회의 **코이노니아**(koinonia)는 삼위일체적 친교를 그리스도의 제자들의 형제 관계로 전달해주는 것으로 정의될 수 있다…인간 측면에서 봤을 때, 교회의 **코이노니아**는 다름 아닌 그리스도의 제자들의 형제애이다. 단, 그것이 성부와 성자의 관계 가운데에 삽입된 성령에 의해 사로잡힌 형제애라는 데에 한해서 말이다.[49]

이 일차적 정체성으로부터, 그리고 오직 이것으로부터, 우리의 교회론의 다양한 다른 측면들을 우리는 궁극적으로 추론할 수 있다. 우리가 신적 삶에 참여하는 것은 세상 속에서 교회의 사명을 이루기 위한 기반을 형성한다. 그것은 하나의 전체로서의 교회와 가시적 표현인 지역적 교회 사이의 연결을 조성한다. 그래서 그것은 언약 공동체로서의 교회의 중요성을 위한 기저를 제공한다. 로마가톨릭 학자 킬리안 맥도넬(Killian McDon-

---

49) Tillard, "What Is the Church of God?" 372-73.

nell)은 우리의 교회론을 위해 이러한 사귐(communio) 개념으로의 전환이 미칠 영향과 관련해 올바른 결론을 내린다. "다른 그 어떤 범주도 그러한 넓이와 깊이의 통합적 교회관의 가능성을 제공하지 못한다."[50]

요약하면, 삼위일체의 하나님이 소망하는 것은 인류가 하나님 자신의 영원한 실재를 반영할 뿐 아니라 그 실재에 실제로 참여하는 화해의 교제, 즉 하나의 협동적 전체로 모이는 것이다. 신약시대 이후로 역사 속에 화해된 공동체의 초점은 새로운 언약 백성인 예수 그리스도의 교회였다. 이러한 사람들로서 우리는 현재하는 사랑의 공동체에 선구자로 부름을 받았으며, 그렇게 함으로써 삼위 하나님과의 영원한 관계 속에 참여하며 그것을 반영하는 것이다. 그래서 공동체로서 우리는 새롭게 된 땅 위에서 위대한 종말론적 교제를 누릴 것이다.

우리는 성부와 성자 사이의 사랑 안에서 공유된 성령에 의해 이미 이끌려 나온 사람들의 군집이다. 우리가 이러한 교회에 대한 조명을 붙잡은 다음 그것을 분명하게 기술할 수 있을 때, 우리는 비로소 사랑의 교제 안에서 하나님 임재에 대한 새로운 의미를 얻을 것이다. 그리고 우리의 창조자이자 구원자이신 영원한 삼위일체인 사랑의 삼위 공동체를 우리가 찬양할 때, 결국 "신령과 진정으로" 드리는 참된 새로운 예배가 넘쳐날 것이다.

하나님의 창조를 위한 궁극적 목적에 대한 이러한 영광스러운 성경적 조명은 복음주의 신학의 재조명에 충분한 연료를 공급할 수 있을 것이다. 요한은 **계시록의 마지막 장**에서 이러한 비전을 보았다.

> 또 내가 새 하늘과 새 땅을 보니 처음 하늘과 처음 땅이 없어졌고 바다도 다시 있지 않더라 또 내가 보매 거룩한 성 새 예루살렘이 하나님

---

50) McDonnell, "Vatican II (1962-1964), Puebla (1979), Synod (1985), 427.

께로부터 하늘에서 내려오니 그 준비한 것이 신부가 남편을 위하여 단장한 것 같더라 내가 들으니 보좌에서 큰 음성이 나서 이르되 보라 하나님의 장막이 사람들과 함께 있으매 하나님이 그들과 함께 계시리니 그들은 하나님의 백성이 되고 하나님은 친히 그들과 함께 계셔서 모든 눈물을 그 눈에서 닦아 주시니 다시는 사망이 없고 애통하는 것이나 곡하는 것이나 아픈 것이 다시 있지 아니하리니 처음 것들이 다 지나갔음이러라 보좌에 앉으신 이가 이르시되 보라 내가 만물을 새롭게 하노라(계 21:1-5).

복음주의 재조명
Revisioning Evangelical Theology

2014년 1월 13일 초판 발행

지은이 | 스탠리 J. 그렌츠
옮긴이 | 전대경

편　집 | 박상민, 전희정
디자인 | 김복심, 김경석
펴낸곳 | 사)기독교문서선교회
등　록 | 제16-25호(1980. 1. 18)
주　소 | 서울시 서초구 방배로 68
전　화 | 02) 586-8761~3(본사) 031) 942-8761(영업부)
팩　스 | 02) 523-0131(본사) 031) 942-8763(영업부)
홈페이지 | www.clcbook.com
이메일 | clckor@gmail.com
온라인 | 기업은행 073-000308-04-020, 국민은행 043-01-0379-646
　　　　　 예금주: 사)기독교문서선교회

ISBN 978-89-341-1343-0(93230)

* 낙장·파본은 교환해 드립니다.

이 도서의 국립중앙도서관 출판시도서목록(CIP)은
서지정보유통지원시스템 홈페이지(http://seoji.nl.go.kr)와
국가자료공동목록시스템(http://www.nl.go.kr/kolisnet)에서
이용하실 수 있습니다.
(CIP제어번호: CIP2013026421)